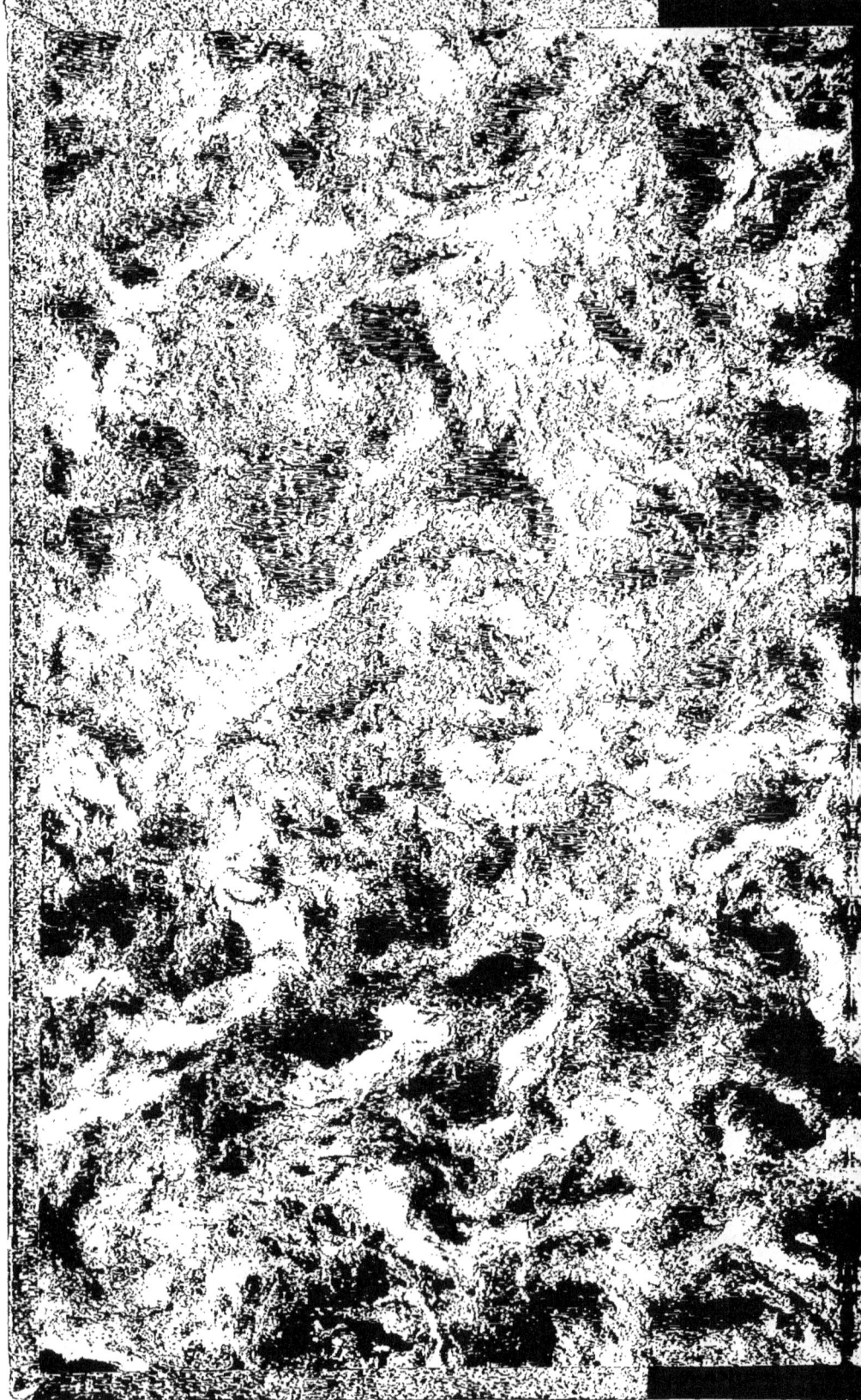

La Reliure Traditionnelle 1985

JOSEPH, CARLE

ET

HORACE VERNET

PARIS. — J. CLAYE, IMPRIMEUR

7, RUE SAINT-BENOIT

JOSEPH, CARLE
ET
HORACE VERNET

CORRESPONDANCE
ET
BIOGRAPHIES

PAR

AMÉDÉE DURANDE

PARIS
COLLECTION HETZEL
J. HETZEL, LIBRAIRE-EDITEUR
18, RUE JACOB, 18

Tous droits réservés.

1864

A MM. HORACE ET PHILIPPE

DELAROCHE-VERNET

Chers Amis,

En vous dédiant cette histoire, je ne fais que vous rendre votre bien : les feuillets dont elle se compose n'ont-ils pas été détachés du *Livre d'or* de votre famille ?

Je compte sur l'intérêt qui s'attache aux hommes dont j'ai essayé de retracer la vie, pour faire oublier au lecteur ma propre insuffisance; mais, quel que soit le sort réservé à ce travail, je ne le regarderai pas comme inutile, s'il peut être pour vous une preuve de ma très-cordiale et très-profonde affection.

Amédée DURANDE.

Mont-Bauron, 1er juillet 1863.

AVANT-PROPOS

A une époque où l'on a fait d'une idée, d'une phrase, d'un mot, une propriété que l'on peut revendiquer, même judiciairement, il faut agir avec une grande circonspection, sous peine de s'entendre accuser de plagiat.

Commençons donc par déclarer que nous n'avons pas inventé les faits relatés dans ce volume. Cette histoire est de l'histoire, et les matériaux qui la composent ont été pris partout où ils se trouvaient.

Outre les documents inédits que nous avons eus à notre disposition, nous avons dû consulter tout ce qui avait été déjà écrit sur les Vernet. Nous avons extrait des travaux de nos prédécesseurs ce qui nous a paru tombé dans le domaine public, c'est-à-dire les actes; quant à nos jugements, nous nous sommes efforcé de ne les emprunter à personne.

Afin d'épargner au lecteur l'ennui d'abaisser les yeux, à chaque ligne, jusqu'au bas de la page, indiquons ici les sources principales auxquelles nous avons puisé.

Il y a quelques années, M. Léon Lagrange a eu la bonne fortune archéologique de découvrir, à Avignon, une sorte d'*agenda* sur lequel Joseph Vernet inscrivait, jour par jour, les moindres événements de sa vie : commandes de tableaux, payements de fournisseurs, menus frais quotidiens, etc... Ces notes sont une vraie mine de renseignements précieux pour l'histoire de l'art au xviiie siècle. M. Lagrange a accompagné le texte des manuscrits qu'il a publiés d'un savant commentaire [1] pour lequel il n'a négligé aucun détail; les plus insignifiants en apparence lui ont semblé bons à prendre, et il a eu raison; mais il s'ensuit que son travail est forcément un travail de très-longue haleine ; il s'adresse aux curieux de la science, à ceux qui veulent tout regarder au microscope et qui pensent qu'en fait d'histoire un ciron vaut parfois un éléphant. Ces gens-là n'ont peut-être pas tort; mais ils sont peu nombreux, et composent un public spécial. Nos visées sont plus modestes et plus hautes en même temps : nous n'avons pas dédaigné, comme devait le faire M. Lagrange, les historiettes, les anecdotes racontées par les contemporains; en revanche, nous avons laissé de côté les détails trop minutieux qui eussent fatigué la patience de la plupart des lecteurs. Notre but n'est donc pas le même, et nos doubles recherches sur le même point ne feront pas double emploi. C'était, du reste, le parti le plus prudent à prendre; car le travail de M. Lagrange est trop bien fait, pour qu'on puisse avoir la prétention de le refaire.

Des critiques, examinant les *livres de comptes* de Joseph Vernet, ont trouvé cette préoccupation quotidienne du *doit* et *avoir* beaucoup plus digne d'un commerçant ou d'une ménagère que d'un artiste [2]. On a dit avec un certain dé-

---

1. *Joseph Vernet et la peinture au* xviiie *siècle*, 1 vol. de 500 p. in-8°. Paris, Didier, 1864.
2. Il faudrait, pour être logique, adresser le même reproche à Michel-

dain que Vernet était « bon mari, bon père de famille, bon citoyen, » en somme un vrai bourgeois, dans le sens peu flatteur qu'on a donné à ce mot, ou mieux un *Philistin*, suivant l'expression des étudiants allemands.

Mais, grâce à Dieu, le temps est passé où l'on croyait que le désordre et le génie avaient fait une indissoluble alliance, et nous ne demandons plus à un écrivain ou à un peintre les vices que nous reprocherions à un autre homme. D'ailleurs, s'il reste encore de ces fantaisistes à outrance qui font de la prodigalité une vertu nécessaire aux artistes, ajoutons, pour les contenter, que le soin avec lequel Joseph Vernet notait ses dépenses ne l'empêchait pas de mal équilibrer son budget. Vers la fin de sa carrière, malgré les sommes fabuleuses qu'il avait gagnées, il se trouva plus d'une fois dans la gêne, et, ainsi que le faisait observer M. Henri Lavoix[1], il aurait pu emprunter à son contemporain le chevalier de Langeac cette profession de foi naïve : « Je suis ruiné; mais, si j'ai mangé mon bien, j'ai tenu un compte exact de toutes mes dépenses, et je puis dire, sou par sou, par où a passé ma fortune. »

A côté du travail de M. Lagrange, il faut placer les trois études publiées par M. Charles Blanc sur Joseph, Carle et Horace Vernet; on y retrouve les qualités qui distinguent le savant éditeur de la *Vie des Peintres*. Nous avons cependant une petite querelle à faire à M. Charles Blanc; tout en rendant justice d'autre part à un très-bon article publié dans la *Revue contemporaine*[2], il blâme l'auteur, M. Oli-

---

Ange, dont les *Ricordi* contiennent beaucoup de détails aussi infimes. (Voyez sur ce sujet un très-intéressant article de M. Charles Clément, dans le *Journal des Débats* du 27 mars 1864).

1. *Moniteur* du 25 février 1861.
2. Livraison du 15 février 1863.

vier Merson, d'avoir demandé des détails sur la vie d'Horace Vernet aux divers membres de sa famille : ce mode d'investigation est dangereux, dit-il, et le critique, en agissant ainsi, perd toute indépendance. Nous n'avons pas mission de défendre M. Olivier Merson, mais ce reproche tombe par avance sur notre propre travail, puisque nous avons puisé nos renseignements à la même source, et nous ne pouvons l'accepter en silence. Nous croyons qu'il est indispensable de compléter les faits enregistrés par l'histoire au moyen de la tradition, cette tradition eût-elle été conservée par des personnes intéressées à l'embellir. Maintenant, qu'il y ait certains inconvénients à procéder de la sorte, que l'on courre risque de se laisser influencer par des motifs de courtoisie ou d'affection étrangers à la saine critique, cela est hors de doute; mais nul n'a le droit de se targuer d'une indifférence absolue. Si M. Charles Blanc veut bien faire un petit retour sur lui-même, il comprendra qu'il n'est peut-être pas tout à fait exempt du péché qu'il reproche aux autres. Quand il a étudié la vie et les œuvres d'Horace Vernet, ses opinions personnelles n'ont-elles pas égaré son jugement, et son peu de sympathie pour le rôle politique de l'homme ne l'a-t-il pas rendu trop sévère pour le beau talent du peintre?

Horace Vernet a eu un grand nombre de biographes, depuis M. de Loménie jusqu'à M. Jacquot de Mirecourt; toutes les revues, tous les journaux ont publié des articles sur lui à l'époque de sa mort, et, durant sa vie, il a été diversement apprécié, à chaque exposition nouvelle, par les écrivains les plus distingués. Il suffira de citer les noms d'Alfred de Musset et de Gustave Planche, de MM. Mérimée, Théophile Gautier, H. Delaborde, Edmond About. Paul de Saint-Victor, etc.

AVANT-PROPOS.

Parmi les honneurs nécrologiques rendus à la mémoire du grand artiste, il en est un qui l'eût particulièrement flatté : M. Sainte-Beuve, ce maître mosaïste de la critique, après avoir pris communication d'une partie des papiers laissés par Horace Vernet, lui a consacré une de ces études fines, finies et charmantes [1], dans lesquelles il excelle, toutes les fois que son jugement ne se trouve point faussé par des préoccupations étrangères au sujet qu'il traite. Heureusement pour nous, l'espace restreint qu'il avait à sa disposition n'a pas permis au célèbre *causeur* de s'étendre autant que la matière le comportait; autrement, il serait impossible de trouver quelque chose à glaner sur son passage. Les lecteurs qui ont déjà lu son remarquable travail et qui liront dans ce livre la correspondance d'Horace Vernet seront frappés de la sûreté de goût, du tact littéraire exquis dont M. Sainte-Beuve a donné une preuve de plus en cette circonstance. Il a choisi, d'une main infaillible, dans les lettres qu'il avait sous les yeux, le dessus du panier, les fleurs les plus délicates et les plus suaves, il en a composé un délicieux bouquet, et, après l'avoir entouré d'un fil d'or, il l'a offert à son public, c'est-à-dire au public tout entier.

Nous nous sommes donc aidé des recherches de nos devanciers, et nous n'avons apporté, comme élément nouveau, que les traditions de famille léguées par les Vernet à leurs descendants. Ces indications nous ont semblé préférables à toute autre, chaque fois qu'elles ne se trouvaient pas démenties par une certitude historique. Mais le véritable intérêt de ce volume, son seul intérêt peut-être, consiste dans les nombreux chapitres où notre rôle s'est borné à celui d'éditeur consciencieux. De ces chapitres nous pouvons parler

---

1. Voyez *le Constitutionnel*, nos des 18 et 26 mai, 1er, 8 et 9 juin 1863.

sans crainte, et nous devons dire tout le bien que nous en pensons, puisque nous sommes juge et non plus partie.

Les lettres d'Horace Vernet qui ont été publiées dans divers recueils ont donné déjà un avant-goût de ce que sa correspondance complète pouvait être. Notre peintre ne se piquait pas de littérature; il eût été bien surpris, et, ajoutons-le, fort gêné, s'il avait pensé que sa prose familière dût être un jour livrée au public. Aussi y a-t-il dans cette naïveté même et dans ce manque d'apprêt une saveur et un charme particuliers que l'on trouve rarement chez des écrivains plus consommés. Il était de la bonne école : il laisse trotter sa plume la bride sur le cou; il dit tout ce qui lui passe par la tête; il a sans cesse de ces bonheurs d'expressions, de ces audaces, de ces rencontres, de ces hasards de mots, que n'osent pas risquer ceux qui font leurs phrases en vue et pour ainsi dire sous les yeux des lecteurs.

Il écrivait comme il peignait, sans ratures, sans repentirs et sans retouches. Ses lettres montrent toutes les facettes de son esprit changeant. Les personnes qui l'ont connu seront peut-être étonnées de lui découvrir des mérites qu'elles n'avaient pas soupçonnés en lui, et qu'on aurait pu croire incompatibles avec son humeur prime-sautière. Non seulement il était gai, vif, voire même un peu *loustic* à la manière de ses amis les troupiers; mais il alliait encore à ces qualités que tout le monde se plaisait à lui reconnaître une certaine profondeur et une parfaite rectitude de jugement. Ses appréciations sur les hommes qu'il a rencontrés en courant le monde, et sur les pays qu'il a visités, sont loin d'être superficielles. Presque toujours, sous une forme légère en apparence, il touche d'un mot sûr au fond des questions qu'il agite; il a tantôt des aperçus politiques qui feraient honneur à un homme d'État, tantôt des réflexions que ne désavouerait pas un moraliste de profession. Mais c'est surtout dans le genre descriptif et dans le portrait qu'il excelle, car il se retrouve alors sur son véritable terrain, il peut déployer toute sa verve pittoresque, et l'on dirait qu'il écrit avec un pinceau, tant il sait donner de couleur aux personnages ou aux objets qu'il veut dépeindre.

Il y a encore, dans cette correspondance, des tendresses et des gamineries adorables. A cinquante ans passés, Horace Vernet était resté certainement beaucoup plus jeune que ne le sont aujourd'hui nombre de jeunes gens. Chez lui, par une grâce spéciale, l'homme, à mesure qu'il grandit, n'étouffa point l'enfant; c'est peut-être un défaut, mais, à coup sûr, ce défaut chez un artiste ressemble fort à une qualité.

Ces lettres, nous n'en doutons pas, plairont à la plupart des lecteurs, et elles trouveront une place digne d'elles dans la bibliothèque des gens de goût à côté des œuvres de nos maîtres, soit entre la correspondance du président de Brosses et celle de Jacquemont, soit entre le *Voyage en Orient* de Gérard de Nerval et le *Voyage en Espagne* de Théophile Gautier.

Nous voudrions avoir une égale confiance dans la partie de ce livre dont nous devons assumer seul la responsabilité; mais ce qui nous rassure, c'est la modestie de notre rôle, et nous osons espérer que le charme du tableau fera oublier la simplicité de son cadre.

1.

JOSEPH, CARLE

ET

HORACE VERNET

I

Antoine Vernet. — Naissance de Joseph. — Un père jaloux de son fils. — Madame de Simiane. — Départ pour Rome. — Une tempête, un peintre et un mât. — Misère et découragement. — L'alphabet des tons. — Pergolèse. — Rivalité d'un cardinal et d'un perruquier. — La petite-fille d'un archevêque. — Livio et Orazio. — François Poisson, marquis de Marigny.

Les Vernet sont originaires d'Avignon.

Le premier d'entre eux sur lequel on ait quelques renseignements précis, Antoine Vernet, exerçait la profession de peintre d'attributs, à la fin du XVIIe siècle; il décorait des panneaux de voitures et de chaises à porteurs[1].

Plus habile qu'un simple ouvrier, Antoine ne pouvait toutefois prétendre au titre d'artiste, et, sans le bruit qui

---

1. On conserve au musée Calvet, à Avignon, deux spécimens de son savoir-faire, un *Bouquet de fleurs accompagné d'oiseaux au plumage varié* et un *Double Écusson armorié, supporté par des lions*. (Nos 280 et 281.)

se fit par la suite autour de son nom, sa modeste personnalité serait à jamais restée dans l'ombre de l'histoire.

Arrivons donc, sans autre préambule, à son fils, le véritable chef de la dynastie des Vernet.

Joseph naquit à Avignon, le 14 août 1714.

L'enfant annonça de bonne heure ce que devait être l'homme, s'il faut en croire le témoignage de ses contemporains[1]. Son premier hochet fut un pinceau; c'était ce singulier joujou que sa mère lui donnait pour le calmer, lorsqu'il criait. On était obligé de serrer avec soin toute espèce de crayons; aussitôt qu'il en découvrait un, il s'amusait à retoucher les compositions de son père, et Dieu sait ce qu'elles devenaient sous ses petits doigts.

Antoine, pour ne pas contrarier ces dispositions précoces de son fils, lui fit cadeau, dès qu'il eut atteint sept ou huit ans, d'une palette et d'un chevalet proportionnés à sa taille.

Mais il fallut bientôt songer à des études sérieuses, et le plaisir se convertit en travail, tout en restant un plaisir. Outre son père, Joseph paraît avoir eu pour premiers maîtres un autre peintre d'attributs, Jacques Viali, et un peintre d'histoire, Philippe Sauvan.

La famille Vernet était nombreuse. Joseph avait vingt et un frères ou sœurs, si l'on en croit la tradition; et comme il n'y avait jamais trop d'argent à la maison, chaque enfant, dès qu'il commençait à être en âge d'utiliser son esprit ou ses bras, devait penser à gagner sa vie.

A quatorze ans, Joseph exécutait fort convenablement des écrans, des panneaux de voitures ou de chaises à porteurs, voire même des trumeaux, enfin tout ce qui concernait l'état de son père.

---

1. *Correspondance littéraire*, édit. Furne et Ladrange, 1831, t. XIV, p. 488 et suiv.

Vers la fin de 1734, le marquis de Caumont lui fit obtenir une commande importante. Il s'agissait de décorer à Aix l'hôtel de Simiane. Une fois ses ébauches terminées, Joseph voulut aller finir ses tableaux sur l'emplacement qu'ils devaient occuper. Son protecteur n'eut pas à se repentir de s'être entremis dans cette affaire, car voici ce que lui écrivait l'aimable petite-fille de Mme de Sévigné : « M. Vernet est content, et moy beaucoup de luy. Ses dessus de porte sont admirables ; j'en ay pris douze [1]... »

Les talents précoces de Joseph avaient, paraît-il, inspiré une certaine jalousie à son père, et ce mauvais sentiment finit par se manifester d'une façon trop évidente. Voici à quelle occasion : Antoine se faisait souvent aider par son fils dans ses travaux. Ils furent un jour chargés de décorer ensemble la salle d'un hôtel. Lorsque leur double tâche fut terminée, on ouvrit les portes aux curieux. Parmi les visiteurs se trouvait un cardinal, qui, après avoir fort admiré les panneaux de Joseph, passa sans rien dire devant ceux d'Antoine. Le père ne sut pas dissimuler plus longtemps sa secrète envie ; il éclata en reproches violents contre son fils, et celui-ci dut se retirer dans une mansarde, où il travailla seul.

Le cardinal qui avait su apprécier le talent naissant de Joseph continua de s'intéresser à lui : il vint le voir, et, ayant trouvé sur un chevalet une esquisse de paysage qui lui plaisait, il l'acheta, séance tenante.

Joseph avait vingt ans, lorsqu'il se décida à partir pour l'Italie. La triste situation qu'il devait avoir désormais au milieu de sa famille lui permettait d'envisager sans crainte la perspective d'un long exil. De plus, il éprouvait un vif

---

1. Lettre citée par M. Lagrange.

désir de faire ce pèlerinage de Rome que les artistes entreprennent toujours avec une véritable dévotion. Il ne lui manquait qu'un peu d'argent pour subvenir à ses frais de route. Deux grands seigneurs provençaux qui l'avaient déjà protégé, le marquis de Caumont et le comte de Quinson, se chargèrent de lever cette dernière difficulté.

Moyennant une somme modique, Joseph se fit conduire à Marseille par un voiturier d'Avignon. Les premières impressions de nature qu'il éprouva pendant ce voyage décidèrent de sa vocation. Lorsqu'il aperçut la mer, il s'élança hors de la voiture, saisit ses crayons, s'installa au pied d'un rocher qui le défendait contre la violence du soleil, et les instances de son guide ne purent l'arracher de ce lieu. Il ne quitta son étude qu'à la tombée de la nuit. Alors seulement, mourant de faim, il gagna l'auberge la plus voisine. Le lendemain, il se procura une toile et des couleurs, et, pendant sept jours, il se tint enfermé pour peindre la plus détestable marine qu'il ait faite de sa vie, s'il faut en croire son propre jugement.

Il quitta enfin Marseille sur un bâtiment qui se rendait en Italie. Ce fut pendant cette traversée que se passa un épisode qui, pour avoir été souvent raconté, n'en est pas moins fort suspect. On prétend qu'une tempête ayant assailli, à la hauteur de l'île de Sardaigne, la felouque sur laquelle il se trouvait, Joseph se fit attacher à un mât, afin de pouvoir mieux contempler la sublime horreur des éléments déchaînés. On ajoute même que, plusieurs fois, on l'entendit s'écrier : « Mon Dieu ! que c'est beau ! » Il paraît que le danger n'était pas bien grand, puisque l'équipage, au lieu de s'occuper des manœuvres, pouvait perdre son temps à lier un passager et à écouter ses exclamations enthousiastes.

Quoi qu'il en soit, Joseph arriva à Rome sain et sauf, au commencement de l'automne de 1734.

Il avait peu d'écus dans sa poche, mais il était riche d'espérance et de jeunesse.

Le marquis de Quinson lui avait donné une lettre de recommandation pour un savant jésuite, le père Fouque. Joseph alla le voir dès son arrivée, et voici ce que le père Fouque écrivait de lui, après sa première visite : « Il me paraît joli garçon ; s'il y a moyen de l'introduire auprès de gens qui puissent lui être utiles, je ne le manquerai pas[1]. »

La protection promise n'eut sans doute pas, au début, de très-brillants résultats ; car Vernet vécut d'abord en faisant des dessins qu'il était trop heureux de vendre un sequin ou deux. Il payait ses fournisseurs en monnaie de peintre ; il est vrai que sa monnaie à lui était frappée au bon coin, et ceux qui eurent la patience d'attendre qu'il fût devenu célèbre n'eurent pas à se repentir de leurs marchés. Il donna pour un habit, une culotte et une veste, un petit tableau qui depuis se vendit mille écus à la célèbre vente de M. de Julienne. Il arriva cependant un jour où ses exigences, si modestes qu'elles fussent, ne purent même plus être satisfaites, et il se trouva réduit à la misère. Le manque d'argent l'avait fait réfléchir, et il songeait sérieusement à se rapatrier, lorsque la fortune lui vint en aide. Suivant le conseil d'un de ses amis, il se présenta chez un cardinal qui passait pour un amateur éclairé. Il choisit parmi ses marines les deux qui lui parurent le mieux réussies, et les porta à l'adresse indiquée. Mais quelle ne fut pas sa tristesse, lorsque, après avoir fait antichambre pendant de longues heures, il se vit obligé de s'en retourner comme

---

1. Lettre publiée par M. Lagrange.

il était venu, sans même obtenir la moindre audience! On lui expliqua les causes de sa mésaventure. Il ignorait, dans sa naïveté provinciale, que la clef qui donne accès auprès des grands est d'or, ou, à tout le moins, d'argent. Son ami l'engagea à renouveler l'épreuve, après lui avoir fourni des instructions formelles sur la conduite qu'il devait tenir. Il alla donc frapper une seconde fois à la porte de Son Éminence, remit *la buona mano* à qui de droit, et fut aussitôt introduit avec tous les égards dus à ses baïoques. Le cardinal examina les tableaux en parfait connaisseur, les acheta sans même en demander le prix, et donna l'ordre de compter quatre louis à Joseph. Cette bonne aubaine permettait du moins au jeune peintre de rester encore quelque temps à Rome, et d'y continuer ses études d'une manière sérieuse.

Il travailla successivement dans l'atelier de Bernardino Fergioni et dans celui de Manglard; mais ce fut surtout la nature qui se chargea de son éducation. Le soleil est le meilleur maître des paysagistes. Vernet le savait bien : il explorait la campagne tout le jour, et peignait ce qu'il voyait. Ses yeux avaient une perception très-nette des objets et une mémoire infaillible. Ce qu'il avait regardé une fois, il ne l'oubliait jamais. Il se préoccupa surtout de la coloration et chercha à se rendre un compte exact des effets si variés et si fugitifs de la lumière. Vers la fin de sa vie, il racontait à l'un de ses amis[1] comment il était arrivé à rendre les différentes teintes de l'atmosphère : il devait, disait-il, ce résultat aux études minutieuses qu'il avait faites dans la campagne de Rome. Un jour, il avait peint un ciel du bleu le plus transparent, et ses reflets sur tous les objets

---

1. *Correspondance littéraire*, loc. cit.

qui composaient son tableau lui avaient paru d'une scrupuleuse exactitude. Il revint, le lendemain, à la même place : l'horizon était sans nuages comme la veille, l'air était aussi limpide ; cependant son étude n'avait plus cet accent de vérité qui l'avait satisfait, et tous les détails de sa composition prenaient un aspect différent de celui qu'il croyait avoir si bien saisi. Cette épreuve le fit réfléchir : il comprit que l'effet, dans la nature, est instantané, et que le soleil joue à peu près le rôle d'un kaléidoscope gigantesque dont les verres de couleur forment des combinaisons diverses à mesure qu'on le tourne. Fort de cette découverte, Joseph imagina des tablettes sur lesquelles il notait non-seulement les nuances différentes de l'azur du ciel, mais encore tous les accidents de la lumière et ses reflets sur les mille et un détails du paysage.

Un ami de Joseph Vernet s'est chargé de nous apprendre quel était au juste le procédé ingénieux qu'il employait [1]. « Enflammé à la vue de ces tableaux superbes, mais fugitifs, qui roulent dans les airs au-dessus de nos têtes, Vernet, dit-il, pour fixer sur la toile leur mobile harmonie, inventa un alphabet de tons qu'il portait toujours sur lui dans un livre garni de plusieurs feuilles blanches ; les caractères divers de son alphabet étaient accolés à autant de teintes différentes. S'il voyait, au milieu des plus brillantes couleurs, se lever ou se coucher le soleil, un orage s'approcher ou s'enfuir, il ouvrait ses tablettes, et, aussi promptement que l'on jette dix ou douze lettres sur le papier, il indiquait toute la gradation des tons du ciel qu'il admirait. Revenu chez lui, cet artiste, qui ne pouvait arrêter dans son atelier

---

1. *L'Art de peindre*. Traduction libre en vers français du poëme latin de Dufresnoy, avec notes, par Renou. 1 vol. in-8°. Didot.

ce spectacle passager, l'ayant fixé aussi rapidement que l'éclair sur ses tablettes, le rendait sur la toile d'après ses chiffres, et jouissait encore de l'accord parfait des tons et de la justesse des effets qui l'avaient enchanté en contemplant le ciel. »

Joseph Vernet travaillait beaucoup, mais, en véritable artiste, il travaillait à ses heures et ne violentait pas l'inspiration. Le père Fouque s'indignait du peu d'empressement qu'il mettait à terminer des tableaux destinés à son protecteur, le comte de Quinson, et, croyant lui faire un reproche, lui adressait ce compliment : « L'idée qu'il a du beau, écrivait-il, le rend lent à produire ; ce qu'il travaille, il le veut parfait [1]. »

Vernet se délassait d'un art par un autre ; il était intimement lié avec Pergolèse, et tous deux travaillaient souvent côte à côte. Le peintre avait, dans son atelier, un *forte-piano* ; le compositeur fit apporter chez lui un chevalet et une palette, en sorte que chacun pouvait se croire chez soi, dans la maison de son ami. Vernet disait par la suite que les moments ainsi passés avaient été les plus heureux de sa vie, les plus chers à son cœur, les plus profitables à son esprit. Les chants de Pergolèse lui donnaient le sentiment de la nature idéalisée. Il avait dû souvent, assurait-il, les teintes délicates de ses tableaux et leur parfait accord à l'impression douce et suave que lui faisait éprouver la voix de son ami. L'harmonie des sons avait pour conséquence naturelle, suivant lui, l'harmonie des tons. C'est ainsi que Vernet, tout en continuant à peindre des *Couchers de soleil* et des *Clairs de lune*, assista, jour par jour, heure par heure, à l'enfantement des chefs-d'œuvre

---

1. Lettre citée par M. Lagrange.

de Pergolèse. Le premier, il fut à même d'entendre *la Serva Padrona*, la cantate d'*Orphée*, le *Stabat*, et tous ces petits intermèdes que le président de Brosses trouvait « si gais, si réjouissants. »

La Servante maîtresse obtint un grand succès ; les connaisseurs considérèrent, en général, la cantate d'*Orphée* comme la meilleure des cantates italiennes ; mais le *Stabat* fut moins bien accueilli. Le musicien avait écrit très-vite ce dernier morceau pour un couvent de religieuses dans lequel sa sœur était tourière. Il n'attachait pas, du reste, grande importance à cet ouvrage, et riait tout le premier de son échec. Mais Vernet se montra plus exigeant et plus juste que son ami. Il déclara que c'était là une œuvre excellente, et, pour ne point en avoir le démenti, il convoqua dans son atelier un certain nombre de dilettantes, leur fit entendre ce chant magnifique, et eut la joie de voir ratifier son jugement par tous les gens de goût qu'il avait assemblés.

Se figure-t-on une intimité plus charmante que celle de ces deux hommes, tous deux jeunes, tous deux amoureux de deux muses jumelles, tous deux à la poursuite des mêmes chimères, et cela, à Rome, c'est-à-dire à la source du beau, au milieu des éternels chefs-d'œuvre des maîtres, sous le ciel limpide et bleu ! La douce vie que ce devait être ! Hélas ! la mort vint interrompre ce délicieux rêve. Pergolèse était, depuis longtemps, malade de la poitrine. Une crise l'emporta, au moment où le public acclamait son opéra d'*Olympiade*. On a prétendu qu'il avait été empoisonné ; c'est une erreur. Désirant achever un *Salve Regina*, et se sentant très-faible, le pauvre musicien voulut prendre une tasse de chocolat, quoique les médecins lui eussent interdit, de la façon la plus formelle, ce genre d'aliment. Un instant ranimé après avoir bu, il termina son hymne ; mais ses forces s'épuisèrent dans ce suprême effort, et, une heure après, une hémorragie s'étant déclarée, il succomba.

Vernet conserva de lui un précieux souvenir, une strophe du *Stabat*, qui avait été composée sur le clavecin de son atelier.

En 1739, Joseph avait déjà fait trois tableaux pour notre ambassadeur à Rome, le duc de Saint-Aignan, qui en demandait immédiatement cinq autres.

A dater de cette époque, commença pour l'artiste cette vogue sans exemple qui le fit produire sans relâche jusqu'à la fin de ses jours, et qui lui permit de vendre ses moindres toiles aussi cher qu'il le voulut.

Grâce à sa facilité prodigieuse, il pouvait mener de front le travail et les plaisirs. On prétend même qu'il savait dépenser l'argent encore plus vite qu'il ne le gagnait, et qu'il s'amusait un peu trop. Tout le monde connaît l'histoire de son propriétaire. Ce brave homme, perruquier de son état, aimait passionnément les arts. Il venait souvent chez Vernet, et passait des heures entières, dans une muette contemplation, à le regarder peindre. L'artiste, qui avait volontairement oublié depuis plusieurs mois de payer son terme, attribuait l'assiduité de son hôte à des motifs intéressés, et il se résigna un jour à lui parler de sa dette. Cet honnête Figaro lui expliqua alors le raisonnement qu'il s'était fait à lui-même : il avait très-envie de posséder un tableau du maître, et il avait laissé s'augmenter sa créance, dans l'espoir que Joseph, pour ne pas débourser une grosse somme, consentirait à lui donner contre quittance un de ses ouvrages. Vernet, flatté du goût et des procédés délicats de ce pauvre diable, se mit à rire du singulier stratagème qu'il avait employé, et lui promit de travailler pour son compte. Mais ce n'était pas tout. Le perruquier se montra en outre très-désireux d'avoir un *Point du jour* qui avait été entièrement peint sous ses yeux, et auquel l'artiste venait de mettre la dernière touche. Ce vœu fut également exaucé, et notre homme, au comble de la joie, se disposait à emporter aussitôt son trésor, lorsque survint un troisième personnage, un cardinal, pour lequel ce tableau avait été fait sur commande. Vernet n'avait oublié que ce léger détail. Le cardinal regarde et paraît enchanté ; après avoir suffisamment loué et admiré ce chef-d'œuvre, il ordonne à ses gens de le porter à sa voiture. Le pauvre perruquier se jette alors aux pieds de Son Éminence, et lui déclare qu'il ne survivra pas à la perte de *son* paysage. Joseph, qui avait été d'abord un peu interdit, expliqua l'aventure, et le cardinal, touché du désespoir de son étrange compétiteur, voulut bien renoncer à son droit [1].

Cependant, la réputation de Vernet allait toujours grandissant. En 1743, il avait été nommé membre de l'Académie romaine de Saint-Luc ; deux ans après, l'Académie de Paris l'admit au nombre de ses agréés.

En 1745, voyant que ses affaires prenaient de jour en jour une meilleure tournure, il crut pouvoir se permettre le luxe de se marier, et il épousa mademoiselle Virginia Parker, jeune anglaise dont le père avait un commandement dans les galères du pape.

La généalogie des Parker pourra, au premier abord, sembler bizarre. Un de leurs ancêtres avait été archevêque de Cantorbéry, mais il s'était fait anglican. Plusieurs de ses descendants servirent dans la marine, et, lorsque Jacques III se retira à Rome, il y avait au nombre des fidèles dont se composait la cour du royal exilé un Parker nouvellement

---

1. *Correspondance littéraire*, loc. cit.

converti au catholicisme. C'est à cette branche de la famille qu'appartenait madame Virginia Vernet.

A dater du jour de son mariage, Joseph mena une vie douce et charmante. Il alla d'abord passer avec sa femme quelque temps dans la vraie patrie des amoureux, à Naples, où il avait déjà fait plusieurs voyages, les années précédentes. Puis, aussitôt après leur retour, commencèrent les excursions, les parties de chasse au tombeau de Néron, à Torre di Mezza-via, à Ponte Salaro, etc. Chaque journée nouvelle amenait un nouveau plaisir. Il y a toujours eu à Rome une société d'élite composée d'étrangers. Vernet était lié avec Subleyras, Pannini, Vien, avec d'autres encore. Leur réunion formait un cercle intelligent, dans lequel tous se préoccupaient des mêmes intérêts élevés. Joseph Vernet vivait ainsi, le pinceau à la main, tantôt dans son atelier, à la douce clarté de sa lune de miel, tantôt dans les champs, en compagnie du soleil, ce grand ami des paysagistes.

La naissance d'un premier enfant vint compléter le bonheur du jeune ménage. Livio naquit en 1747, et, trois ans après, madame Vernet lui donnait un frère, Orazio. Mais ce second fils n'était destiné à vivre que peu de temps, et il ne laissa d'autre trace de son existence que son nom de baptême, qui, par un pieux souvenir, est devenu en quelque sorte patronymique dans sa famille.

Une haute influence allait bientôt faire entrer Joseph Vernet dans une voie nouvelle.

Il était arrivé à la pleine maturité de son talent, à l'époque où M. de Vandières, depuis marquis de Marigny, vint à Rome. Ce grand seigneur de la veille, qui s'appelait en réalité François Poisson, était, comme chacun sait, le frère de madame de Pompadour. Il alla voir Joseph dans son atelier, et il lui acheta un *Bain de femmes*; mais, ce qui valait mieux, il était chargé par sa sœur d'*ordonner* à l'artiste, suivant l'expression du temps, deux tableaux pour Louis XV. Vernet avait déjà travaillé pour des souverains : il avait fait une *Vue de Caprarola* pour la reine d'Espagne, et une *Chasse au Lac de Patria* pour le roi des Deux-Siciles. Il n'avait plus besoin qu'on mît le sceau à sa réputation, et pouvait traiter de puissance à puissance avec qui que ce fût. Les amateurs de tous les pays s'arrachaient ses moindres toiles, et, malgré l'activité surprenante de ses pinceaux, il avait grand'peine à satisfaire les Anglais, les Hollandais, les Italiens et les Français qui envahissaient son atelier. On aura une idée de sa fécondité merveilleuse, lorsqu'on saura qu'en cinq années (1747-1754) il termina cent cinquante-cinq tableaux. Beaucoup de peintres n'ont point autant produit dans tout le cours de leur carrière. En fait d'art, il est vrai, la quantité ne prouve rien par elle-même ; mais lorsqu'elle se joint à la qualité, c'est une force de plus, et il serait injuste de n'en point tenir compte.

II

Retour en France. Réception à l'Académie. — Commande des *Ports de mer*. — Le centenaire Annibal. — Échange de lettres. — Naissance de Carle et d'Émilie. — Un parrain baptisé. — Cacolettes et troupiole. — Tillottes et chalibardons. — Opinion d'un manœuvre.

Quelques biographes ont prétendu que Joseph Vernet avait été rappelé en France par le roi pour exécuter la grande série des *Ports de mer*. C'est une erreur : si cette commande a été une conséquence de son retour, elle n'en fut pas du moins le motif déterminant [1].

L'époque à laquelle Vernet quitta l'Italie a également donné lieu à beaucoup d'avis contradictoires. La vérité est qu'il fit plusieurs voyages en France avant de s'y fixer. Charles Natoire, se rendant à Rome pour aller prendre la direction de notre Académie, écrivait de Marseille, le 6 octobre 1751, dans un patois aussi peu italien que français : « Nous avons fai connoissance avec M. Vernet et *la soua signora esposa qué veramente gratiosa*. Il et aussi à la veille de son départ pour Rome [2]. »

L'été suivant, Vernet était encore à Marseille, et c'est

---

1. Ce point et le suivant se sont trouvés élucidés par la publication du *Journal* de Joseph Vernet.
2. *Archives de l'Art français*, t. II, p. 262.

seulement en 1753 qu'il faut placer la date de son retour définitif.

Il eut grand'peine, on le voit, à quitter Rome. Cette ville exerce en effet une singulière influence sur les gens qui l'habitent pendant un certain temps. C'est une sorte de Capoue, mais une Capoue bienfaisante, où l'esprit, loin de s'engourdir, reçoit chaque jour un aliment nouveau. Les artistes trouvent là de plus comme une seconde patrie. Vernet aurait pu, à l'exemple de beaucoup d'autres voyageurs, s'y fixer jusqu'à sa mort; mais il avait un vif désir de revoir son pays, auquel il devait demander, pour en jouir pleinement, la consécration de sa célébrité. Il se détacha donc du sol de l'Italie en s'y reprenant à plusieurs fois, comme un amoureux qui abandonnerait malgré lui une maîtresse adorée.

Il n'eut pas seulement à vaincre sa propre sympathie pour cette terre enchantée : le pape voulait à toute force le retenir, et se montra très-affligé de son départ. Il alla même, assure-t-on, jusqu'à rendre un édit par lequel il défendait qu'on laissât sortir de ses États un seul des tableaux de Vernet.

L'année même de son retour (1753), Joseph présentait à l'Académie de peinture et de sculpture un *Soleil couchant*, qui le faisait aussitôt nommer membre de ce corps illustre.

En signe de bienvenue, Louis XV le chargea de peindre tous nos ports de mer, et il dut se mettre sur-le-champ en mesure d'exécuter cette commande, pour laquelle on lui avait donné par écrit les instructions les plus détaillées[1].

---

1. Ce curieux document nous a été conservé. Si le lecteur ne veut pas recourir au texte même publié dans les *Archives de l'Art français* (t. IV, p. 139 et suiv.), il peut voir les extraits qui en ont été donnés par M. Villot dans son catalogue de l'*École française*.

Dès lors, Joseph Vernet mena avec sa famille une vie complétement nomade.

La longue tournée qu'il avait à faire pour visiter les points les plus importants du littoral de la France devait commencer par le Midi, et c'est à Marseille qu'il se rendit d'abord.

Arrivé dans cette ville au commencement d'octobre 1753, il se mit à peindre ses deux premiers tableaux [1].

Un an après, il était à Toulon, et il allait habiter pendant quelque temps le château de Bandol, pour prendre une vue du golfe de ce nom [2].

En 1755, fatigué du long exil auquel l'astreignait son travail, il vint passer trois mois à Paris avec sa femme. « Le 22 août, le marquis de Marigny, directeur général des « bâtiments, jardins, arts et manufactures du roy, présenta « à S. M., dans les grands appartements (de Versailles), « quatre tableaux de M. Vernet, peintre de marine du Roy, « l'un des membres de l'Académie royale de peinture et de « sculpture les plus distingués. Ces tableaux sont le com- « mencement de la collection que M. Vernet doit faire de « tous les ports du royaume, par ordre de S. M. Les deux « premiers représentent les vues intérieure et extérieure « du *Port de Marseille* ; le troisième, la *Pêche du thon*, « et le quatrième, la *Vue du Port neuf de Toulon*. Le Roy « considéra longtemps ces ouvrages, et donna des marques « publiques de sa satisfaction à M. Vernet [3]. »

---

1. *Notice des Tableaux du Louvre*, École française, nos 592 et 593. Dans la vue prise de la Tête-de-More, Joseph Vernet s'est représenté avec les différents membres de sa famille, et il a fait le portrait d'un centenaire célèbre, Annibal Camoux, qui avait déjà à cette époque 117 ans.
2. *Ibid.*, n° 594.
3. *Journal historique de Verdun*. Octobre 1755, p. 309.

Joseph, encouragé par le double succès qu'il venait d'obtenir à la cour et au salon, où la critique et le public avaient également apprécié le mérite de ses œuvres, repartit bientôt pour Toulon. Après avoir terminé ses travaux dans cette ville, il gagna Antibes.

« Le port d'Antibes, » écrivait-il de Toulon à M. de Marigny le 18 mars 1756, « le port d'Antibes, étant un en-
« droit où relâchent assez souvent les galères, je compte,
« pour orner ce tableau, y mettre de ces sortes de bâti-
« mens. On va incessamment en armer icy. Je dois profiter
« de l'occasion pour faire des études d'après, et, comme je
« ne puis les faire sans savoir la disposition du point de
« vüe que je prendray à Antibes, il faudroit que j'y allasse
« au plus tôt faire le dessin et les études du local ; après
« quoy, je reviendrois icy faire les études des parties acces-
« soires que je ne puis trouver ailleurs [1]. »

Après une excursion à Antibes, et l'étude dont il avait besoin une fois terminée, Vernet se rendit à Avignon.

Il se fit, vers cette époque, un échange de lettres très-curieuses entre Vernet et M. de Marigny. Voici ce que notre peintre écrivait à son protecteur, le 6 octobre 1756 :

« Selon l'itinéraire que vous eûtes la bonté de m'envoyer,
« je dois peindre le *Port de Cette*, étant le seul du Lan-
« guedoc. Je me propose, pour profiter de la belle saison, de
« m'y rendre vers le huit ou le dix du mois prochain, puis-
« que, selon les plans que j'en ai vus, le plus beau point de
« vüe sera du côté de la mer. Ainsy, j'auray besoin de

---

1. Cette lettre fait partie de la belle collection d'autographes de M. Jules Boilly, qui a bien voulu nous la communiquer. Il nous a semblé inutile, pour l'impression, de respecter les fautes d'orthographe de l'original. Joseph Vernet écrivait avec la négligence d'un grand seigneur de son temps; il n'avait pas reçu, d'ailleurs, une éducation littéraire très-soignée.

« calme pour en faire les études ; j'auray là occasion de
« faire sur le devant du tableau une mer un peu en mou-
« vement, et peut-être feray-je une tempête, ce qui produi-
« roit un effet assez rare dans le nombre des tableaux que
« j'ay à faire pour le Roy, peignant ordinairement l'inté-
« rieur des ports, et, par conséquent, la mer tranquille.

« Il me semble qu'après avoir fait toutes les études néces-
« saires pour le port de Cette, surtout si je le prends du côté
« de la mer, qu'il seroit assez inutile de m'établir dans cette
« petite méchante ville, où je serois mal à mon aise pour
« y peindre ce tableau, et, si je vois que la chose n'exige
« pas ma résidence sur le lieu, je pourrois l'aller exécuter
« à Bordeaux, où je trouverois plus de secours pour les
« parties accessoires qui doivent orner le tableau de Cette ;
« mais j'attendray vos ordres là-dessus, ne voulant agir et
« ne le devant faire que par eux [1]. »

M. de Marigny répondit à cette humble demande par une longue lettre, dans laquelle il se montrait d'abord plein de courtoisie et juge excellent de la question qui lui était posée : « Vos tableaux, écrivait-il à Vernet, doivent réunir deux
« mérites : celui de la beauté pittoresque et celui de la res-
« semblance. Je trouve bien l'un dans le projet que vous me
« proposez, mais je crains que ce ne soit aux dépens de
« l'autre ; et je doute que le port de Cette, représenté en vue
« du côté de la mer, soit reconnu par le grand nombre de
« ceux qui ne l'ont vu que du côté de la terre. La tempête
« que vous avez dessein d'y ajouter rendroit encore votre
« tableau moins ressemblant, attendu qu'il est rare de voir
« la mer, dans un port, agitée de la tempête. Il faudroit que
« le devant de votre tableau fût la pleine mer, et, par con-

[1]. Cette lettre et les suivantes ont été publiées dans les *Archives de l'Art français*, t. IV, p. 119 et suiv.

« séquent, que le port fût reculé dans le lointain, ce qui
« vous empêcheroit de le détailler d'une façon caractéris-
« tique... Consultez-vous avant de vous décider, et surtout
« ne perdez pas de vue l'intention du Roy, qui est de voir
« les ports du royaume représentés au naturel dans vos
« tableaux. Je sens bien que votre imagination se trouve
« par là gênée ; mais, avec votre talent, on peut réunir le
« mérite de l'imitation et celui de l'invention ; vous en
« avez donné des preuves. »

Ces réflexions étaient parfaitement justes. En effet, si dans le portrait d'un personnage insignifiant, la ressemblance n'est, au point de vue de l'art, qu'une qualité secondaire, elle tient le premier rang, dès qu'il s'agit de représenter un monument ou une ville, parce que le modèle reste toujours sous les yeux de la postérité, qui peut contrôler l'exactitude de la copie.

Mais M. de Marigny, après avoir montré l'urbanité d'un vrai grand seigneur, reprend, vers la fin de sa lettre, les manières rogues et hautaines d'un parvenu, lorsqu'il ajoute ces mots : « Quelque envie que j'aie de vous procurer dans
« vos travaux tous les agrémens possibles, je ne puis con-
« sentir au désir que vous avez, après vos études faites de
« ce port, de finir votre tableau à Bordeaux, et je crois devoir
« vous faire observer que le Roy paye vos tableaux de façon
« à exiger de vous que vous leur donniez toute la perfection
« possible, et que vous ne sauriez mieux les finir que sur
« les lieux. Ainsi, je compte que vous achèverez votre ta-
« bleau du port de Cette à Cette même, d'autant que de
« tous les ports du royaume c'est le seul dont le séjour
« ne soit pas agréable, et vous n'aurez été que quelques
« mois à vous priver des commodités que vous n'y trou-
« verez pas. »

Vernet ne se laissa point rebuter par ces paroles peu encourageantes, et il insista pour que l'autorisation qu'il demandait lui fût accordée. Dans une seconde lettre, M. de Marigny céda sur le premier point : il permit à Vernet de prendre la ville de Cette du côté de la mer et de représenter une tempête; mais il se montra inflexible sur la question du séjour dans la ville, tant que durerait l'exécution du tableau. L'artiste dut se résigner; il reçut du reste ces dernières instructions à Cette même, où il était arrivé depuis le 1er novembre 1756. Durant les trois années qui venaient de s'écouler (1753-1756), Vernet avait peint cent seize tableaux, au nombre desquels on comptait huit toiles importantes, les huit premiers ports de mer. La prodigieuse activité de son esprit et de ses pinceaux était loin, on le voit, de se ralentir.

Au Salon de 1757, on remarquait sa belle exposition : — trois vues de Toulon [1], une vue d'Antibes [2] et une vue de Cette [3].

Nous retrouvons Joseph installé à Bordeaux, vers la fin de mai. Pendant les deux années qu'il passa dans cette ville, il en prit deux vues, l'une du Château-Trompette, l'autre du côté des Salinières [4].

C'est à Bordeaux, le 14 août 1758, que naquit Antoine-Charles-Horace Vernet, qui devait plus tard recueillir l'héritage de son père, sous le nom de Carle.

En juillet 1759, Joseph arrivait à Bayonne, où sa famille venait le rejoindre trois mois après; et, le 20 juillet 1760,

---

1. *Notice des Tableaux du Louvre*, nos 595, 596 et 597.
2. *Ibid.* ibid. no 598.
3. *Ibid.* ibid. no 599.
4. *Ibid.* ibid. nos 600 et 601.

madame Vernet lui donnait une fille, Émilie, dont nous aurons à raconter plus tard la destinée tragique.

Vernet avait de singulières idées sur le baptême de ses enfants. Il ne voulait pas imposer à ses amis les frais et les charges d'un parrainage. Aussi Carle et Émilie furent-ils tenus sur les fonts par leur frère aîné, Livio, et par une servante, Rosa Lombelli. Déjà précédemment, à Rome, Joseph avait réclamé, dit-on, ce service d'un jeune Savoyard qui se trouvait à la porte d'une église au moment où il y arrivait lui-même pour le baptême de Livio ou pour celui d'Orazio. Ce Savoyard s'attacha si bien à lui, qu'il ne le quitta plus par la suite. On le baptisa à son tour du nom de Saint-Jean, et il devint pour ainsi dire l'un des membres de la famille Vernet, au service de laquelle il resta jusqu'à sa mort [1].

Vernet envoya à Paris, au Salon de 1764, deux vues du port de Bayonne [2]. Ce sont deux des tableaux dans lesquels il a le mieux donné la mesure de son talent et de son originalité. Là, plus que dans d'autres villes, la couleur locale lui fournissait des éléments précieux. La population, moitié espagnole, moitié basque; — les *cacolettes* ou chevauchées de deux femmes sur un même cheval; — le jeu de la *troupiole*, qui consiste à se lancer une cruche en guise de balle jusqu'à ce que le maladroit qui la laisse tomber soit déclaré vaincu; — les espèces de bateaux particulières au pays; tillottes et chalibardons : — tous ces détails pittoresques per-

---

1. Cette historiette a été racontée bien des fois à propos du baptême de Carle. M. Lagrange a prouvé, par les actes qu'il a cités, que c'était une erreur. Nous avons cru pouvoir donner à ce fait, jusqu'à preuve du contraire, l'explication que nous lui donnons, car il a laissé trop de traces dans la famille Vernet, pour être dénué de tout fondement.

2. *Notice des Tableaux du Louvre*, n°s 602 et 603.

mettaient de donner de l'animation aux figures et de jeter quelque variété parmi les accessoires. L'artiste sut profiter de ces avantages.

Après un séjour de deux ans à Bayonne, Vernet se rendit à la Rochelle, et de là à Rochefort; il prit une vue du port de chacune de ces villes, et, le 14 juillet 1762, il était de retour à Paris, où, s'il faut en croire la tradition de sa famille, il rentra dans un carrosse de la cour, que le roi avait envoyé au-devant de son peintre.

La tournée que lui indiquait son itinéraire officiel était loin d'être terminée, mais à la longue Vernet finissait sans doute par trouver cette vie de campement ennuyeuse et fatigante. De plus, il n'y avait pas de compensation suffisante à ces inconvénients. Il s'est plaint souvent, par la suite, du préjudice que lui avait causé, au point de vue pécuniaire, cette lourde entreprise. Le trésor ne s'acquittait pas vite des dettes contractées par l'État; le prix des tableaux se faisait attendre, et ces lenteurs usaient la patience de l'artiste. Il avait de lourdes charges, et il aurait pu y subvenir sans peine en travaillant pour des particuliers. Ainsi du moins expliquait-il lui-même la fin si brusque de ses voyages : « Ils ne devoient leur interruption, écrivait-il plus tard [1], qu'à l'épuisement de sa fortune, non de son zèle. » En effet, le payement de ses commandes ne se trouva ordonnancé d'une façon définitive qu'en 1775 [2].

Quoi qu'il en soit du véritable motif qui détermina Joseph Vernet à interrompre ce travail si bien commencé, toujours est-il que la vue de Dieppe [3] fut la dernière

---

1. Extrait d'une lettre inédite qui appartient à M. Chambry.
2. Archives de l'Empire, *Comptes des bâtiments du roi*, année 1774, registre E, 9567.
3. *Notice des Tableaux du Louvre*, n° 606.

de la longue série qu'il devait encore fournir. Il se rendit dans cette ville pour peindre ses études d'après nature ; il y passa la fin de septembre et le commencement d'octobre 1763, puis il revint à Paris, et son odyssée se trouva définitivement terminée.

La suite des *Ports de France* est la partie la plus universellement connue et peut-être la plus importante de l'œuvre de Joseph Vernet. Outre que ces tableaux nous laissent voir l'artiste dans la pleine maturité de son talent, on y sent aussi l'homme qui mêle sa personnalité aux choses qu'il représente et qui les anime de son propre souffle. Vernet s'est successivement incarné dans les différents pays qu'il a fait poser devant lui, et il nous a laissé de charmants mémoires écrits au courant d'un pinceau facile. On voit se dérouler sur ses toiles sa vie et celle de sa famille pendant les dix années que durèrent leurs pérégrinations. Chaque étude était le prétexte d'une partie de plaisir : on allait déjeuner sur l'herbe; le repas fini, le maître commençait à peindre, et ses convives lui servaient de modèles. Aussi, presque toutes les figures dont il a rempli ses compositions sont-elles des portraits, qui ont leur intérêt particulier à côté du mérite pittoresque de l'ensemble.

Vernet obtint un jour un suffrage des plus flatteurs. Tandis qu'il prenait la vue d'un port, un manœuvre dit, en parlant de lui à l'un de ses camarades, qu'il serait bien aise de voir les ouvrages d'un peintre aussi renommé. « Que verras-tu ? lui répondit l'autre. — Tout ce que tu vois [1]. »

Jamais éloge plus naïf ne trouva mieux son application.

---

1. *Mémoires de Bachaumont*, édition John Adamson. Londres, 1784, t. XIII.

III

La colonie des artistes au Louvre. — Brevet d'apprentissage de François Vernet. — Bénéfices d'une initiale complaisante. — Obliger nuit. — Origine des expositions. — Critiques qui ne critiquent point. — Bonheur et succès de Joseph Vernet.

De retour à Paris, Vernet s'installa dans les galeries du Louvre, où le roi lui avait accordé l'un des logements réservés aux artistes depuis l'ordonnance de Henri IV.

Le marquis de Marigny se chargea d'annoncer lui-même cette bonne nouvelle à son protégé :

« C'est avec bien du plaisir, Monsieur, lui écrivait-il,
« que je vous informe de la grâce que le Roy vient de vous
« accorder. S. M. vous a donné le logement des galeries du
« Louvre, que la mort de M. Galloche [1] a fait vaquer. La
« supériorité de votre talent vous a mérité cette marque de
« distinction du Roy. Jouissez-en aussi longues années que
« je le désire, vous y logerez longtems. Soyez bien per-
« suadé que c'est avec ces sentiments que je suis, Monsieur,
« votre très-humble et très-obéissant serviteur.

« Marquis DE MARIGNY. »

« 1er octobre 1761. »

1. Louis Galloche (1670-1761), peintre médiocre, fut membre de l'Académie, dont il finit par être nommé chancelier, après avoir passé par tous les grades honorifiques de cette assemblée. On peut voir au Louvre son tableau de réception : *Hercule rendant Alceste à Admète.*

Le brevet officiel suivit de près cette lettre officieuse. Il fut signé par le roi à Versailles, le 28 octobre.

Joseph Vernet allait se trouver dans son véritable élément, au milieu d'une colonie d'hommes distingués qui appartenaient tous aux diverses branches de l'art.

A peine installé, il se mit à battre monnaie, c'est-à-dire à travailler pour des particuliers; car les commandes de l'État rapportent plus de gloire que d'argent, et, n'était le relief qu'elles donnent, elles n'auraient pas grande valeur.

Cependant Vernet peignit encore plusieurs tableaux pour le roi : il fit, entre autres, quatre pendants, *les Quatre parties du jour*, qui figurèrent au Salon de 1763, avant d'être placés dans la bibliothèque du dauphin, à Versailles [1]. Au Salon suivant, il reproduisit les mêmes sujets dans quatre dessus de portes destinés au château de Choisy [2].

Joseph, nous l'avons dit, avait une nombreuse famille; ses vingt et un frères ou sœurs lui avaient donné un nombre incalculable de neveux et de nièces. Il s'est montré, toute sa vie, très-préoccupé des intérêts de ceux qui tenaient à lui par un lien quelconque, et ce ne fut certainement pas lui qui bénéficia le plus de la célébrité que son talent lui avait acquise.

Il obtint de M. de Marigny qu'on chargeât son beau-frère Guibert, maître sculpteur à Avignon, d'exécuter les cadres des *Ports de France*.

En 1764, il prit avec lui un de ses frères, nommé François, qui voulait être peintre, afin de le diriger dans ses études. Nous avons retrouvé une pièce intéressante, dont

---

1. Aujourd'hui au Louvre. École française, nos 609-612.
2. Il y en a deux au Louvre, nos 613 et 614; les deux autres sont au palais de Saint-Cloud.

quelques citations serviront à montrer quels rapports unissaient à cette époque les élèves à leurs maîtres [1] :

BREVET D'APPRENTISSAGE DE FRANÇOIS VERNET,

« Lequel, pour faire son profit et avantage, s'est mis en apprentissage, pour cinq années entières et consécutives à commencer dudit jour (3 mars 1764), avec le S. Joseph Vernet, son frère, peintre ordinaire du Roy ;

« Le S. Joseph Vernet, à ce présent et retenant ledit S. François Vernet pour son apprentif, en conséquence du pouvoir porté aux lettres patentes d'Henry Quatre en date du 22 décembre 1608, et lettres de confirmation de ses successeurs ;

« Auquel il promet enseigner ledit art de peinture pendant ledit temps et tout ce dont il se mêle en iceluy.

« Lequel S. François Vernet, de sa part, s'oblige d'apprendre de son mieux ledit art, servir fidèlement son maître, lui obéir en tout ce qu'il lui commandera de licite et honnête, faire son profit, éviter sa perte et l'en avertir, si elle vient à sa connoissance, sans pouvoir s'absenter pendant lesdites cinq années, aller travailler ailleurs ; auquel cas d'absence, consent d'être cherché à ses frais dans la ville de Paris, pour, s'il est retrouvé, être ramené chez ledit S. Joseph Vernet, afin d'y achever le temps qui restera lors à expirer des présentes, faites sans aucuns deniers déboursés de part ni d'autre.

« Le S. Joseph Vernet sera tenu, aussitôt lesdites cinq

---

1. M. Lagrange a cru que « le contrat d'élève » dont Joseph parlait dans son *Journal* avait été fait pour un de ses neveux. La pièce que nous publions permettra au savant critique de corriger cette petite erreur dans sa prochaine édition.

années accomplies, de donner audit S., son apprentif, un certificat en bonne forme pour pouvoir par lui se faire recevoir maître, tant en cette ville de Paris qu'en toute autre ville du royaume qu'il jugera à propos, comme s'il avait fait son apprentissage sous les autres maîtres desdites villes et sans être astreint de faire aucuns chefs-d'œuvre. »

Joseph ne se contenta pas de rendre ce service à son frère; il lui fit en outre conférer le titre de peintre des bâtiments du roi, et obtenir, en cette qualité, d'importantes commandes [1].

Presque tous les membres de la famille Vernet embrassèrent la carrière des arts, dans une spécialité ou dans une

---

1. Voici, d'après une note manuscrite, la liste des travaux que François Vernet exécuta :

POUR VERSAILLES.

1764. — Plafond de la chambre à coucher de la reine.
1766. — Tribune de la chapelle du roi.
1769-70. — Salle d'Opéra.
1770. — Cabinet de madame la dauphine.

POUR FONTAINEBLEAU.

1773. — Cabinet du conseil.
1776. — Salle de spectacle et cabinet de retraite du roi.

POUR CHOISY.

1776. — Trois tableaux pour la salle de la table mouvante.
1777. — Trois autres, *id.*
1777. — Six tableaux de dessus de portes en bas-reliefs, *id.*
1774. — Cabinet du roi.

On connaît en outre de François Vernet un *Paysage* et un *Vase de fleurs*, qui sont au musée d'Avignon, nos 295 et 296, un tableau religieux (?) que l'on peut voir également dans cette ville à l'église Saint-Agricol, et enfin les panneaux qui décorent la chaise à porteurs de Marie-Antoinette. Ces ouvrages, peu remarquables, montrent que l'artiste avait pris au pied de la lettre la clause de son engagement qui lui permettait de ne « faire aucuns chefs-d'œuvre. »

D'après les registres de l'église paroissiale de Saint-André-des-Arcs, François Vernet est mort le 15 février 1779.

autre. L'un des frères de Joseph avait, par bonne fortune, reçu à son baptême un nom dont l'initiale pouvait donner lieu à des méprises en sa faveur. Il s'appelait Ignace, et signait ses tableaux : *I. Vernet*. Mais il avait trop peu de talent pour soutenir ses tentatives de supercherie, et les ignorants pouvaient seuls se laisser prendre à cette fausse marque de fabrique. Horace Vernet disait que tous les mauvais paysages attribués à son grand-père, dans les différentes galeries de l'Europe, pouvaient être mis sans hésitation au bilan de son grand-oncle.

La bonté de Joseph s'étendait en dehors du cercle de sa famille. En voici une preuve : à la place de conseiller à l'Académie était attachée une pension de six cents francs. Vernet, qui fut promu à cette dignité en 1766, céda son modeste traitement à Restout vieux et infirme, puis à Drouais le père. Il fut du reste récompensé de sa bonté comme il arrive trop souvent : après la mort de ses obligés, il eut toutes les peines imaginables à rentrer en possession de ses six cents francs; on invoquait contre lui la prescription.

Vernet pouvait faire du bien, car il était heureux lui-même, et il distribuait seulement la monnaie des faveurs dont le sort l'avait comblé. Il obtenait, chaque année, de nouveaux succès. Le Salon, qui était alors de création récente, lui permettait de rester en rapports constants avec le public, dont il était un des enfants gâtés.

La première exposition régulière de peinture et de sculpture eut lieu en 1737, grâce à l'initiative d'un ministre des finances, Orry. Il fut d'abord convenu qu'il y en aurait une tous les ans, mais on s'aperçut vite de la difficulté qu'il y avait à trouver, dans ce court intervalle de temps, des ouvrages nouveaux dignes d'être montrés au public. La production dans les arts n'avait point encore atteint ce développement que nous lui voyons aujourd'hui. En outre, les artistes molestés par la critique (et ce sont forcément les plus nombreux) jetèrent les hauts cris. Le ministre se vit forcé de revenir sur la décision précédemment prise, et le Salon ne s'ouvrit plus que tous les deux ans.

Joseph, qui s'était déjà fait connaître et apprécier par ses envois d'Italie depuis 1746, et ensuite par ses *Ports de mer*, consolida sa réputation avec une série de *Clairs de lune*, de *Couchers du soleil*, de *Tempêtes*, de *Naufrages*, etc., qui eurent tous les honneurs des expositions jusqu'en 1789.

Diderot, Grimm, Bachaumont, Marmontel, l'abbé Leblanc, qui étaient à cette époque les maîtres de la critique d'art, contribuèrent beaucoup à faire apprécier au public le talent de Joseph Vernet. Ils ne tarissaient pas d'éloges sur les moindres de ses productions.

Vernet, on le voit, a eu l'une des vies de peintres les plus brillantes et les plus douces qui se puissent imaginer. Après avoir surmonté vaillamment les premières difficultés de sa jeunesse, il n'a plus connu les luttes, les douleurs, les déceptions, toutes ces amertumes enfin, dont la fortune abreuve en général les artistes. Il avait du reste un talent si souple et si prompt, que les plus sérieux obstacles n'étaient pas capables de l'arrêter. Ce qui, pour tant d'autres moins favorisés, est un labeur incessant et des plus ardus, devenait pour lui un véritable jeu, et il devait être pour ainsi dire fatalement heureux dans tout ce qu'il entreprenait.

IV

Folie de madame Vernet. — Enfance maladive de Carle. — Son premier dessin. — Il aura des bottes ! — L'atelier de Lépicié. — M. et madame Chalgrin. — Mot de Voltaire. — Le salon de madame Geoffrin. — Grétry, Glück et Piccini. — La loge des Neuf-Sœurs. — Prix de Rome. — Amour et religion. — Bernardin de Saint-Pierre. Réception de Carle à l'Académie. — Mort de Joseph et naissance d'Horace.

Vernet eut cependant, en dehors de son art, de grands sujets de tristesse. Chez lui, ce fut le cœur qui se chargea d'expier l'heureuse chance de l'esprit, et de rétablir cet équilibre de douleurs et de joies, auquel la vie de tout être ici bas semble implacablement condamnée. Tandis que son orgueil et sa vanité trouvaient leur compte légitime dans ses triomphes de chaque jour, il était d'autre part bien cruellement éprouvé.

Sa femme avait conservé de son origine britannique des traces évidentes dans toute sa personne : dans son maintien, dans ses habitudes. Elle avait emporté de son pays une légère dose de spleen, que la nostalgie vint augmenter encore. Son humeur inquiète se changea bientôt en véritable folie. Elle était sans cesse poursuivie de l'idée qu'on en voulait à ses jours, et soupçonnait tout son entourage. Elle n'osait ni manger ni boire, de crainte que les boissons et les aliments qu'on lui présentait ne continssent quelque substance vénéneuse.

Joseph, très-inquiet de cet état, crut qu'un changement d'air serait le meilleur remède pour la pauvre malade, et il la mena passer plusieurs étés à la campagne, à Meudon ou à Saint-Cloud. Il cherchait pour elle toutes les distractions imaginables : il lui faisait faire des excursions à Sèvres, à Vincennes, à Auteuil, à Versailles, à Luciennes. Pendant ces promenades, les enfants étaient montés sur des ânes, et leur père, qui les gâtait à la journée, les comblait de friandises, de « douceurs », suivant la gentille expression que l'on retrouve souvent sur ses livres de dépenses.

A Paris, Joseph s'ingéniait à chercher des amusements. Un jour, toute la famille Vernet allait dîner chez le suisse des Tuileries. Le lendemain, c'était encore fête : on passait la soirée, soit à la Comédie italienne, soit à la Comédie française, soit à l'Opéra; ou bien on allait voir simplement des danseurs de corde qui avaient aussi leur charme. La semaine suivante, on soupait en pique-nique avec mesdames Vanloo et Coustou; après quoi, on se rendait tantôt chez Comus, tantôt chez Nicolet, de célèbre mémoire. Mais madame Vernet ne prenait pas toujours sa part de ces plaisirs; lorsque son humeur noire la tourmentait par trop, elle restait à la maison, tandis que son mari, transformé en mère de famille, menait les enfants à la foire Saint-Ovide, ou leur procurait quelque autre récréation du même genre.

Madame Vernet cherchait à s'isoler de plus en plus, à mesure que les années aggravaient son état. Tous les efforts furent impuissants à conjurer cette horrible maladie; et, en 1774, Joseph dut se résigner à se séparer de sa femme. Il la mit en pension dans une maison de Monceaux, où elle mena dès lors une existence inerte dont elle ne fut délivrée qu'après de longues années de souffrances.

Joseph, devenu ainsi veuf de sa femme vivante, reporta

toute sa tendresse sur ses enfants, et particulièrement sur Carle, qu'il pressentait devoir être son héritier le plus direct, celui de son talent en même temps que de son nom. L'aîné de ses fils, Livio, n'avait aucun goût pour les arts. Du reste, il était presque toujours loin de la maison paternelle : entré, en 1762, au collège de Juilly, il ne devait en sortir que pour faire son droit.

Durant son enfance, Carle était d'une santé délicate. Très-jeune encore, il fut atteint d'une petite vérole confluente qui se porta sur les yeux, et le médecin chargé de le soigner déclara un jour au malheureux père qu'il n'y avait plus qu'un moyen, et encore bien incertain, de sauver la vue de son fils; mais ce remède était presque impraticable : il s'agissait de trouver une personne qui eût le courage d'appliquer ses lèvres sur les paupières malades et d'opérer une succion. Joseph n'hésita point un instant à se charger de cette effroyable cure; aussi Carle disait-il plus tard que son père lui avait donné deux fois la vie. Ce trait, s'il n'est pas plus beau que celui de mademoiselle de Sombreuil, est au moins son digne pendant, et l'on aurait pu croire qu'une femme, une mère en était seule capable.

A cause de sa constitution chétive et malingre, Carle fut pendant toute son enfance l'objet de précautions inouïes. Jusqu'à l'âge de huit ans on le mena en lisière, et cet état de choses aurait pu se prolonger longtemps encore, si, un jour que Saint-Jean le conduisait, le gamin n'avait pris, comme on dit, ses jambes à son cou. Joseph, averti de cette escapade, entra dans une violente colère; mais l'épreuve n'en était pas moins faite, — elle avait été favorable, — aussi Carle fut-il dès lors affranchi de cette tutelle excessive.

A défaut de précocité physique, la précocité intellectuelle fut du moins un don commun à tous les membres de cette famille; nous en avons vu la preuve pour Joseph, et la biographie d'Horace nous en fournira d'autres exemples.

En 1762, Joseph donnait déjà à Charlot, c'est ainsi que s'appelait alors ce baby de quatre ans, des « carnets pour dessiner. »

On raconte que, l'année suivante, Carle obtint son premier succès d'artiste dans le salon de M. d'Angiviller. Amené là par son père, et ne pouvant, bien entendu, prendre aucune part à la conversation, il s'était mis à dessiner un cheval sur un méchant morceau de papier qui lui était tombé sous la main. La tête et le corps de la bête étaient tracés, mais il ne restait plus assez de place pour mettre les jambes. Que faire? notre Raphaël en herbe n'était pas homme à s'embarrasser pour si peu; en quelques coups de crayon il eut bien vite improvisé un lac dans lequel l'animal était censé se baigner. Ainsi, les proportions se trouvaient sauvegardées, et la difficulté habilement tournée.

Pour apprendre à écrire, Carle copia tout au long un Traité de peinture. C'était, on le voit, un enseignement à deux fins. En tête du registre dont il se servait pour faire ses devoirs, on lit cette phrase :

« Papa m'a promis de m'acheter des bottes, l'année prochaine! »

Il paraît que cette promesse si brillante lui tenait fort au cœur : cette inscription se retrouve plusieurs fois sur son cahier, tracée en gros caractères puérils comme l'idée qu'ils expriment.

Cependant il commençait à être temps de donner une direction sérieuse aux études de l'enfant pour le mettre à même de devenir un homme.

Joseph lui choisit, parmi ses confrères, un excellent professeur, Lépicié, l'un des maîtres les plus originaux du xviii siècle, le continuateur et presque l'émule de Chardin. Nous avons retrouvé, dans les papiers de Carle, le brouillon d'une lettre qu'il écrivait à son père, en 1769, peu de temps après son entrée à l'atelier. La voici dans toute la naïveté de sa rédaction et de son orthographe :

« Mon très-cher Papa,

« Je vous écrit pour (vous) informé de la rangement que nous avons fait, Gounod [1] et moi. Nous nous coucheront le soir à huit heures; le matin, nous nous lèveront à cinq heures, pour être chez M. Lépicié à cinq heures et demi. Nous aurons le modèle jusqu'à huit heures. Le reste du jour, nous dessinerons tantôt d'après le dessein et tantôt d'après de grandes estempes pour nous apprendres à composés. Nous dessinerons une semaine d'après nature et une semaine d'après la bosse, mais toujours à la même heure. Nous serons six : MM. Lépicié, Métivier, Godefroy, Colmart, Gounod et moi. Sa nous reviendra à trois francs par mois chaqun. M. Lépicié (dit) que si il me voyait assez fort pour dessiné à l'Académie, et que vous le vouliez, j'y dessinerez.

« Je suis, mon très-cher papa,

« Votre très-humble et très-obéïsant fils,

« CARLE VERNET. »

Deux ans après son installation à l'atelier, Carle fut jugé digne de passer du simple dessin à la peinture proprement dite. Son père lui acheta un chevalet, une palette, un pincellier, une boîte à couleurs, et le 14 novembre 1771, notre rapin commençait sa première *académie*.

---

1. François-Louis Gounod obtint le second prix de Rome en 1783. S'il n'est pas très-célèbre par lui-même, il a laissé à son fils, l'auteur de *Faust*, le soin d'illustrer son nom.

Lorsqu'il fut un peu familiarisé avec le métier, Joseph l'emmena faire avec lui des études d'après nature dans les bois de Meudon.

Mais la véritable vocation de Carle se manifesta dès son enfance, et l'on put vite prévoir, d'après ses goûts de jeunesse, le genre dans lequel il se distinguerait par la suite.

A quinze ans, Carle était déjà passionné pour l'équitation. Il faisait, le plus souvent possible, ainsi que le prouvent les livres de dépenses de son père, des promenades à cheval, quelquefois seul, le plus souvent avec son camarade Gounod. Lorsqu'il y avait des courses, il était toujours au premier rang des curieux, et n'avait qu'un désir, celui de jouer sur le turf un rôle plus actif.

S'il tenait de son père par sa prodigieuse facilité et par ses dispositions pour la peinture, sa mère lui avait transmis, de son côté, sa distinction et son élégance : il était de race des pieds à la tête. Les exercices du corps prenaient une grande part de son existence; lorsqu'il se sentait fatigué de peindre, l'équitation ou l'escrime étaient ses meilleurs délassements.

Joseph, trop vieux alors pour rien changer à sa manière de vivre, se contentait de payer tous ces plaisirs. Lui aussi pourtant aimait à s'égayer; mais il lui fallait des joies moins fatigantes. Il allait souvent faire des parties avec Carle à la Rapée, au Wauxhall ou aux Porcherons; il le menait voir les comédiens de bois et les *fantoccini;* il n'abandonnait pas non plus le théâtre de son ami Nicolet, dont il était un des plus anciens habitués.

Vers le commencement de 1776, Vernet maria sa jeune fille Émilie à l'un de ses confrères de l'Académie, à un architecte distingué, Chalgrin, qui devait plus tard construire l'arc de triomphe de l'Étoile.

Madame Chalgrin était une charmante femme, pleine de grâce et d'esprit. Elle a fait dire à Voltaire ce mot digne du marquis de Bièvre : « Voilà madame Chalgrin qui nous quitte, nous allons être bien malheureux; car, sans *elle,* il ne reste que chagrin. »

A partir de cette époque, Vernet, se sentant trop seul chez lui, rechercha encore davantage les distractions de tout genre. Il en trouvait de puissantes dans le monde, où il était admis sur le pied d'égalité qui convenait à son mérite. Il allait chez mesdames de Boufflers, de Meulan, de Mazarin, d'Egmont, de Pontchartrain, chez madame Necker, chez le président Molé, chez M. Dupin de Francueil, l'ancêtre de notre grand poëte George Sand. Il recevait dans son atelier la cour et la ville. Mesdames les comtesses de Provence et d'Artois venaient lui rendre visite et admirer ses tableaux avant l'exposition. Si l'on veut se reporter à l'époque dont nous parlons, c'est-à-dire avant 89, on comprendra que ce n'était point un mince honneur pour un artiste qui n'était pas *né,* que d'avoir ainsi conquis son droit de cité au milieu d'une aristocratie jalouse de ses prérogatives et entichée de ses préjugés.

Il est inutile d'ajouter que, si Vernet trouvait cet accueil bienveillant auprès des grands seigneurs et des grandes dames, il ne se voyait pas moins bien traité par ses confrères, les artistes et les gens de lettres. Diderot, en particulier, lui faisait fête, et se mettait en frais de style pour le louer dignement.

Vernet était des dîners de madame Geoffrin, et, comme tous les convives, il y payait chaque fois son écot d'esprit. Il rencontrait, dans ce salon célèbre, ses rivaux et ses amis : Boucher, Carle Vanloo, Latour, le comte de Caylus, l'architecte Soufflot, avec lequel il s'était lié à Rome, et qui devait, quelques années après, en le nommant son exécuteur testamentaire, lui faire un legs de 2 400 livres. Nous n'en finirions point, si nous voulions citer tous les gens illustres à un titre quelconque avec lesquels il se trouvait en rapports suivis.

De même que presque tous les hommes célèbres de son temps, Joseph Vernet fut franc-maçon.

On avait fondé à Paris, en 1776, une loge appelée la loge des Neuf-Sœurs, qui, son nom l'indique, était à peu près exclusivement composée d'artistes et d'écrivains. Sur la liste de ses membres, on trouve : Voltaire, Franklin, Lalande, Chamfort, Roucher, de Fontanes, Parny, Greuze, Houdon, etc... Ce n'était certes pas déroger que d'entrer en semblable compagnie.

Joseph Vernet fut initié le 16 janvier 1779. Il avait pour compagnon de baptême Lemierre, l'auteur d'un poëme sur la peinture. Le chevalier de Cubières profita de l'association d'idées qui unissait les deux néophytes pour composer l'impromptu suivant :

> Muses, ouvrez-leur votre temple,
> A ces deux artistes chéris;
> L'un imite Linus, l'autre égale Zeuxis;
> L'un donne le précepte en ses savants écrits,
> Dans ses brillants tableaux l'autre donne l'exemple.

Le programme des travaux de la loge des Neuf-Sœurs comprenait deux objets : la maçonnerie qui rapproche les hommes, la culture des arts et des sciences qui les éclaire. En outre, les membres s'occupaient beaucoup d'actes de bienfaisance.

Vernet, qui n'était plus jeune, trouva dans ce cercle

d'hommes distingués une société agréable et des occupations à la fois utiles et douces.

Les nouveaux venus dans la carrière des arts étaient accueillis avec une grande bienveillance par ce glorieux vétéran. C'est ainsi qu'il reçut et devina Grétry. Un pieux souvenir s'ajoutait cette fois à la bonté naturelle de son cœur. Quelques traits de la figure du jeune musicien, sa constitution délicate, et surtout plusieurs de ses chants simples et expressifs lui rappelaient douloureusement son pauvre ami Pergolèse, dont on ne pouvait encore à cette époque prononcer le nom devant lui, sans qu'aussitôt les larmes ne lui vinssent aux yeux [1].

Vernet aimait passionnément la musique. Il se lia avec Glück et connut Piccini; mais, d'après la différence de ses relations avec ces deux rivaux, il est permis de supposer qu'il prit dans cette grande querelle entre piccinistes et glückistes le parti auquel la postérité a donné gain de cause : c'est assez dire que toutes ses préférences étaient pour l'immortel auteur d'*Alceste* et d'*Orphée*.

Au nombre des amusements dont il inscrivait le prix sur ses livres de *dépenses,* il est souvent fait mention de billets de concert ou d'Opéra. Il allait applaudir Philidor ou quelque autre célébrité. Il était lui-même un peu musicien à ses moments perdus, et pinçait de la guitare, instrument qui n'était pas encore ridicule à cette époque.

Cependant le plaisir ne nuisait pas au travail, et notre artiste continuait à mériter la faveur du public, à chaque exposition nouvelle. Depuis son retour définitif à Paris, il avait produit sans relâche, et sa vogue était loin de diminuer. Pour ne citer que les commandes des souverains, l'im-

---

1. *Correspondance littéraire,* loc. cit.

pératrice et le grand-duc de Russie, les rois de Danemark, de Suède et de Pologne, l'électeur palatin et le prince des Asturies voulurent tous avoir dans leurs palais des tableaux de notre grand peintre de marine. En France, il continuait à jouir de la faveur royale. Madame Du Barry avait repris, même en ce qui le concernait, l'héritage de madame de Pompadour, et ce changement de reine n'avait pas nui aux intérêts de l'artiste.

De son côté, Carle faisait des progrès très-notables. A leurs débuts, les fils de peintres marchent en général plus vite que d'autres dans la carrière; ils ont appris, dès le berceau, l'a b c du métier; à force d'avoir vu travailler, d'avoir joué avec des crayons et trempé leurs doigts dans de la couleur, ils savent déjà quelque chose et font preuve d'une facilité souvent trompeuse. Aussi faut-il attendre un peu, pour apprécier à sa juste valeur le sérieux de leur vocation.

Joseph encourageait son fils par tous les moyens; il l'aidait non-seulement de ses conseils, mais encore de sa bourse; il fut son premier acquéreur : il lui paya six livres « une tête peinte, » et un peu plus cher une esquisse. Il l'admettait même parfois à l'honneur de partager ses travaux. Ils vivaient ainsi en parfaite intelligence, et formaient à eux deux un de ces charmants ménages d'artistes, où la camaraderie ajoute à la tendresse, sans rien enlever au respect des enfants pour leurs pères.

Au mois de juillet 1778, Joseph éprouva le besoin d'aller retremper son talent aux sources vives de la nature, et il partit pour la Suisse. Carle était du voyage. Ils passèrent quelque temps à Genève, chez le docteur Tronchin; après quoi, ils firent les excursions de rigueur à Lausanne, à Berne, à Évian, à Schaffouse, etc... Leur absence dura en tout six semaines. Il ne fallait point songer à faire des études de paysage dans ce merveilleux pays que Dieu semble avoir créé pour le bonheur des poëtes, mais pour le désespoir des peintres. Vernet comprit que vouloir transporter sur sa toile ces montagnes, ces torrents, ces cascades, ces roches gigantesques et ces immenses vallées, serait une sorte d'impiété, et il ne tenta pas une épreuve impossible.

L'année suivante (1779), Carle se présenta au concours de Rome, et il fut admis à monter en loge. Le premier prix ne fut pas décerné, mais il obtint le second [1]. Ce succès était de nature à l'encourager, si l'amour n'était venu le distraire de ses travaux. Il s'éprit d'une belle passion pour une jeune fille qui habitait la campagne, et, à dater de ce moment, les voyages à Nogent-les-Vierges absorbèrent une grande partie de ses journées. Désireux, comme il l'était de se marier, il devait entrevoir avec un secret déplaisir la perspective de s'exiler pendant cinq ans à Rome. Cependant, comme il fallait mériter la main de celle dont il voulait faire sa femme, il redoubla d'efforts, et il obtint le grand prix, en 1782, avec un tableau qui représentait la parabole de l'Enfant prodigue. Au concours précédent, voici ce qu'il avait dû peindre : *Abigaïl apaise la colère de David en lui apportant des présents*. L'Académie des beaux-arts avait déjà la spécialité des sujets intéressants ; il faut du reste lui rendre la justice de dire qu'elle n'a pas changé son répertoire depuis cette époque [2].

Carle partit donc en qualité de pensionnaire ; mais à

---

1. M. Charles Blanc se trompe, lorsqu'il dit que Carle Vernet obtint son second prix l'année où David reçut le premier. David était parti pour Rome en 1775.

2. Ces lignes étaient écrites au moment où a paru le décret qui organise à nouveau l'École des beaux-arts. On a tout lieu d'espérer que l'ancien ordre de choses va s'écrouler de fond en comble. L'excellent choix du

peine était-il installé à Rome, que, l'amour aidant, la nostalgie s'empara de son esprit et de son cœur. Il tomba malade, et, quelques mois après son départ, il revint brusquement à Paris.

Une grande déception l'attendait, la jeune fille qu'il aimait était mariée.

Joseph, voyant sa tristesse, lui offrit toutes les distractions possibles. Quoique, à cette époque, sa fortune fût sensiblement diminuée, grâce aux saignées fréquentes que les différents membres de sa nombreuse famille avaient faites à sa bourse, il acheta cependant un cheval pour son fils. Seulement, il fit l'économie d'un domestique spécial et confia le soin de cette bête au palefrenier du duc de Chartres.

Mais Carle, à qui sa mère avait légué son humeur inquiète et chagrine, voulut chercher un refuge dans la religion. Il se mit à étudier la Bible. On assure même qu'il fut sur le point de prendre l'habit. Heureusement, son directeur, homme de tact et de sens, le dissuada de ce projet; il lui fit comprendre qu'il n'y avait pas en lui l'étoffe d'un bon prêtre, et lui conseilla de chercher plutôt à devenir un peintre distingué.

Carle se laissa convaincre et reprit sa vie normale. Peu à peu, il se réhabitua aux plaisirs et l'équitation, le spectacle, l'escrime, les bals de l'Opéra se partagèrent le temps qu'il ne consacrait pas au travail.

Sa préoccupation, dominante, en fait d'art, était l'étude du cheval. Il examinait les compositions des Le Brun et des Van der Meulen ; leur interprétation peu fidèle de la nature ne le satisfaisait pas; il cherchait et entrevoyait déjà un nouveau genre à créer. En attendant que la double matu-

directeur, M. Robert-Fleury, est une garantie suffisante des efforts qui seront tentés pour lancer les jeunes gens dans une voie plus large.

rité de son esprit et de son talent lui permit de tenter une réforme, il faisait encore quelques concessions au goût de ses maîtres, et s'occupait d'un vaste tableau qui devait représenter le *Triomphe de Paul-Émile*. Paul-Émile et tous les personnages étaient-là pour répondre aux exigences de l'école ; mais le quadrige qui traînait le héros était la compensation du peintre, le morceau qu'il pouvait caresser d'un pinceau amoureux, et dans lequel devaient se révéler ses tendances personnelles.

Sur ces entrefaites, Carle, ayant enfin oublié l'objet de son premier amour, épousa la fille de Moreau le jeune, ce merveilleux dessinateur auquel on doit les illustrations de tous les livres élégants du siècle dernier. C'était une union parfaitement assortie, et l'art ne pouvait que gagner à ce croisement de deux races également nobles et fécondes.

Joseph produisait toujours, et, si l'on en juge d'après les critiques de l'époque, son talent n'était point par trop en décadence. Malgré ses soixante-treize ans, il envoya douze tableaux au Salon de 1787. De toutes les brochures publiées sur cette exposition, une seule, *Lanlaire au Salon académique*, se permet d'attaquer le vieil artiste dans un couplet insignifiant :

> Après s'être fait admirer,
> Vernet devait briser ses pinceaux, sa palette ;
> L'homme parvenu jusqu'au faîte,
> Quand il veut le franchir, s'expose à retomber.

Mais pour le consoler de ce reproche, un classique prédit qu'on le verra...

> ... Longtemps encore unir
> Le pinceau de Minerve au trident de Neptune [1].

---

1. *Les grandes prophéties du grand Nostradamus, sur le grand Salon de*

Parmi les éloges, un seul mérite d'être rapporté : Vernet, dit-on, « vole sur les bords fleuris du Tempé, dans les bosquets enchantés de l'Idalie, *il peint la nature* [1]. » Ce dernier trait n'est-il point charmant, et ne s'accorde-t-il pas à merveille avec la phrase qui le précède? On sent que le règne de madame de Pompadour n'est pas fini depuis longtemps, et que son influence dure encore.

Cependant Vernet ne méritait pas ce compliment qui ressemble tant à un blâme; il comprenait et aimait la nature comme elle doit être aimée et comprise, c'est-à-dire dans son expression la plus élevée. Loin de sacrifier au genre faux et maniéré que Boucher avait mis à la mode, il choisissait avec un goût sévère ce qui, dans la réalité, pouvait se plier aux exigences de son art.

Grand ami du paysage comme il l'était, Vernet devait apprécier Bernardin de Saint-Pierre et être apprécié par lui : aussi est-ce à leur collaboration que l'on doit *Paul et Virginie*. En 1787, Bernardin de Saint-Pierre vint frapper un jour à la porte de l'atelier du vieux peintre. Le célèbre écrivain, peu connu encore à cette époque, bien qu'il ne fût déjà plus très-jeune, paraissait désolé, et son hôte, étonné de sa mine piteuse, lui demanda quelle en était la cause. Bernardin venait de lire, dans le salon de Mme Necker, un roman sur le succès duquel il fondait les plus belles espérances; mais l'impression produite sur ses auditeurs n'était pas de nature à l'encourager : Buffon n'avait fait que regar-

---

peinture de *l'an de grâce 1787*, etc;... *le tout dicté par le prophète à Jean Lait-par-Mil.*

[1] *Promenades d'un observateur au Salon de 1787*. Les autres brochures qui ont paru sur cette exposition sont intitulées : *Tarare, la Plume du coq de Micille, Merlin*, etc., etc. Le lecteur n'ignore pas que cette forme burlesque, complètement démodée aujourd'hui, était celle dont se servaient le plus volontiers les critiques du XVIIIe siècle.

der sa montre, Thomas s'était endormi, quelques femmes, plus humaines, se sentaient disposées à pleurer, mais le sourire sarcastique du maître de la maison leur avait fait honte de leur faiblesse et elles avaient retenu leurs larmes [1]. Bref, il voyait bien, ajouta-t-il, qu'il s'était trompé et qu'il ne lui restait plus qu'à jeter son manuscrit au feu, ce qu'il se disposait à faire, séance tenante : « Pendant que je vais peindre, lui dit Vernet, lisez-moi donc votre histoire ; nous verrons s'il n'y aurait pas moyen de réviser l'arrêt de vos terribles juges. » Cette proposition, dernière planche de salut, fut acceptée avec joie par le pauvre auteur naufragé. Vernet s'installa devant son chevalet, et la lecture commença. A mesure que Bernardin de Saint-Pierre tournait les feuillets, Vernet, saisi par l'intérêt croissant de cet adorable chef-d'œuvre, se détachait peu à peu de son propre travail, et, lorsque l'auteur eut fini, il lui conseilla de ne pas se laisser décourager par des critiques ou envieuses ou inintelligentes, l'exhorta vivement à publier son livre, et lui prédit un très-grand succès en dépit de tous ses amis les beaux esprits qui n'y entendaient goutte, assurait-il. Personne n'ignore la suite de l'histoire ; mais ce que tout le monde ne sait pas, c'est que Vernet voulut aussitôt illustrer ce livre dont il était en quelque sorte le parrain. Il choisit comme sujet l'épisode qui convenait le mieux à la nature de son talent, le *Naufrage de Virginie*. Malheureusement, son pinceau sénile trahit ses intentions, et le peintre resta fort au-dessous du poëte.

Le Salon de 1789 reçut les derniers tableaux de Joseph, tandis que le premier tableau de Carle, le *Triomphe de Paul-Émile*, lui ouvrait les portes de l'Académie : il fut

---

[1]. Aimé Martin, *Mémoires sur la vie et les ouvrages de Bernardin de Saint-Pierre*. In-8°, Paris, 1826.

nommé agréé. La réception se faisait encore à cette époque avec un certain cérémonial. Le récipiendaire était présenté successivement par un huissier à tous les membres, et il faisait à chacun d'eux un profond salut. Lorsque Carle arriva devant Joseph, il oublia les lois de l'étiquette et se jeta dans les bras de son père. Tous leurs confrères applaudirent à cet élan de cœur.

Joseph mourut peu de mois après, le jeudi 3 décembre 1789. Il avait pu du moins embrasser au berceau son petit-fils, qui était né le 30 juin de cette même année. C'est ce qui permettait plus tard à Horace Vernet de dire en plaisantant qu'il avait connu son grand'père.

V

10 août. — Projets d'émigration. — Jugement de madame Chalgrin. — Civisme de David. — Assassin par négligence. — L'auréole de sang. — Sous le Directoire. — Vainqueur au Champ-de-Mars. — Commencement du siècle. — Dessins à vingt-quatre sous. — Deux croix en une. — Mariage d'Horace. — 1811. — La barrière de Clichy. — Médaillé et décoré. — Voyage à pied. — Intérieur d'atelier. — Départ pour l'Italie. — Lettres de Carle et d'Horace.

Déjà le temps commençait à devenir mauvais pour les arts. Les esprits étaient occupés ailleurs. Tout cédait le pas à la politique.

Pendant l'attaque des Tuileries, le 10 août 1792, la famille Vernet eut sa large part des émotions de cette terrible journée.

Après le siège du château, le bruit s'était répandu parmi la populace que les galeries du Louvre servaient de lieu de refuge à quelques Suisses échappés au massacre; aussitôt des balles font voler en éclats les vitres des appartements habités par les artistes. Carle comprend l'imminence du danger et veut soustraire sa jeune famille aux violences d'une invasion probable. Il saisit Horace dans ses bras, tandis que de son côté madame Vernet prend son second enfant, la petite Camille. Ainsi chargés de leurs précieux fardeaux, ils s'élancent à travers les corridors, sortent du Louvre et gagnent le plus vite qu'ils peuvent la maison de Moreau.

Cette course haletante faillit se terminer d'une façon lamentable. Comme ils touchaient au port, les fugitifs eurent à essuyer une décharge de mousqueterie ; heureusement aucune balle n'atteignit son but, et ils en furent quittes pour recevoir une pluie de plâtras que les projectiles avaient détachés de la muraille en venant s'aplatir contre elle.

Par les relations de son père, Carle Vernet tenait au passé. Il avait été bien accueilli, depuis son enfance, par toute cette aristocratie qui se trouvait alors en butte à l'explosion de haines lentement amoncelées. Aussi son jugement un peu faussé ne lui permettait-il pas de comprendre la légitimité de la réaction ; il n'en voyait que les cruautés, sans en saisir le véritable sens et sans en apprécier la haute portée sociale. Il était donc injuste et songeait à déserter son pays. De bien tristes circonstances l'obligèrent à abandonner ses projets d'expatriation.

Son beau-frère Chalgrin, architecte du comte de Provence, avait suivi le prince à Bruxelles, laissant sa femme à Paris. Une accusation fut lancée contre elle, et une visite domiciliaire fit découvrir dans son appartement des bougies marquées au chiffre et aux armes du protecteur de son mari. Il n'y avait là rien que de très-naturel ; mais à cette époque troublée, où la peur s'exaspérait souvent jusqu'à la férocité, le moindre fait prêtant au soupçon prenait des proportions incalculables. Les jalousies, les haines, les rancunes privées se servaient de la politique comme d'une arme meurtrière, et faisaient de nombreuses victimes. Madame Chalgrin fut déclarée suspecte. Accuser, c'était presque condamner. Dès qu'il eut appris cette fatale nouvelle, Carle Vernet courut chez David, son camarade et son ami. Le peintre de Marat jouissait d'un grand crédit auprès des puissants du jour. Malheureusement, il avait été fort épris de madame

Chalgrin, et cette honnête femme n'avait fait aucune attention à lui. De là un sentiment de rancune qui dicta à David une réponse bien digne de son républicanisme poncif et drapé à l'antique, comme les Romains de ses tableaux : « J'ai peint Brutus, dit-il, je ne saurais solliciter Robespierre ; le tribunal est juste ; ta sœur est une aristocrate, et je ne me dérangerai pas pour elle. » A force de prières, Carle parvint cependant à émouvoir un peu ce stoïque féroce et ridicule, qui devait plus tard se changer en plat courtisan. David fit quelques démarches, et obtint sans peine la grâce tant souhaitée. Mais, par une distraction inqualifiable, il garda pendant plusieurs jours dans sa poche l'ordre d'élargissement qui lui avait été remis, et, lorsqu'il y songea, il n'était plus temps. Les morts allaient vite, et l'échafaud n'attendit pas. On a conservé, dans la famille Vernet, un portrait de madame Chalgrin, ébauché par David. La tête seule est terminée ; elle est très-fine, très-distinguée, et donne l'idée d'une femme extrêmement séduisante. Par un singulier hasard, qui pourrait presque passer pour un pressentiment, le peintre avait préparé le fond de sa toile avec des tons d'un rouge foncé, qui encadrent le visage de son modèle dans une sanglante auréole.

Ces douloureux événements n'arrêtèrent pas tout à fait les travaux de Carle. Il exposa à une époque où il semble que tout eût dû s'effacer devant les préoccupations quotidiennes : on trouve son nom sur le livret du Salon de 1793.

Sous le Directoire, le ciel devint moins sombre. La France, épuisée par le gigantesque effort qu'elle venait de faire pour soulever dix siècles qui pesaient sur elle de tout le poids de l'arbitraire et des priviléges, éprouvait le besoin de se reposer un instant et de reprendre haleine. Madame Tallien devenait à la mode. Il y avait dans l'air une folle réaction de plaisir, qui ramenait les choses au point où elles en étaient sous la Régence et sous Louis XV.

Carle Vernet se laissa entraîner dans le tourbillon général. Il se mêla à ses contemporains pour étudier leurs ridicules et mettre ses crayons au service de la satire. Il faut voir, dans la collection de ses lithographies, défiler la grotesque procession des *Merveilleuses* et des *Incroyables*. Jamais la caricature ne rentra mieux, ni plus avant, dans le domaine de l'art. Carle a excellé dans ce genre secondaire; il y a mis toutes les qualités d'esprit et de dessin qui lui sont indispensables pour élever son niveau.

Carle Vernet était bien du reste l'homme de ce temps étrange, et jusqu'à la fin de sa vie il en a conservé comme un reflet sur toute sa personne. Élégant de tournure, distingué de visage, ayant dans les traits beaucoup de finesse, il aimait de passion les chevaux, la vie mondaine et facile. C'était un *gentleman* dans toute la force du terme. Tel nous l'ont dépeint tous ceux qui l'ont connu, et tel on peut le voir encore dans le beau portrait que Robert Lefèvre a laissé de lui.

Carle était très-adroit et très-leste. Il montait à cheval comme un jockey, et, contre l'habitude des cavaliers, il passait pour un des meilleurs marcheurs de son temps. On raconte qu'à la suite d'une gageure il courut au Champ-de-Mars dans une de ces courses renouvelées du stade antique, et qu'il remporta le prix. En le lui remettant, Laréveillère-Lepeaux lui aurait dit : « Monsieur Vernet, votre nom est habitué à tous les triomphes. »

Cependant, les plaisirs cessèrent, et le caractère de la nation redevint sérieux pour se mettre à la hauteur des graves événements que préparait un avenir prochain.

La guerre, cette ennemie des arts, commença bientôt à régner sur l'Europe en maîtresse absolue. On n'eut plus ni le goût, ni le loisir de venir admirer paisiblement, entre deux combats, les tableaux exposés au Salon. Seulement, nos soldats préparaient des sujets nouveaux pour les peintres ; ceux-ci allaient avoir tout un champ de gloire à exploiter. Carle Vernet fut, après Gros, avec un sentiment moins héroïque mais plus moderne, l'artiste qui comprit le mieux le parti qu'on pouvait tirer, au profit de la peinture, des actions éclatantes de ses contemporains.

Horace Vernet, très-jeune encore, assista, jour par jour, aux péripéties de la lutte engagée par la France contre l'Europe ; il reçut le contre-coup de toutes les émotions qui se succédaient sans relâche ; il vécut dans cette atmosphère brûlante ; il s'enivra de poudre, de gloire et de fumée comme tous les hommes de sa génération. C'est à ces premières années de sa vie qu'il faut demander compte de la nature de son talent ; c'est là qu'il faut chercher l'origine incontestable de cette humeur guerrière qui fut sa fidèle compagne jusqu'à sa mort.

En attendant l'âge où il lui serait permis de produire par lui-même et de vivre sur son propre fonds, il étudiait. Son éducation première fut pourtant assez négligée. Le temps ne comportait pas de travaux suivis. On se préoccupait plus, dans les lycées, de la politique quotidienne que de littérature classique ou d'histoire. La vie se concentrait tout entière dans le présent.

Au collége des Quatre-Nations, Horace fut un élève médiocre. Il ne comprenait pas que les plumes, les crayons et le papier pussent servir à autre chose qu'à dessiner. Il jouissait à un haut degré de cette précocité qui avait déjà été un don de Joseph et de Carle. Enfant, il faisait des bonshommes que son grand-père Moreau lui achetait vingt-quatre sous pièce. A douze ans, chacune de ses compositions lui était payée douze francs. Tels furent les débuts modestes de l'artiste qui devait gagner à la pointe de ses pinceaux la fortune la plus considérable qu'un peintre ait peut-être jamais possédée. Quelques jours avant sa mort, il additionnait les sommes qui lui étaient passées par les mains, — passer est le mot propre, — et il arrivait au total fabuleux de cinq millions.

L'éducation artistique d'Horace fut aussi négligée que son éducation littéraire. Il fit des tableaux un peu comme les pommiers donnent des pommes. Né sur un terrain admirablement préparé, il n'eut qu'à se laisser grandir pour être, un beau jour, un homme de talent. Sa vie se passait dans des ateliers, chez son père, chez son grand-père Moreau, chez son oncle Chalgrin.

Carle s'était d'abord mépris sur la véritable vocation de son fils. Il songeait à en faire un graveur; cependant, lorsqu'il vit qu'Horace avait tout ce qu'il fallait pour devenir un bon peintre, il le mit sous la direction de son ami et camarade Vincent. La crainte de l'aveuglement paternel l'empêcha de prendre pour lui cette tâche si douce, mais si difficile.

Au Salon de 1808, Carle obtint un grand succès avec le *Matin de la bataille d'Austerlitz*. Ce tableau lui valut la croix de la Légion d'honneur. En la lui remettant de ses propres mains, Napoléon lui dit : « Monsieur Vernet, vous êtes ici comme Bayard, sans peur et sans reproche. Tenez, voilà comment je récompense le mérite. » L'Impératrice ajouta à ce premier compliment ces mots gracieux : « Ce sont deux croix en une; il est des hommes qui traînent un grand nom, vous, monsieur, vous portez le vôtre. »

Horace continuait ses études classiques à l'atelier de Vincent. Vincent était alors, avec David et Regnault, le chef d'un des trois ateliers qui se disputaient, chaque année, les prix de l'École des beaux-arts.

Horace dessinait d'après la bosse et faisait des académies. En 1810, il se présenta au Concours de Rome, où son très-jeune talent, fort peu orthodoxe pour les membres de la petite église chargée d'apprécier le mérite des concurrents, devait le faire échouer, et où il échoua en effet.

Il renonça dès lors à la poursuite de cette récompense, que, pour son plus grand malheur, il aurait sans doute obtenue, vers la fin de sa trentième année, après avoir, comme tant d'autres, épuisé tout ce qu'il y avait en lui de séve, de jeunesse et d'originalité. D'ailleurs, il prit à cette époque, une détermination qui l'aurait empêché de recommencer le concours, en admettant même qu'il en eût éprouvé le désir : il se maria, et l'on sait que le règlement astreint au célibat les pensionnaires de Rome.

Horace Vernet épousa une charmante jeune fille, Mlle Louise Pujol, qu'il avait rencontrée dans le salon d'Isabey, et dont il avait pu apprécier toutes les qualités aimables et sérieuses.

Le jour de ses noces, Horace avait, en tout et pour tout, quarante sous dans sa poche, et sa femme ne possédait rien, mais ils étaient riches d'amour et d'espérances, que les années devaient monnayer par la suite.

En 1811, il obtint, grâce à Gérard, la commande d'un portrait du roi de Westphalie. Il réussit à souhait et reçut 8 000 francs du prince. De plus, il envoya au salon de 1812 la *Prise d'un camp retranché près de Glatz,* tableau important qui lui valut une première médaille. Il n'avait que vingt-deux ans, et déjà il était célèbre par lui-même, indépendamment de la réputation qui lui était faite d'avance par son nom deux fois illustre.

Un moment, Horace fut soldat comme tout le monde, quoique son mariage l'exemptât de la conscription ; mais on était en 1814, et chacun prenait un fusil. Avec Charlet, il concourut sous les ordres du maréchal Moncey à la défense de la barrière Clichy et, plus tard, il n'eut qu'à reporter sur la toile les impressions qu'il avait ressenties pendant cette terrible journée pour produire un de ses meilleurs tableaux, un de ceux où la note est le plus juste, où la composition est en même temps simple et grandiose.

Ce fut comme soldat qu'Horace Vernet reçut la croix, et il tenait plus à cette première distinction qu'à toutes celles dont il fut comblé par la suite.

Cependant, il était arrivé un revirement dans la fortune politique de la France : les princes revenaient de l'exil. Carle était toujours resté fidèle au souvenir des Bourbons, et il accueillit avec joie leur restauration. Aussi fut-il nommé en quelque sorte le peintre officiel de la nouvelle cour, lorsqu'on le chargea de peindre l'entrée de Louis XVIII à Paris et le portrait du duc de Berry en costume de colonel général des chevau-légers.

Ses opinions politiques n'avaient point cependant empêché Carle de travailler pour les puissants de la veille. La peinture est un terrain neutre; toutes les couleurs se trouvent sur la palette, et l'artiste a, jusqu'à un certain point, le droit de ne pas toujours être conséquent avec l'homme. Carle avait représenté successivement le bombardement de Madrid, les batailles de Rivoli, d'Austerlitz, de Wagram et de Marengo.

Napoléon, ayant été à même de revoir ce dernier tableau pendant les Cent-Jours, en fut très-frappé, et il chargea M. de Montalivet d'envoyer sur-le-champ à l'auteur une gratification de 6 000 francs.

Par un arrêté ministériel en date du 31 mai 1816, il fut décidé que l'église de la Madeleine serait ornée de sept fresques immenses, dont l'exécution devait être confiée à Gros, Guérin, Meynier, Carle Vernet, Prud'hon, Gérard et Girodet. On le voit, Carle eût travaillé là en bonne compagnie. Mais on ne donna pas suite à ce projet, et les peintres perdirent une belle occasion de montrer au public toutes les ressources de leur talent [1].

Tandis que son père était retenu à Paris par ces promesses de travaux, Horace partait à pied, le sac sur le dos, avec son ami le comte de Pontécoulant. Ils parcoururent ainsi le Dauphiné et la Suisse. C'était pour le jeune artiste une agréable préface aux longs voyages qu'il devait entreprendre par la suite.

A peine de retour, il se mit de nouveau à l'œuvre.

Son atelier de la rue des Martyrs [2] était une véritable curiosité. Il a pris soin de nous en conserver la physionomie dans un tableau que la gravure a popularisé.

Jamais on ne se serait douté que les gens qui se trouvaient là étaient réunis pour travailler.

Horace Vernet, la cigarette aux dents et la palette à la main, faisait des armes avec un ancien officier de l'Empire, M. Ledieu, aujourd'hui directeur du mont-de-piété. M. Amédée de Beauplan jouait du piano, M. Eugène Lami soufflait dans une trompette, et, à côté de lui, M. Montcarville battait de la caisse.

Il y avait ensuite le groupe des causeurs : le général

---

1. L'église de la Madeleine a toujours eu du malheur. Plus tard, M. Thiers reprit l'idée de son prédécesseur, et chargea Paul Delaroche de l'exécuter. Toutes les esquisses furent faites et montrées au ministre, qui les approuva ; mais au dernier moment, l'affaire avorta encore.

2. N° 11.

Boyer, M. de Lionne, le baron Athalin, M. de Lariboissière, le célèbre graveur Jazet, M. Couturier de Sainte-Claire, le colonel Bro, et les deux frères de madame Vernet, MM. Pujol.

Ladurner se promenait avec un singe sur l'épaule, et M. Guyot, tout en feuilletant un album, agaçait un bouledogue en arrêt devant lui. Un cheval que l'on appelait *le Régent,* et qui avait été donné par le duc d'Orléans à Horace Vernet, servait de modèle [1].

Le colonel Langlois, en bonnet de police, lisait le journal et rêvait déjà sans doute aux magnifiques panoramas qu'il nous a montrés depuis. Le d^r Hérault tenait à la main une tête de mort et l'examinait. M. Duchesne faisait l'exercice. Deux peintres, MM. Montfort et Lehoux, nus jusqu'à la ceinture, se chauffaient près du poêle et attendaient pour boxer que l'assaut de leur maître fût terminé.

Seul, un jeune homme travaillait obstinément au milieu de ce tohu-bohu : c'était M. Robert-Fleury, qui depuis, dans sa brillante carrière, a recueilli le fruit de son application [2].

Il y avait encore dans l'atelier deux objets de curiosité : le *Triomphe de Paul-Émile,* ce grand tableau qui, le lecteur s'en souvient, avait ouvert à Carle les portes de l'Académie, et un très-beau buste de Joseph, coiffé le plus souvent d'un shako polonais.

Il ne faudrait pas croire cependant qu'Horace Vernet flânait toujours; non, mais le travail suivi ne convenait pas à son tempérament. Il allait et venait, faisait une botte avec l'un, bavardait avec l'autre, regardait l'ouvrage de ses élèves, et, d'un coup d'œil sûr, voyait les retouches à faire, qu'il indiquait d'une façon très-nette; puis, il revenait à son che-

---

1. L'atelier était au rez-de-chaussée.
2. Nous devons les indications qui précèdent à l'extrême obligeance de M. Montfort, l'un des premiers élèves d'Horace Vernet.

valet, peignait en se jouant, et, à la fin de la journée, il se trouvait avoir accompli sa tâche mieux que tout autre.

Cette fantaisie serait fatale à ériger en principe; mais la facilité prestigieuse d'Horace Vernet lui servait d'excuse. Chacun a le droit de choisir le mode de travail qui lui plaît. La fin justifie les moyens; c'est en fait d'art que cette maxime, si lâche et si fausse d'ordinaire, trouve sa véritable application. Qu'importe au public la manière dont un chef-d'œuvre a été créé, pourvu que ce chef-d'œuvre existe? « Le temps ne fait rien à l'affaire, » est un axiome aussi juste dans un sens que dans l'autre; il ne faut voir dans la rapidité de l'exécution ni un mérite, ni une excuse, et c'est seulement à l'effet obtenu qu'il appartient de démontrer si elle est un défaut ou une qualité de l'esprit.

Horace s'était moins rapproché que son père du gouvernement restauré; il n'avait pas les mêmes raisons d'âge et de reconnaissance pour saluer le retour des Bourbons. Né au début de la Révolution, élevé au bruit du canon qui balayait peuples et rois d'un bout de l'Europe à l'autre, il appartenait corps et âme au nouvel ordre de choses, et était très-imbu des idées progressistes qui commençaient à germer en France.

Cependant, il ne voulait pas se mettre en opposition manifeste avec son père, qui cherchait en revanche tous les moyens de le convertir à ses propres idées. Un jour, Carle lui amenait dans son atelier le duc de Berry; un autre jour, il le faisait inviter aux chasses du prince. Horace était obligé d'inventer chaque fois un prétexte nouveau pour décliner ces honneurs.

Sur ces entrefaites, le père et le fils partirent ensemble pour l'Italie. Carle voulait sans doute soustraire Horace aux influences qui pesaient sur son esprit, et qui pouvaient, craignait-il, compromettre son avenir. Il n'y avait pas, en tout cas, de meilleur complément d'éducation pour un jeune artiste.

Ils se mirent en route au commencement de 1820.

A peine arrivé à Rome, Horace écrivait à son oncle Livio une lettre dont nous citerons de longs extraits, non-seulement parce qu'elle donne des renseignements sur la jeunesse de l'artiste, mais parce qu'elle montre en outre quel était le courant de ses idées, à cette époque de transition où l'homme commençait à paraître en lui.

« Rome, le 3 mars 1820.

Mon cher Oncle [1],

« Que de remerciements ne te dois-je pas pour la lettre que tu nous as adressée à Rome! tu sais combien on se trouve heureux, quand on est éloigné, de recevoir des nouvelles des personnes qu'on aime ; tu dois juger de mon bonheur en recevant des tiennes. Nous faisons un charmant voyage, et, ce qu'il y a de très-remarquable, c'est que mon père n'est pas trop exigeant, et que nous sommes en très-bonne intelligence. Ainsi, tu vois que rien ne me manquerait, si vous étiez tous avec nous...

« Je vais me mettre à peindre. J'en ai grand besoin! Tu penses que, dans ce beau pays qui a inspiré tant de peintres, je ne puis rester sans en ressentir l'influence, et j'espère que mon premier essai me réussira. Je compte faire *la massa*, ou, autrement dit, le départ des chevaux aux

---

[1]. Le fils aîné de Joseph Vernet, qui avait renoncé à son nom italien de Livio pour se faire appeler Louis, était receveur général du tabac à Avignon, en 1789, au moment de la mort de son père. Depuis, il fut successivement directeur des vivres de la marine à Brest, et agent en chef des équipages des vivres des armées du Nord et de Sambre-et-Meuse.

courses du carnaval. A propos de carnaval, vous en avez eu un bien triste à Paris. Quelle affreuse catastrophe [1] ! Nous n'en avons appris la nouvelle qu'à Naples : mon père en a été foudroyé. Tu sais quelles étaient ses liaisons avec le prince, et tu juges de l'effet qu'a dû produire sur lui un pareil malheur...

« Nous avons assisté au service qui a eu lieu à Saint-Louis-des-Français : cette cérémonie peut être bonne pour l'âme du malheureux défunt, mais, pour ceux qui y assistent, elle est du plus grand ridicule, surtout en Italie, où ça a plus l'air d'une fête que d'une cérémonie funèbre. Quand serons-nous assez philosophes pour pleurer sans ostentation et sans mettre nos regrets en musique ?

« J'espère tirer un grand fruit de mon voyage, non-seulement sous le rapport de l'art, mais aussi pour la connaissance que j'ai acquise de moi-même. C'est dans le choc des passions qu'on définit celles qui doivent vous mener à bien, ou celles qui doivent vous maintenir dans une fausse route. Je fais là-dessus mes observations et je compte en tirer un bon parti. D'ailleurs, il est temps de penser sérieusement, car l'âge arrive sans qu'on s'en doute, et lorsqu'on veut faire un effort pour devenir meilleur, les forces vous manquent et l'âme ne peut pas plus se redresser que les reins...

« Nous avons fait plusieurs courses pour voir les maisons que mon grand-père a habitées, celle où tu es né et l'église où tu as été baptisé. Toutes ces choses ont un grand charme pour moi. Je regrette de ne pouvoir te le faire partager, mais ma mauvaise éducation me refuse le moyen d'exprimer ce que je sens. Les termes me manquent, et quand par

---

1. L'assassinat du duc de Berry.

hasard ils arrivent, souvent je ne sais comment les écrire. Alors le dépit me prend, je quitte la plume, et je remets à mes actions le soin de prouver à ceux que j'aime que je ne vis que pour eux, et que mon plus grand bonheur est quand je m'aperçois qu'on n'y est pas indifférent...

« Voici une longue lettre bien ennuyeuse ; mais tu sais que le cœur a besoin de se vider quand il est trop plein. Pardonne-moi, si j'ai choisi le tien pour recevoir la *potée*...

« Adieu, mon bon oncle. Je n'ai pas besoin de te dire combien tu m'es cher ; c'est une vieille chose que tout le monde sait ; aussi je me bornerai à t'envoyer une embrassade de trois cent soixante lieues de long.

« Horace Vernet [1]. »

Ce premier voyage d'Horace Vernet en Italie ne dura pas longtemps. Dès le 8 avril, Carle écrivait à sa fille, madame Lecomte, pour lui annoncer leur prochain retour. « Sa Sainteté, dit-il, nous recevra demain au Quirinal. Je viens de courir pour louer une culotte, attendu qu'on ne peut entrer chez le pape en pantalon. »

Cette lettre [2] contient, entre autres choses, un détail curieux de la vie de Joseph Vernet. Voici ce que dit son fils en racontant une promenade qu'il a faite à Tivoli : « J'y ai reconnu toutes les choses dont mon père faisait *ses choux gras* (c'était son expression). Nous avons appris là que c'est lui qui a découvert la grotte de Neptune ; avant lui, personne n'avait osé y descendre. On nous a fait voir l'ar-

---

[1] Cette lettre fait partie de la magnifique collection d'autographes de M. Chambry. M. Chambry, dont le sort est envié par tous les amateurs, n'est pas jaloux de ses richesses, et il sait en faire profiter les autres avec une bonne grâce parfaite.

[2] *Catalogue des Autographes de M. le baron de Trémont.* Paris, Laverdet, 1852.

bre auquel il s'est fait attacher pour y parvenir; c'est d'une hardiesse surprenante. »

Les deux Vernet avaient été admirablement reçus à Rome, où, grâce à Joseph, leur nom était populaire depuis près d'un siècle.

Horace mit son séjour à profit. Il peignit un tableau que M. de Blacas lui paya 4 000 francs; mais il n'était pas homme à faire des économies, et il acheta aussitôt une calèche, dans laquelle il revint à Paris avec son père, en flânant tout le long de la route.

VI

Le duc d'Orléans et le duc de Bordeaux. — Intimité d'Horace Vernet et de Géricault. — Vogue et entraînement. — 1822. — Horace, homme politique. — Une gracieuseté du soleil. — Membre de l'Institut. — Directeur de l'École de Rome.

En sa qualité de mécontent politique, Horace Vernet, était très-bien accueilli par le duc d'Orléans. Chargé, vers 1815, de faire son portrait, il l'avait représenté en uniforme de colonel de dragons, la cocarde tricolore au chapeau, et, depuis cette époque, ils étaient restés ensemble dans les meilleurs termes.

Le jour de la naissance du duc de Bordeaux, Vernet, s'étant rendu au Palais-Royal, trouva le prince en train de se faire bourgeoisement la barbe devant une fenêtre. On pouvait l'apercevoir du jardin, où quelques badauds stationnaient dans ce but. Le duc d'Orléans, les montrant à l'artiste, lui dit : « Ces gens qui me regardent me raser tâchent de lire sur mon visage l'effet que produit sur moi la naissance d'un héritier de la couronne. S'ils le pouvaient, ils verraient que je n'en suis aucunement affecté, car l'horizon me semble bien noir depuis 1814. Voyez-vous, mon cher Horace, dans vingt ans il n'y aura plus un roi sur un trône. On prétend que je suis une planche pourrie ; non,

— seulement je ne veux pas porter ma tête sur l'échafaud comme mon malheureux père[1]. »

Mais revenons trouver notre peintre au milieu de ses relations plus intimes.

A l'atelier de Carle Vernet, où il avait fait ses premières études, Géricault s'était lié avec Horace. Jeunes tous deux, tous deux ardents, enthousiastes, amoureux de leur art et épris de gloire, pleins de sève et confiants dans l'avenir, ils vivaient d'une vie à peu près commune. Ils aimaient les chevaux avec la même passion, et faisaient souvent ensemble de longues courses, pendant lesquelles ils se livraient à mille folies.

Lorsque Géricault s'en alla en Angleterre pour tâcher de vendre son chef-d'œuvre dont on n'avait pas voulu en France, Horace et lui n'en continuèrent pas moins à se tenir au courant de ce qu'ils faisaient, chacun de son côté. Le maître qui venait de signer le *Naufrage de la Méduse* écrivait de Londres, le 6 mai 1821, au futur auteur de *la Smálah*, une longue lettre dont voici un fragment :

« Vous ne douterez pas, disait Géricault, du plaisir que j'ai ressenti du succès de votre dernier ouvrage; mais cependant je remettrai à vous faire mon compliment quand j'aurai vu ; il me semble que c'est la seule manière entre artistes et amis; vous n'avez que trop déjà de ces louangeurs insipides, qui répètent plus qu'ils ne peuvent sentir, et qui dégoûteraient presque de faire bien par leur incapacité à le découvrir.

« Je disais, il y a quelques jours, à mon père qu'il ne manquait qu'une chose à votre talent : c'était d'être trempé à l'école anglaise ; et je vous le répète, parce que je sais

---

1. Horace Vernet, qui avait été très-frappé de ces paroles, a pris soin de les noter.

que vous avez estimé le peu que vous avez vu d'eux. L'Exposition qui vient de s'ouvrir m'a plus confirmé encore qu'ici seulement on connaît ou l'on sent la couleur et l'effet... Il ne faut point rougir de retourner à l'école ; on ne peut arriver au beau dans les arts que par des comparaisons[1]... »

Mais alors Horace n'était pas très-disposé à écouter les conseils de Géricault. Il arrivait à la période la plus accidentée de sa vie si fertile en événements : il atteignait cet âge auquel le jeune homme qui sent venir à lui la faveur du public se laisse un peu entraîner par le courant, et abandonne au hasard le soin de diriger ses actions. Bien habiles et bien forts sont ceux qui résistent à ce premier enivrement de la renommée ! Horace ne sut pas échapper à la commune faiblesse : le succès était pour lui, et il profita sans réserve et sans scrupule de l'engouement que son talent excitait partout.

Plusieurs raisons motivaient cette vogue. Outre le mérite incontestable de l'artiste, il y avait la tenue politique de l'homme qui séduisait ses juges. Lui qui aimait le pouvoir, le galon et tous les hochets dorés comme les enfants aiment les joujoux, il devint, pendant un instant, la cheville ouvrière de l'opposition. En effet, malgré sa vanité, il avait une grande indépendance de caractère. C'est là un point qui, selon nous, a été très-mal apprécié par ses biographes. Les uns ont voulu faire de lui un héros, un chef de parti ; les autres l'ont accusé de défaillances perpétuelles et d'impardonnables faiblesses. Il ne méritait

Ni cet excès d'honneur ni cette indignité,

1. *Archives de l'Art français*, t. II, p. 189.

et la vérité nous paraît être entre les deux extrêmes. Horace Vernet était très-Français, et encore plus Parisien; il avait les qualités et les défauts de son origine. Il a dit pendant toute sa vie à qui voulait l'entendre qu'il était républicain; il n'était que frondeur. Il a eu foi dans tous les gouvernements qui se sont succédé depuis le commencement du siècle; mais aussitôt qu'un pouvoir quelconque a voulu lui imposer des actes contraires aux idées qu'il croyait avoir, il s'est redressé dans sa fierté et n'a jamais transigé. Nous en verrons de nombreux exemples dans le cours de sa vie. Le premier fut le plus éclatant. Sous la Restauration, son atelier devint un véritable foyer de révolte. Voici quel fut le motif qui provoqua, de sa part, ces allures séditieuses.

En 1822, Horace Vernet avait représenté plusieurs épisodes des guerres de l'Empire. Le roi savait combien le trône à peine relevé était encore peu solide, et il craignait tout ce qui pouvait être de nature à l'ébranler.

Horace envoya ses tableaux au Salon; ils furent refusés *par ordre*, ou du moins on fit entendre à l'artiste que, s'il consentait à remplacer les cocardes tricolores de ses héros par des cocardes blanches, le *veto* dont il était l'objet serait levé.

Horace était trop fin pour laisser se refermer cette porte que la popularité ouvrait si à propos devant lui. Il répondit qu'il était peintre d'histoire, et refusa d'opérer le changement qu'on demandait.

Cette petite querelle fit du bruit. Le public prit, bien entendu, fait et cause pour Vernet, et lorsque celui-ci ouvrit son exposition particulière, l'affluence y fut plus grande que dans les galeries du Louvre, où l'on voyait seulement les œuvres admises sous le contrôle de l'autorité.

Horace sut admirablement exploiter l'occasion qui lui était offerte. Il invita les amateurs à venir voir dans son atelier une quarantaine de tableaux, dont MM. Jay et de Jouy, alors au premier rang des critiques d'art, publièrent un catalogue très-élogieux.

Rien n'avait été négligé pour la mise en scène. Un petit tableau représentant le *Tombeau de Napoléon* était entouré d'un crêpe. Aussi était-ce devenu le but d'un pèlerinage quotidien pour tous les débris de la grande-armée.

Le local dans lequel cette exposition était faite lui donnait un attrait de plus. Le Parisien aime à pénétrer chez les gens célèbres, quitte à payer ensuite, par des épigrammes, l'hospitalité d'un instant qu'il a reçue.

Horace Vernet avait su toucher, avec une adresse merveilleuse, toutes les fibres de cet être multiple qu'on appelle le public : aux vieux grognards, il avait montré la reproduction de leurs glorieux faits d'armes; aux bonnes âmes bourgeoises qui aiment le sentimentalisme militaire, il avait dédié *le Soldat laboureur*; aux artistes et aux amateurs sérieux étaient destinés la *Défense de la barrière de Clichy* et *l'Atelier du peintre*, deux toiles qui sont restées au nombre des meilleures qu'il ait jamais signées. De cet ensemble chacun prenait la part qui lui revenait, et c'est ainsi qu'en s'adressant simultanément à toutes les différentes classes de curieux il arriva d'un seul bond à la popularité.

Il est un fait pénible à constater dans l'histoire des arts : c'est l'habitude prise par le public de faire expier à un artiste les succès d'un autre. Il semblerait en vérité que l'admiration est un sentiment qui répugne à la nature humaine et que les supériorités nous humilient.

Au début de sa carrière, Horace Vernet avait été accusé de faire peindre ses tableaux par son père; quand on vit qu'il avait un talent personnel incontestable, la malveillance changea ses batteries, et ce fut Carle que l'on soupçonna de signer des tableaux composés par son fils.

En 1823, Horace continua son opposition; il envoya au Salon deux portraits de l'Empereur et *la Dernière cartouche*. La cour sut profiter de la malencontreuse expérience qu'elle avait faite l'année précédente, et n'apporta plus aucune entrave à l'action du peintre.

En raison de cette tolérance, et aussi, il faut l'avouer, à cause de l'extrême mobilité de ses idées, Horace Vernet, à dater de cette époque, transigea tant soit peu avec la férocité première de ses convictions politiques pour concilier les souvenirs du passé avec les intérêts du présent. C'est ainsi qu'en 1824 il exposa un *Portrait du duc d'Angoulême*. Le gouvernement sut du reste reconnaître sa bonne volonté : on le nomma officier de la Légion d'honneur, et le même jour (15 janvier 1825), Carle était fait grand-cordon de Saint-Michel. Charles X leur remit lui-même leurs décorations, dans cette séance publique dont un charmant tableau de M. Heim a perpétué le souvenir.

En 1826, l'Athénée de Vaucluse, voulant rendre hommage à l'une des gloires de la Provence, mit au concours un éloge en vers de Joseph Vernet. Carle et Horace furent invités à se rendre à Avignon pour cette solennité. On les reçut d'emblée membres de l'Athénée ; on les chanta en français et en patois ; un astronome du pays se donna même la peine d'observer que le 10 octobre, jour de la fête, les taches du soleil, pour s'associer sans doute à cette manifestation patriotique, figuraient un V très-bien dessiné, d'une longueur de vingt-quatre mille huit cents lieues [1]. Voilà une

---

[1]. Étienne Parrocel, *Annales de la peinture*, 1 vol. in-8º, p. 295.

initiale comme peu de souverains pourraient s'en procurer une! Mais le soleil ne devait-il pas cet honneur à Joseph Vernet, le peintre de la lumière?

C'est également en 1826 qu'Horace Vernet fut nommé membre de l'Institut. Il avait eu pour concurrents MM. Heim et Blondel, et il remplaçait Le Barbier, une célébrité de l'Empire tombée dans l'oubli.

Si Horace recevait de bonne heure son bâton de maréchal, du moins il l'avait bien gagné. « Pour les Vernet, disait le comte de Forbin, le fauteuil académique est un meuble de famille. »

Loin de se ralentir, Horace travailla avec une nouvelle ardeur, et, pendant les deux années qui suivirent, il produisit sans relâche. Qu'il nous suffise de citer *Jules II, Philippe-Auguste avant la bataille de Bouvines, l'Arrestation des princes*...

Il fut interrompu tout à coup dans ses travaux par un événement important, qui devait marquer une nouvelle phase de sa vie : on le chargea, vers la fin de 1828, d'aller à Rome remplacer Pierre Guérin dans le directorat de l'École française.

VII

Un provincial à Rome. — Les *Glorieuses*. — Horace Vernet, ambassadeur. — Ses rapports avec M. Guizot. — F. Mendelssohn à la villa Médicis. — La cocarde tricolore. — Lettre au comte de Forbin. — Polémique avec M. Thiers. — Premier voyage d'Afrique. — Une expédition avec Jusuf. — Le cœur d'un garde national. — Avenir de l'Algérie. — Paul Delaroche. — Mariage de mademoiselle Louise Vernet.

Il semble au premier abord que pour Horace Vernet le séjour de Rome dût offrir peu d'avantages. Quoique très-jeune encore, l'artiste était déjà parvenu à un âge où l'on ne refait pas volontiers son éducation première. On pouvait donc se demander à bon droit quel fruit il recueillerait de son voyage en Italie. Il est allé lui-même au-devant de cette question, et il s'est chargé d'y répondre dans une lettre qu'il adressait au général Atthalin, peu de temps après avoir quitté la France :

« On me dira, écrit-il, que le séjour de Rome ne peut m'être d'une grande utilité, mais je vous dirai que je pense le contraire. L'habitude de vivre au milieu de chefs-d'œuvre qui tous sont empreints du caractère de leur temps et de l'esprit qui dominait alors, tout en vous montrant à quel degré d'élévation peut aller l'imagination humaine, loin de vous engager à les imiter, vous fait voir comment, avec de belles formes et la noblesse des expressions, il est possible de représenter les grandes actions de tous les temps ainsi que toutes les passions. La colonne Trajane, le Forum, Raphaël, Michel-Ange, tous parlent le langage de leur époque avec des caractères particuliers, mais tous disent la même chose. Les arts donnent une forme à la pensée, comme le style de l'élévation au discours. Je ne renonce pourtant pas à retourner en France; mais auparavant je veux tâcher, autant qu'il sera en mon pouvoir, de prendre pour ainsi dire l'usage de la bonne société; car, en arrivant à Rome, telle suffisance qu'on puisse avoir, on ne peut s'empêcher de se comparer à un provincial qui entre pour la première fois dans un salon. »

Il est impossible de rendre en meilleurs termes justice aux maîtres, et surtout de mieux préciser le parti qu'on doit tirer de leurs œuvres. Quoi qu'on en ait dit, l'homme qui écrivait ces lignes comprenait aussi bien que qui que ce soit les beautés, la noblesse et la grandeur de l'art : il se mettait au vrai point de vue, en dehors de toute convention classique.

Il y avait à peine un an qu'Horace Vernet était installé à la villa Médicis, lorsqu'il se trouva dans une situation des plus délicates. Aussitôt que la nouvelle de la révolution de 1830 parvint à Rome, notre ambassadeur se retira à Naples, et le directeur de l'Académie resta seul représentant officiel de la France auprès du saint-siége.

Les circonstances étaient graves. Le fanatisme politique n'a pas d'alliée plus dangereuse que la religion; aussi s'était-il réfugié dans la ville où il était sûr de trouver le meilleur accueil. D'autre part, les idées nouvelles avaient pénétré dans les États pontificaux, malgré douaniers et gendarmes. Il fallait agir avec un grand tact, montrer à la fois de la prudence et de la fermeté. Horace Vernet fut à la hauteur de la situation. On en trouve la preuve dans cette dépêche que M. Guizot lui adressait, deux mois après les journées de juillet.

« Paris, le 13 septembre 1830.

« Monsieur le Directeur, j'ai reçu votre lettre en date du 20 août dernier, par laquelle vous me faites part des mesures que vous avez prises dans l'intérêt de l'Académie de France à Rome, à la nouvelle des événements qui ont déterminé notre heureuse révolution. Je ne puis que donner mon approbation la plus complète à la prudence et à la fermeté que vous avez montrées dans un moment où la retraite du corps diplomatique français laissait les nationaux, et MM. les pensionnaires de l'Académie en particulier, destitués de toute protection. Je ne doute pas que l'attitude que vous avez prise aussitôt vis-à-vis du gouvernement pontifical n'ait contribué très-efficacement à la tranquillité dont l'Académie et les Français résidant à Rome ont heureusement joui jusqu'à ce jour. Je vous invite à vous maintenir avec persévérance dans la même ligne de conduite, et à cultiver avec soin les relations directes que l'absence de tout pouvoir diplomatique vous a obligé d'établir avec le gouvernement pontifical. J'ai lieu d'espérer que le gouvernement du roi, en renouvelant avec la cour de Rome les relations momentanément interrompues, vous délivrera bientôt du poids d'une responsabilité dont vous vous êtes montré si digne, et pour l'exercice de laquelle je vous fais en mon particulier les plus sincères remerciments.

« Agréez...

« Guizot. »

Horace Vernet, que ses idées libérales avaient depuis

longtemps mis en rapport avec le duc d'Orléans, était dans son droit, lorsque de Rome il battait des mains à la nouvelle de l'avénement du roi Louis-Philippe.

« Maintenant, écrivait-il, que le jour est venu où tous les sujets qui ont pour but de représenter les faits glorieux de la France dans tous les temps peuvent se peindre, et que je puis impunément me servir de toutes les couleurs de ma boîte, sans encourir le risque d'être nuisible à quoi que ce soit (chose à laquelle, malgré tout, j'ai fait peu attention), je vais me livrer aux beaux souvenirs de ma jeunesse, persuadé que dans les arts rien ne saurait être bon, si le principe qui nous dirige n'est pas puisé dans notre goût dominant. »

Toutes ses lettres datées de cette époque témoignent de sa satisfaction. Il écrivait encore dans ce sens à l'une des dames d'honneur de la nouvelle reine :

« Permettez-moi, madame la comtesse, de vous parler de ma joie de me sentir sur la tête la cocarde tricolore; elle n'a fait, à bien dire, que changer de place; je la gardais toujours cachée au fond de mon cœur; les jours de fête, à la Saint-Jemmapes, à la Saint-Montmirail, etc., j'en laissais passer un bout; mais aujourd'hui elle prend l'air à son aise, et qu'elle est belle et brillante! que son auréole est pure! Lorsque je regarde ma palette, je n'y trouve plus de couleurs assez vives pour la peindre. Il faut cependant en prendre son parti, et essayer de la représenter sur la toile dans certain tableau de la patrie en danger, auquel naguère je travaillais comme un homme qui fait un crime; car, à Rome!... Enfin, tout est fini, et je puis passer ouvertement de la place du Palais-Royal au jardin, retrouver Camille Desmoulins, qui a bien eu aussi son mérite. J'espère qu'avant la fin de l'année mes deux barbouillages seront à Paris, et que le roi voudra bien ne pas changer leur destination pour la galerie, où déjà leur frère a reçu l'hospitalité. S'il en était autrement, je sens que je ne serais pas maître d'un mouvement de désespoir; mais le roi doit être aussi bon que le duc d'Orléans : il n'oubliera pas aussi facilement les peintres que les injures. D'ailleurs, je me charge de ne pas laisser un coin de mur en Europe qui ne soit tapissé de quelques sujets nationaux traités à ma façon, qui sauront bien me rappeler à son souvenir. »

Horace Vernet se livrait donc tout entier à l'espoir et à la joie. Cependant, il y avait à Rome une fermentation menaçante, qui, d'un moment à l'autre, pouvait devenir dangereuse pour les Français établis dans cette ville. Le mouvement révolutionnaire qui venait d'avoir lieu dans les États du pape inquiétait les esprits. On nous en rendait jusqu'à un certain point responsables, et l'on craignait la contagion de nos idées libérales.

Chaque jour, Horace Vernet était accablé de pamphlets, de lettres anonymes, de libelles de toute sorte. D'abord il ne s'en inquiéta pas, et jeta au feu ces papiers à mesure qu'il les recevait; mais il remarqua qu'ils lui arrivaient décachetés; il comprit alors le rôle que jouait la police dans cette affaire, et il alla trouver le cardinal Albani pour se plaindre, au nom de la France, d'une semblable importunité. On le voit, l'artiste était obligé de se plier aux circonstances, et de se changer parfois en diplomate.

On n'a point encore oublié à Rome les années du directorat de Vernet. Lorsque les préoccupations politiques se furent un peu apaisées, on ne songea plus qu'au plaisir. Jamais la villa Médicis n'avait été à pareille fête; madame Vernet et sa fille faisaient les honneurs de la maison. Attirés par le double charme du talent et de la beauté, tous les étrangers de distinction se joignaient aux membres de la colonie française pour entourer l'homme justement illustre qui la présidait. Parmi les hôtes de ce salon exceptionnel, il s'en est trouvé un qui a pris soin de nous en conserver la physionomie vivante. Nous voulons parler de F. Mendelssohn, ce doux génie que *le Songe d'une nuit d'été* et vingt autres chefs-d'œuvre commencent à rendre populaire en France. Voici tous les passages des lettres de cet Allemand fin et naïf qui se rapportent à notre sujet [1].

« Rome, 20 décembre 1830.

«... J'étais au bal chez Torlonia, ne connaissant aucune femme, ne dansant point par conséquent, et regardant. Tout à coup on me frappe sur l'épaule. « Vous admi-« rez aussi cette belle Anglaise ? j'en suis ébahi. » C'était M. le conseiller d'État Thorwaldsen, qui se tenait dans la porte et ne pouvait rassasier ses regards. A peine avait-il fini, que j'entends derrière moi un tourbillon de paroles : « *Mais où est-elle donc, cette petite Anglaise? Ma* « *femme m'a envoyé pour la regarder, per Bacco* [2] *!* » Que ce petit Français maigrichon, avec ses cheveux gris emmêlés et son ruban de la Légion d'honneur, fût Horace Vernet, il n'y avait pas à en douter. Il se mit à s'entretenir tout à fait sérieusement et scientifiquement de cette beauté avec Thorwaldsen. Je me sentais heureux dans l'âme de voir ces deux vieux maîtres [3] devant cette jeune fille,

---

1. Cette intéressante correspondance a été récemment traduite en français par M. A. Rolland. 1 vol. *Collection Hetzel.*
2. Les mots soulignés sont en français ou en italien dans l'original.
3. Horace Vernet avait alors à peine quarante ans ; mais Mendelssohn, qui n'en avait que vingt, le regardait naturellement comme un vieillard.

eux admirant et dissertant, tandis que l'enfant dansait, sans se douter de ce qu'on disait d'elle... »

« Rome, le 17 janvier 1831.

« Je veux, chère mère, te raconter, parce que tu y prendras part, une grande, très-grande joie que j'ai eue récemment. Je suis allé avant-hier pour la première fois en petit comité chez Horace Vernet, et on m'a prié de jouer. Or, Vernet m'avait dit, il y a quelques jours, que *Don Juan* était la seule musique qui le touchât véritablement, surtout la scène du duel et l'apparition du commandeur à la fin. Cette disposition me plaisant beaucoup en lui, comme je voulais préluder au concerto de Weber, et que je me laissais aller sans m'en douter à improviser une fantaisie, je me dis que je lui ferais plaisir si je pouvais en venir à ces deux thèmes, et je les travaillai en effet vigoureusement pendant quelques minutes. Cela lui fit un si grand plaisir, que je n'ai guère vu personne en prendre autant à ma musique, et nous nous trouvâmes être tout de suite de vieilles connaissances. Un peu après, il s'approcha de moi et me dit à l'oreille : « Il faut que nous fassions « un échange; moi aussi, j'improvise. » Et, comme j'étais naturellement très-curieux de savoir ce qu'il voulait dire, il me répondit que c'était un secret; mais il est comme un enfant : il ne put le garder un quart d'heure. Il revint donc, m'emmena dans l'autre pièce, et me demanda si j'avais du temps à perdre. Il avait une toile tendue et toute prête, il voulait y faire mon portrait; je garderais cela, ajouta-t-il, comme souvenir de cette soirée, j'en ferais un paquet, et je vous l'enverrais ou je l'emporterais à mon choix. Je dis naturellement très-fort oui, et je ne puis vous exprimer la joie que j'eus de voir qu'il avait pris vraiment tant de goût et de plaisir à mon improvisation. Au reste, ce fut une soirée charmante. Quand je montai la colline, tout était si tranquille, si paisible; dans la grande villa noire une seule fenêtre était splendidement éclairée ; d'en bas, on entendait de la musique, des accords isolés, et le son produisait un effet ravissant au milieu de la nuit sombre. Dans l'antichambre, deux jeunes peintres faisaient l'exercice; un troisième remplissait les fonctions de lieutenant, et commandait; dans la pièce à côté, mon ami Montfort[1], qui a eu le prix de musique au Conservatoire, était au piano; ses camarades l'entouraient et chantaient en chœur, mais cela allait très-mal. Ils demandèrent à quelqu'un de chanter avec eux; comme celui-ci objectait qu'il ne savait pas chanter : « *Bah !* répondit-on, *qu'est-ce que ça fait? c'est toujours une voix de plus.* » Alors, je m'en mis aussi, et nous nous amusâmes beaucoup. Plus tard, on dansa, et j'aurais voulu que vous vissiez Louise Vernet danser la saltarelle avec son père. Elle fut obligée de se reposer un instant; prenant aussitôt le grand tambourin, elle nous releva de notre emploi, au moment où nous ne pouvions plus remuer les mains, et se mit à taper sur l'instrument; ma foi! j'aurais voulu être peintre, cela aurait fait un beau tableau. Sa mère est la plus aimable femme du monde. Le grand-père Carle Vernet (celui qui peint si bien les chevaux) dansa ce soir-là une contredanse; il était si léger, faisait de si beaux entrechats et des pas si variés qu'on ne pouvait regretter qu'une chose : à savoir qu'il ait 72 ans. Il fatigue deux chevaux par jour, peint et dessine un peu, et, le soir, il faut qu'il soit dans le monde... »

1. Frère du peintre de ce nom que nous avons vu figurer dans *l'Atelier* d'Horace Vernet. Il est mort très-jeune, après avoir donné plusieurs opéras-comiques qui permettaient de lui prédire une brillante carrière.

« Rome, le 1er mars 1831.

«... Les plus à plaindre au milieu de toutes ces histoires [1], ce sont les dames Vernet, qui se trouvent vraiment dans une situation fâcheuse. La haine de toute la populace romaine est tournée assez singulièrement contre les pensionnaires de l'École française; on prétend qu'à eux tout seuls ils pourraient facilement mener à bout une révolution. On a envoyé à Vernet plusieurs lettres anonymes pleines de menaces; il a même trouvé dernièrement devant son atelier un Trasteverin armé, qui a pris la fuite en voyant qu'il allait chercher son fusil; et comme maintenant, à la villa, ces dames sont toutes seules, il règne une grande inquiétude dans cette famille... Quant aux peintres allemands, ils sont plus pitoyables que je ne puis dire : non-seulement ils ont tous coupé leurs barbes, favoris, moustaches et royales, en avouant tout net qu'ils les laisseront repousser, une fois le danger passé, mais encore ces grands gaillards robustes ne rentrent chez eux qu'à la nuit, se glissent dans leurs maisons et s'y barricadent. Et puis, ils traitent Horace Vernet de Bramarbas (matamore, Barbe-bleue), et cependant c'est un autre homme que ces pauvres diables; ces histoires me les font positivement prendre en dégoût.

«... Tu me demandes des nouvelles d'Horace Vernet... Je crois pouvoir dire que j'ai appris quelque chose de lui, et que tout le monde peut-être pourrait en faire autant. C'est la légèreté et l'aisance même lorsqu'il travaille. Dès qu'il voit une figure qui lui dit quelque chose, il la fait, et, pendant que nous autres nous discutons pour

---

1. La révolution dans les États du pape.

savoir si on peut appeler cela beau, si c'est à louer ou à blâmer, il y a longtemps qu'il a fini autre chose. Il dérange tout à fait nos mesures esthétiques. On ne peut pas apprendre cette fécondité, mais le principe est excellent, et la facilité joyeuse qui en vient, la fraîcheur du travail qui ne se fatigue jamais, sont des trésors que rien ne compense. Dans des allées d'arbres toujours verts, qui maintenant, au moment des fleurs, exhalent un parfum exquis, au milieu des massifs du jardin Médicis, il y a une petite maison, où l'on fait toujours un bruit quelconque qui s'entend de loin : des cris ou des querelles, ou bien un air joué sur la trompette, ou bien des abois de chien ; c'est là qu'est l'atelier. Le plus beau désordre y règne partout. Des fusils, un cor de chasse, un requin, des palettes, une couple de lièvres tués à la chasse ou de lapins morts ; partout sur les murs les tableaux achevés ou à moitié faits. *L'Inauguration de la cocarde tricolore* (une composition bizarre qui ne me plaît pas du tout), des portraits commencés de Thorwaldsen, Eynard, Latour-Maubourg, quelques chevaux, l'esquisse et les études de la *Judith*, le portrait du pape, des têtes de Mores, des pifferari, des soldats pontificaux, votre humble serviteur, Caïn et Abel, enfin l'atelier lui-même, tout cela est appendu dans l'atelier. Dernièrement, il avait les mains pleines de portraits commandés à faire ; il voit dans la rue un de ces paysans de *la Campagna*, qui, pour le moment, chevauchent dans Rome, armés par le gouvernement. Le costume singulier l'amuse ; le lendemain, voilà un tableau commencé qui représente un de ces campagnards, par un mauvais temps, à cheval dans la campagne, saisissant son fusil pour envoyer une balle à quelqu'un, — dans le lointain, un petit corps de troupe et la vaste plaine déserte. Les menus détails des armes, où perce toujours le paysan, le mauvais cheval avec son harnachement misérable, le malaise de tout cela et le flegme italien de ce gaillard barbu, cet ensemble fait un petit tableau charmant; et quand on voit avec quel plaisir il y travaille, quand on le voit se promener sur ce bout de toile, ajouter ici un petit ruisseau, là quelques soldats, puis un bouton à la selle, et doubler en vert le manteau du bonhomme, vraiment on est tenté de l'envier. Aussi tout le monde vient pour le voir; à ma première séance, il s'est présenté au moins vingt personnes les unes après les autres. La comtesse E*** avait désiré assister à la première préparation de ce tableau; quand elle vit le peintre tomber dessus comme un affamé sur la nourriture, elle ne pouvait en revenir d'étonnement. Le reste de la famille n'est pas mal non plus, comme je vous l'ai dit, et lorsque le vieux Carle parle de son père Joseph, on se sent du respect pour ces gens-là... »

Rien ne saurait mieux faire entrer dans l'intimité d'Horace Vernet que ces confidences du grand musicien, et le lecteur excusera sans peine cette longue citation.

Vers 1831, il s'éleva un conflit entre l'Académie des beaux-arts et le directeur de l'École de Rome relativement aux envois annuels des pensionnaires. La discussion prit une tournure telle qu'Horace Vernet, dont la patience n'était pas la qualité dominante, crut nécessaire d'envoyer sa démission au ministre. M. Guizot lui répondit une longue lettre dans laquelle il disait que, tout en comprenant la susceptibilité de l'artiste, il ne pouvait accéder à ses désirs.

Vernet ne demandait qu'à se laisser convaincre, et il resta à Rome.

Son enthousiasme pour la politique nouvelle de son pays

ne l'empêchait pas de s'insurger dès qu'il croyait qu'on s'écartait du programme libéral promis par le roi, lors de son avénement au trône. Nous en trouvons la preuve dans une lettre qu'il adressait au comte de Forbin, en 1834, peu de jours après l'ouverture de l'exposition. Le lecteur n'aura pas grand'peine à découvrir dans cette longue causerie le point qu'il importait le plus à l'artiste d'éclaircir; le reste n'est là qu'à titre d'accessoire, et ne sert qu'à envelopper, pour la déguiser autant que possible, sa pensée dominante :

« En recevant une lettre de moi, cher Directeur [1], vous allez dire : « Voilà un homme comme les autres, qui resterait « toute sa vie sans écrire à ses amis, à moins qu'un intérêt « personnel ne l'y pousse! » Eh bien! ce n'est pas cela; c'est pour vous plaindre de l'embarras qu'a dû vous donner l'arrangement de votre *Salon;* car je vous ai vu à l'œuvre bien des fois, et je puis apprécier tous les tourments que donnent l'amour-propre et les prétentions de deux mille Raphaëls qui tous veulent avoir la meilleure place à l'Exposition. Je compatis, je vous assure, de tout mon cœur à tout ce que vous avez dû endurer. Le Dante, dans son *Enfer,* a oublié ce genre de tourment qui ne serait pas le moins fort, n'est-ce pas? Je vous le répète, je vous plains de toute mon âme; j'espère qu'aujourd'hui vous en êtes débarrassé, et je respire pour vous.

« Déjà, les journaux nous entretiennent de l'effet que produit cette agglomération de toiles peintes qui encombrent le Louvre. Comme à l'ordinaire, ils distribuent les éloges et les critiques; rien n'est changé et ne peut changer

---

1. Le comte de Forbin était directeur général des Musées royaux, et chargé, à ce titre, d'organiser les expositions.

dans ce bas monde. Si, comme on nous le fait craindre ici, les feuilles françaises sont prohibées, je prendrai les journaux de la dernière exposition; je supprimerai, ou, pour mieux dire, j'habillerai la Religion en figure de la Liberté, je mettrai à chaque héros une cocarde tricolore, et je me trouverai avoir là tout ce qu'on aura dit. A propos de cocarde, est-ce qu'on est aussi bête après les grandes journées que pendant la Restauration? Personne ne me parle de ma *Bataille de Fontenoy?* Si elle n'est pas exposée, vous avouerez qu'il y a pusillanimité et qu'on pourrait appliquer à ceux qui l'auraient répudiée tout ce qu'ils disaient eux-mêmes lorsqu'on refusait *Jemmapes*, etc... Ce n'est pas que j'eusse à regretter sous le rapport de la gloriole; mais il m'aurait fait plaisir que cet ouvrage passât entre les mains du public. Les avis particuliers sont, selon moi, plus ou moins dictés par les passions; il n'appartient qu'à la masse de donner de bonnes leçons. Les peintres sont comme les rois à cet égard; l'opinion générale, voilà ce qu'il faut consulter, et on doit laisser de côté les systèmes de tel ou tel. Si un ouvrage est mauvais, c'est justement celui qu'il faut montrer, pour peu que vous vouliez échapper à la banalité des compliments. Tout homme que l'amour-propre n'égare pas doit profiter des critiques même les plus acerbes. Je crois pouvoir être juge dans ce cas. Personne plus que moi peut-être n'a été à même de s'endormir sur l'édredon de la louange; c'est pourquoi je m'en méfie plus qu'un autre. Je pense bien que le roi (toujours en supposant que mon tableau ne soit pas au Salon) n'aura pas été consulté; car lui, qui blâmait ci-devant, ne tombera pas aujourd'hui dans une si lourde faute. Au surplus, si vous me répondez, je saurai à quoi m'en tenir. D'ailleurs, je m'en inquiète peu.

« Nous avons su par madame Burton que vous aviez plusieurs beaux et bons tableaux. Je voudrais bien les voir, mais je suis prisonnier dans Rome! Plaignez-moi à votre tour. La vexation de ne point aller à Paris jouir de vos succès est d'autant plus poignante, que ce désappointement est sans compensation. Les Français sont plus mal vus que jamais. Pour être toléré dans la société, il faudrait dire et faire comme le groupe de mécontents qui a fui la France pour venir organiser ici un Coblentz apostolique. Vous connaissez trop ma façon de penser et la rudesse de mes opinions pour que je puisse m'arranger d'un semblable ordre de choses. Aussi ne vais-je pas dans le monde, et, pour toute distraction, quelquefois en quittant mon atelier, je cours vite me cacher dans les forêts. Il en existe une (je ne sais si vous la connaissez) entre Ardea et Nettuno; je n'ai jamais rien vu de plus majestueux. Là, jamais homme n'a troublé l'ordre de la nature; les arbres vivent et meurent avec une variété qui n'appartient qu'à la liberté dont ils jouissent. Si jamais le souvenir de Versailles pouvait vous suivre en un tel lieu, naturellement on reporterait ses idées sur les humains, et quelles réflexions ne ferait-on pas! Si je m'en croyais, au moment où je vous parle, je jetterais ma culotte par la fenêtre, je laisserais pousser ma barbe et mes cheveux, et je m'en irais, comme le sauvage de l'Aveyron, vivre dans le creux d'un vieux chêne, tant je suis dégoûté de notre espèce. Vous allez rire en pensant que je vous écris toutes ces belles phrases de l'enceinte du palais de Lucullus, dont il ne reste plus rien, pas même le cuisinier; n'importe, aujourd'hui il pleut, le temps est triste, et je veux faire de la philosophie...

« Je vois à la lassitude de ma main que j'ai déjà trop bavardé; le plaisir que j'éprouve à causer avec vous m'a fait oublier que depuis longtemps ma prose doit vous ennuyer. Adieu donc; dites mille bonnes choses à notre ami Granet. Je dis : notre ami, car les amis de nos amis sont les nôtres, et si, dans ce monde, un véritable sentiment attend du retour de la part de celui qui en est l'objet, notre collègue Granet doit m'aimer bien tendrement.

« Veuillez croire à l'inviolable affection de votre vieil ami,

« HORACE VERNET. »

Horace ne transigeait pas facilement avec le pouvoir, quand il croyait avoir le bon droit de son côté. Voici, comme preuve à l'appui de ce que nous avançons, quelques détails sur un épisode de son séjour à Rome.

Lorsque Sigalon fut chargé par le gouvernement d'exécuter sa copie du *Jugement dernier,* il s'engagea à ce propos une sorte de polémique épistolaire entre le directeur de l'École et M. Thiers, alors ministre des travaux publics. Horace Vernet regardait cette commande comme inutile, à cause des difficultés insurmontables qu'elle présentait, et, dans une lettre adressée au ministre, il lui avait soumis ses observations, tout en cherchant à sauvegarder autant que possible les intérêts de Sigalon, son collègue et son ami. Il avait eu déjà, paraît-il, maille à partir avec M. Thiers, car voici la réponse qu'il reçut :

« Mon cher monsieur Vernet,

« Vous êtes un grand artiste et point un administrateur, c'est pourquoi je ne prends point en mauvaise part la lettre que vous m'avez écrite le 3 août. Il faudrait renoncer à administrer, si nous ne pouvions relever une erreur ou une irrégularité, sans que nos subordonnés se crussent ou humiliés ou maltraités. D'ailleurs les sentiments que je vous porte devraient vous rassurer sur le sens d'une lettre tout administrative, et qui ne portait que sur des détails peu importants. Je tiens donc vos plaintes comme non avenues.

« Maintenant je vais parler peinture. Je suis fâché de vous voir dans de pareilles dispositions à l'égard de l'entreprise confiée à Sigalon. Je ne suis pas peintre, mais j'en sais assez pour être certain que, si une copie littérale n'est pas possible, une traduction libre est parfaitement exécutable et serait très-utile. Les raisonnements que vous faites sur une copie de Michel-Ange ont été faits sur les traductions d'Homère et de Virgile. J'ai lu et entendu dire particulièrement qu'on ne pouvait traduire le Dante, Shakspeare, ni surtout Aristophane ; cependant ils ont été traduits, et leur traduction, à moi qui sais mal l'italien, et pas du tout l'anglais et le grec, m'a fait un plaisir profond. Je veux donc absolument une copie telle quelle du *Jugement dernier*. Je vous serai infiniment obligé de ne pas communiquer votre sentiment à Sigalon ; ce serait désastreux pour son entreprise. Si cependant votre lettre n'était qu'une complicité amicale avec lui, s'il vous avait chargé de me sonder pour m'engager à lui rendre sa liberté, je la lui rendrais sur-le-champ, car je ne fais travailler aucun artiste malgré lui. Je le rappellerais à Paris ; je lui payerais indemnité de voyage, de séjour, de temps perdu, etc... et j'enverrais à Rome un traducteur plus hardi que lui. Ainsi je vous en prie, dans son intérêt même, dites-moi la vérité la plus vraie. J'ai fait écrire au gouvernement papal ; je vais faire intervenir M. de Latour-Maubourg. Je ne négligerai ni soins, ni argent, pour aider

Sigalon, et, sinon lui, un autre au moins. Ainsi, écrivez-moi sur ce sujet la réalité même...

« Adieu, je vous renouvelle l'assurance de mon estime et de mon attachement,

« A. Thiers. »

Horace Vernet, piqué au vif par cette lettre un peu trop... administrative pour un homme de sa valeur, ne laissa pas attendre longtemps la réplique. Nous ne citerons de sa réponse que le fragment qui touche à la question d'art en litige :

« Quant à l'affaire du *Jugement dernier,* c'est autre chose. Sur ce terrain, je ne suis plus un *subordonné.* 1°. Il n'y a jamais eu connivence entre moi et Sigalon ; il est plus impatient que jamais de remplir sa mission. 2°. Loin de chercher à diminuer son ardeur comme Votre Excellence semble le craindre, je l'ai aidé de toutes mes forces à aplanir les difficultés sans nombre que la cour de Rome lui suscite chaque jour. Cependant si, par respect pour les intentions du gouvernement, je ne mets pas à découvert toute ma pensée vis-à-vis d'un confrère dont j'estime le talent autant que la personne, il ne s'ensuit pas que je ne puisse émettre une opinion sur l'inutilité pour les arts du travail dont il est chargé, et l'immoralité (si j'ose me servir de cette expression) de livrer à une nouvelle postérité un tableau tout neuf, de compromettre ainsi la réputation de son premier auteur. Il y a certains prestiges qu'on doit respecter. L'état de dégradation du *Jugement dernier* met le copiste dans l'obligation d'en rétablir une grande partie ; même en l'améliorant (si telle chose était possible), jamais il ne pourra donner qu'une idée fausse de ce chef-d'œuvre à ceux qui ne l'auront pas vu, et ceux qui le connaîtront ne le retrouveront pas. Permettez-moi de le dire, monsieur le ministre, une copie n'est pas faisable; la comparer à une traduction est une erreur : on n'interprète plus lorsqu'on est obligé de créer. Vouloir remplacer dans un ouvrage de Michel-Ange ce que trois siècles en ont effacé, c'est vouloir remplir dans leur propre langue les lacunes des auteurs grecs et latins, dont il ne nous est parvenu que des fragments. Michel-Ange lui-même, comme s'il prévoyait le danger qu'il devait courir un jour, refusait de refaire les bras de la *Vénus* et de restaurer le *Torse antique*, qu'il avait dessinés plus de trente fois; et c'est l'auteur du *Moïse* et de la chapelle des Médicis qui donnait cette leçon de respect et de modestie!

« Je pense qu'on peut profiter de la circonstance pour faire exécuter consciencieusement ce qui est resté intact dans la chapelle entière. Il faut sauver les restes du plus bel ouvrage qui ait illustré le grand siècle qui l'a vu naître, recueillir scrupuleusement les fragments de ce squelette, et non le peindre en couleur de chair pour le rajeunir. »

Ce débat, dans lequel Horace Vernet nous semble avoir apporté des arguments plus forts que ceux de son éloquent adversaire, se termina, comme chacun sait, par l'exécution de la mauvaise copie que l'on peut voir à l'École des beaux-arts. Mais que nous sommes loin du temps où Joseph Vernet écrivait avec tant d'humilité à M. de Marigny! Les rapports de grand homme à ministre sont bien changés et changés en bien, depuis un siècle. La Révolution a donné une partie de ses fruits.

Horace Vernet, avec son humeur inconstante et nomade, ne pouvait pas rester longtemps à la même place. Dans plusieurs de ses lettres intimes, il se plaint de son internement à Rome, comme un prisonnier qui aspire après le grand air. On commençait justement, à cette époque, la conquête de l'Algérie, qui semble avoir été faite à son intention. Il éprouvait un vif sentiment de curiosité pour cette terre promise de son talent. Le roi se rendit à ses désirs; et, au mois de mars 1833, le comte de Rigny, ministre de la marine, mettait à la disposition de Vernet le brick la Comète, sur lequel il s'embarqua.

Il a lui-même rendu compte des impressions que lui fit éprouver sa première excursion en Afrique, dans une lettre adressée au général Atthalin :

« Me voici de retour, mon cher général, après un voyage du plus grand intérêt.

« Maintenant que me voici sur une chaise, certain de n'en bouger de longtemps, je vais vous raconter mes aventures, afin que, si le roi désirait savoir ce que j'ai fait et vu, vous soyez en état de lui donner les explications que Sa Majesté pourrait vous demander.

« Je me suis embarqué le 6 mai sur le brick la Comète, joli bâtiment de seize canons, commmandé par un fort aimable homme, M. le lieutenant de vaisseau Allègre.

« Nous fîmes voile pour Bone. Le vent nous ayant manqué, et sachant qu'il y aurait quelque difficulté à nous procurer de l'eau dans cette ville, le capitaine trouva qu'il serait bon d'en faire à Cagliari. Nous donnâmes un pied d'ancre dans ce port, et, pendant deux jours, j'eus l'occasion d'observer le pays le plus curieux de l'Italie; il semble s'être arrêté au quinzième siècle. Les hommes, les costumes, les mœurs, tout a un caractère unique, sans compter que la végétation et l'éclat du ciel annoncent déjà un nouveau climat. C'est, pour ainsi dire, l'antichambre de l'Afrique. Dix-sept heures après nous être remis en route, nous étions dans une autre partie du monde. C'était là que tant d'émotions m'attendaient.

« Il était cinq heures du soir, lorsque je mis pied à terre. Mes yeux cherchaient avec avidité ces Arabes, ces chevaux, ces minarets, après lesquels je soupirais depuis longtemps. Rien de tout cela. Au milieu de baraques en décombres, je ne voyais de tous côtés qu'enseignes de marchands de vin à droite, chandelles à sept sous la livre à gauche ; — « *Au Rendez-vous des Bourguignons, Grand café de la Marine ;* » partout des cabarets remplis de femmes, de soldats, de gamins; enfin, tout ce que nous voyons aux environs de Paris. J'avoue que j'ai été fort désappointé.

« Il ne me fut pas difficile de savoir la demeure d'un de mes amis, le colonel X***. Il était sorti. Je l'attendis jusqu'à la nuit, n'osant me risquer dans les rues, au milieu des soldats de la légion étrangère, qui regardaient ma face blême et mon petit habit bourgeois d'un œil à me faire croire qu'ils désiraient savoir ce que j'avais dans ma poche. Bref, X*** rentra. Après la première effusion d'une reconnaissance, il me dit : « Vous arrivez à temps pour venir avec nous faire cette nuit une petite excursion ; je vous donnerai un bon cheval et un sabre, et je vous ferai voir quelque chose qui vous amusera. » Sans considérer que j'étais en guêtres, en petit habit de f...., j'accepte, et, à trois heures du matin, nous voilà sortis par la nuit la plus noire. Le lever du soleil devait être pour moi le lever de la toile au théâtre. A mesure que le crépuscule me permettait de distinguer les objets qui m'entouraient, j'apercevais de grands fantômes blancs passant comme des ombres ; on n'entendait même pas les chevaux qui marchaient sur l'herbe. Enfin, le jour vint me montrer que j'étais au milieu de trois cents Arabes et de cent Turcs, armés de longs fusils, de pistolets, etc., et suivi de deux escadrons du 3ᵉ chasseurs. Non, jamais je n'ai rien éprouvé de semblable. Les montagnes de l'Atlas, d'un côté ; une belle rivière de l'autre ; la plaine couverte d'éclaireurs, et quels éclaireurs ! et, au centre, une tribu marchant en groupe, portant tous ses bagages. A la vue de tant de choses si nouvelles et si pittoresques, j'ai cru que ma tête éclaterait. Je n'étais point au bout.

« Après huit heures de marche, le pays étant devenu plus plat et les herbes moins hautes, tout à coup l'horizon se couvre d'une volée d'Arabes, faisant feu de toutes leurs armes. Chacun se prépare à les recevoir ; jusqu'à mon cœur de garde national qui bouillait d'une ardeur guerrière !... O disgrâce ! toutes ces démonstrations n'étaient qu'une manière de se dire bonjour, et, loin de verser du sang, c'était de lait et de miel que nous devions nous abreuver. La scène change, et nous voilà dans le pastoral jusqu'au cou. Derrière ces guerriers qui nous avaient si bien fait dresser les oreilles, voici une troupe de femmes, d'enfants et de vieillards qui viennent nous remercier d'avoir escorté leurs camarades. C'était tout à fait touchant, et mon humeur belliqueuse fit bientôt place à des sentiments tout bibliques. Ce sabre, qui brillait un instant auparavant dans ma terrible main, se transforma en un bâton de pasteur, sous la forme d'une cravache. C'était à qui s'en mêlerait : la barbe du farouche sapeur, imbibée de lait, luttait par sa blancheur avec celles des patriarches qui nous congratulaient. Chateaubriand ! où étais-tu pour faire du pathos ? Néanmoins, rien n'était plus beau et plus imposant que la simplicité froide et bienveillante qui présidait à cette cérémonie. Rien ne peut mieux donner une idée de nos pères dans les plaines de Chanaan. C'était Jacob et toute la Genèse. Si un peintre d'histoire, comme j'en connais, pouvait voir cela ! ou si j'avais le talent d'en tirer parti, quel beau tableau on pourrait faire! Mais, pour en revenir à ma description, il faut que je vous parle d'un certain personnage qui n'est point indifférent. Depuis le jour, je marchais près d'un cavalier enveloppé d'un burnous, qui ne lui laissait pas seulement voir le bout du nez. Je le prenais pour un interprète malade. Mais, au moment où les Arabes vinrent nous faire siffler leurs balles au-dessus de la tête, rien ne m'étonna plus que de voir mon homme se débarrasser de son manteau, sauter légèrement sur un grand cheval blanc équipé magnifiquement, — les bras nus jusqu'aux épaules, couvert d'or, d'argent et d'armes brillantes, — des yeux étincelants, un beau et jeune visage, sillonné d'une blessure encore fraîche : c'était Jusuf, qui, en un instant, se trouva en tête de la colonne, escorté de huit ou dix Turcs, aux moustaches ébouriffées, aux bras nerveux et couverts de poils. Cette fois, je crus rêver tout debout ; je n'avais qu'une crainte, c'était celle de me réveiller. Je ne courais d'autre danger que celui de devenir fou. Dès ce moment, je n'ai plus quitté mon héros. Si j'avais été femme, ma vertu aurait couru de grands risques. Aussi l'ai-je dessiné par devant, par derrière, par-dessus, par-dessous, enfin de toutes les manières. Sur-le-champ, nous nous sommes convenu ; jusqu'à mon départ je ne l'ai plus quitté, et nous voilà amis à la vie, à la mort. C'est un de ces êtres doués auxquels la nature n'a rien refusé : bien fait, sans être grand ; une belle tête, tantôt d'une expression douce, tantôt animée et rageuse ; brave comme la bravoure même, et adroit et gracieux dans tout ce qu'il fait. Avec tous ces avantages, comme vous le pensez, il est jalousé de bien des gens. Mais, n'importe ! un homme comme lui ne peut manquer d'aller loin. Ses chefs l'estiment, et le sage général d'Uzer en fait le plus grand cas. A propos de ce dernier, je n'avais pas l'honneur de le connaître, et je m'estime heureux d'avoir été à même de l'apprécier. Non-seulement il s'occupe de son affaire comme militaire, mais encore il donne tous ses soins à l'administration du pays. Déjà, la confiance que les indigènes ont dans sa justice lui a soumis plus de vingt tribus, dont les otages forment presque entièrement l'escadron de Jusuf. La partie des possessions françaises que ce général gouverne est celle qui, évidemment, est la mieux disposée à se soumettre à l'influence européenne. Le pays est admirable sous tous les rapports. Vous vous ferez peut-être une idée de la force de la végétation, quand je vous dirai que le foin a plus de six pieds de haut, et qu'un homme à cheval y est entièrement caché. Les environs d'Alger, sans avoir peut-être autant d'avantages, et sans présenter les mêmes ressources, en possèdent cependant quelques autres qui ont aussi leur mérite. Somme totale, il est impossible de trouver une colonie qui offre plus de chances de prospérité, et, sans vouloir pénétrer dans les secrets des gouvernements, je crois que, si on voulait ou si on pouvait en tirer parti, l'Afrique serait une mine d'or pour la France. Vous pensez que je dis tout cela sous l'influence d'un premier aperçu. J'en juge comme le docteur Gall le ferait de l'esprit d'un homme sur la forme de son crâne. En définitive, voici ce qui m'a frappé : le pays est beau et riche; les indigènes ne demandent pas mieux que de nous aimer et de trafiquer avec nous; mais il sera impossible d'établir des relations amicales, tant que l'armée sera composée, pour la plus grande partie, de l'écume des nations étrangères, des compagnies de discipline de notre armée, qui frappent, qui volent, qui violent et qui sabrent journellement les habitants. Il faudrait que les chefs de l'administration civile n'eussent pas à frémir à l'idée de regarder l'épaule de leurs employés subalternes (propre terme de l'intendant civil). La conquête une fois faite par la force des armes, il y a les cœurs à subjuguer, et les mouches ne se prennent pas avec du vinaigre. Pardon, si pour un instant je suis sorti du cercle dans lequel je roule depuis trente ans; je rentre bien vite dans le domaine de la peinture.

« Je suis resté dix jours à Alger, et ne suis pas allé plus loin. J'ai trouvé trois sujets qui me conviennent à merveille. Le premier est la prise de la Kasbah de Bone par le capitaine d'Armandy et Jusuf; le second, le combat du 24 avril, où le lieutenant-colonel du 3ᵉ chasseurs tua de sa propre main trois Arabes et où Jusuf reçut une balle dans la tête; l'artillerie, l'infanterie, la cavalerie, tout fut engagé, et la disposition du terrain prête excessivement au pittoresque. Le troisième serait le combat près d'Alger, sous les ordres du duc de Rovigo. J'ai réuni tous les documents nécessaires pour représenter l'une de ces trois actions. Je vais me mettre sur-le-champ à en faire des esquisses, que je vous ferai passer dans l'espérance que vous les mettrez sous les yeux de Sa Majesté, afin qu'elle veuille bien choisir. En attendant, je vais piocher à Anvers. J'aurais besoin d'un plan du siége pour placer exactement les batteries qui se trouvent dans le fond. J'espère qu'il vous sera facile de me l'envoyer.

« Quant à ce qui me regarde particulièrement, depuis quelque temps mes affections ont été fort éprouvées: Après des pertes douloureuses dans ma famille et dans celle de ma femme, il y en a une qui se prépare et qui m'affligera profondément : c'est celle de ce bon, de cet excellent M. Guérin. Sa mort prochaine paraît inévitable, et si le roi ne se hâte pas de tenir la promesse qu'il vous avait faite de lui donner la croix d'officier, il n'est que trop certain qu'elle sera placée sur un tombeau. Ce serait le seul des cinq peintres qui, pendant un beau temps, ont illustré les arts en France, qui aurait terminé sa carrière sans avoir obtenu cette marque de distinction. Il est vrai de dire que ses amis seuls l'ont demandée pour lui.

« Dès demain, je reprends la palette. J'ai besoin de *débonder* sur une toile, et de me rendre compte, la brosse à la main, de quelques-unes de mes idées.

« Je termine ici la longue narration d'une petite course qui ne peut avoir d'intérêt que pour moi. Cet intérêt a été si vif, que j'ai agi comme si tout le monde devait le partager. Quoi qu'il en soit, je n'en resterai pas moins profondément reconnaissant pour la faveur qu'a bien voulu m'accorder Sa Majesté, en me mettant à même d'exécuter un admirable voyage, qui restera gravé dans ma pensée comme le plus beau que j'aie jamais entrepris.

« Adieu, mon cher général,

« H. Vernet. »

De retour à Rome, Horace se remit en effet à l'œuvre avec une nouvelle ardeur, et il put ainsi passer, sans ennui, les deux dernières années de son directorat.

Il avait du reste l'emploi de sa vie tout tracé. Le jour, il restait devant son chevalet ou visitait l'atelier des pensionnaires, et, le soir, il trouvait dans son salon la plus agréable des sociétés. Sa fille faisait de la musique, et les heures s'écoulaient, délicieuses et rapides, dans une intelligente causerie, de temps en temps interrompue par les harmonieux accords des Mozart et des Cimarosa.

C'est à Rome que mademoiselle Louise Vernet rencontra un mari digne de son choix, en la personne de Paul Delaroche. Héritière de tant de gloire, elle ne pouvait, sous peine de mésalliance, échanger son nom que contre celui d'un grand artiste.

Cette union, dont le terme devait être, hélas! si prompt, commença joyeusement. Dans une lettre qu'Horace Vernet écrivait, le 28 décembre 1834, au docteur Biett, pour lui annoncer cette heureuse nouvelle, il traçait le mot *bonheur* en gros caractères, voulant, disait-il, que son ami fût tout de suite mis au courant de ce qui se passait : « Deux cents ans de peinture dans la famille et un croisement de races qui relèvera l'espèce, voilà, ajoutait-il, du passé et de l'avenir : le premier pas trop mauvais et l'autre superbe, il est permis de le croire. Je puis mourir à présent la bouche en cœur; je suis heureux et deux fois heureux, puisque, brochant sur le tout, je puis dire : j'ai mon ami Biett qui partage ma joie...[1] »

Le mariage fut célébré à Rome, le 28 janvier 1835. Quelques jours après, Horace Vernet remettait la direction de l'école entre les mains de M. Ingres, qui avait été appelé à lui succéder.

1. *Catalogue des autographes de M. de Trémont.*

VIII

Horace se brouille avec Louis-Philippe. — Premier voyage en Russie. — Singularités de Carle. — Sa mort. — Départ d'Horace pour l'Algérie. — Rabadabla. — Le bagne, maison d'éducation. Le César du couscoussou. — Portraits et croquis. — Histoires touchantes d'un pinson et d'une petite fille. — De Bone à Constantine. — Retour en France.

L'année qui suivit sa rentrée à Paris, Horace Vernet se fit remarquer au Salon par une exposition brillante : il avait envoyé simultanément les quatre batailles de *Fontenoy*, d'*Iéna*, de *Friedland* et de *Wagram*, qui sont aujourd'hui au Musée de Versailles.

Mais il ne pouvait pas rester bien longtemps de suite à la même place; il ne désirait qu'un prétexte pour courir le monde; le gouvernement se chargea de lui fournir une excellente raison.

On lui avait commandé le *Siége de Valenciennes*. Dans un entretien qu'il eut avec Louis-Philippe, au sujet de ce tableau, le roi lui expliqua ses vues : il voulait que Louis XIV fût représenté en tête de la colonne d'assaut, au plus fort de l'action. Horace Vernet fit remarquer que les choses ne s'étaient pas précisément passées de cette façon héroïque. « C'est une tradition de famille, objecta Louis-Philippe. — Soit, répondit Vernet, mais c'est une légende, et l'histoire dit positivement que Louis XIV se tenait à plusieurs lieues de la brèche. » Un de ces personnages zélés qui se trouvent toujours là à point pour flagorner les puissants du jour intervint dans la conversation, et dit au peintre : « C'est le roi qui vous paye, faites ce que veut le roi. — On ne me paye pas pour mentir, » répliqua Vernet, et il se retira. Peu de jours après, il se mettait en route et gagnait la Russie. Pour un homme qui avait soif de liberté, il faut avouer qu'il choisissait une singulière direction.

Il fut admirablement reçu par le tzar, qui ne demandait pas mieux que d'acclimater dans son empire une de nos célébrités les plus incontestables; mais le souverain comptait sans l'humeur vagabonde de l'artiste. Horace, après avoir visité en quelques semaines Saint-Pétersbourg et Moscou, songea à retourner en France, où le rappelaient des intérêts chers à son cœur : il avait laissé à Paris son vieux père affaibli par l'âge, et sa fille sur le point de devenir mère. Il revint donc le plus vite possible, et il arriva pour assister à une mort et à une naissance [1].

Carle venait d'entrer dans sa soixante-dix-huitième année. Depuis longtemps déjà, quoique vert encore, il avait presque complétement renoncé à l'exercice de son art. Il était, de sa nature, très-paresseux, et ne travaillait que le moins possible. Toute sa vie s'était concentrée dans son amour pour son fils, amour inquiet, exigeant, jaloux comme celui d'une maîtresse. Horace, et ce n'est point là un de ses moindres mérites, répondit toujours à cette affection par

---

[1]. Horace Vernet ne revint pas cependant sans avoir utilisé son voyage. L'empereur Nicolas le pria de peindre à son intention une *Revue de la garde impériale par Napoléon I*[er], *dans la cour des Tuileries*. Ce tableau était destiné à rester dans son cabinet. Le tzar dit à l'artiste en lui faisant sa commande : « Je veux avoir toujours sous les yeux la garde impériale, parce qu'elle nous a battus. »

une affection au moins égale. Et pourtant, Carle avait, sur la fin de sa carrière, des manies incroyables qui touchaient presque à la démence. Sa mère, on s'en souvient, était morte folle, et lui avait sans doute légué le germe de son effroyable maladie. Jamais Horace ne se laissa rebuter par les plus dures épreuves. Dans une lettre datée de Rome (1833), madame Vernet rend ainsi justice à son mari : « Laisser Horace seul avec son père, écrit-elle, c'est absolument abandonner une victime à son oppresseur. Les exigences de ce pauvre vieillard sont inouïes; eh bien, il y faut céder. Horace se soumet avec une piété toute filiale. »

Cette piété ne se démentit pas une seule fois jusqu'au dernier moment, malgré les rudes épreuves qu'elle eut à subir. Quelques exemples en pourront faire juger. Carle Vernet allait tous les dimanches à la messe. Un jour, en sortant de Saint-Roch, il se mit à demander l'aumône aux fidèles, disant qui il était et prétendant que sa famille le laissait dans un dénûment absolu. Il est difficile d'expliquer une pareille aberration. Vers minuit, Horace était obligé d'aller chercher son père dans le café où il avait l'habitude de passer ses soirées, et de payer pour lui, Carle répétant sans cesse qu'il n'avait pas d'argent et qu'on ne voulait pas lui en donner.

Il faut rendre justice à chacun. En recevant les soins de son fils, Carle ne faisait que recueillir les fruits de la tendresse dont il lui avait donné mainte preuve, tant que son esprit était resté sain. Mais que de gens, à la place d'Horace, se seraient laissé entraîner par les séductions de tout genre qui viennent journellement assaillir un homme de son âge et de sa réputation! Horace ne faillit pas une minute à sa tâche.

A son retour de Russie, il trouva son père encore très-valide ; et rien, si ce n'est toutefois ses soixante-dix-huit ans, ne pouvait faire prévoir sa fin si prochaine. Carle mourut presque subitement, le 17 novembre 1836.

Horace fut en proie à une affliction profonde. Heureusement, il venait de lui naître un petit-fils dont il était le parrain ; et si son cœur ne put être consolé, du moins l'amour de cet enfant remplit dans son existence la place que la mort venait d'y laisser vide.

Il trouva une autre distraction puissante dans le travail, qui fut toujours la santé de son esprit et la joie de sa vie.

La création du Musée de Versailles et la conquête de l'Algérie lui ouvraient des horizons nouveaux qu'il avait hâte d'explorer. Aussi, peu de temps après la prise de Constantine, voulut-il aller voir par lui-même s'il y avait là quelque chose à faire pour un peintre, après ce que notre armée avait fait.

Il a pris soin de noter ses impressions durant son voyage. Voici les lettres intéressantes que sa femme recevait :

« Toulon, 31 octobre 1837.

« J'arrive à l'instant, chère amie. J'ai déjà vu le préfet maritime, qui n'aura de bateau que pour dimanche. Du reste, j'ai fait très-bon voyage et je me porte à merveille.

« Tout est fini à Constantine ; j'irai là comme à Saint-Cloud. Quelle vexation ! Ce qui me fait prendre cette nouvelle avec résignation, c'est qu'elle te tirera d'inquiétude ; car ce ne sera qu'une promenade, la canne à la main. Je crains de manquer la poste. Je termine donc ce petit mot en vous disant à tous que je vous aime de tout mon cœur qui fait *rabadabla* [1] en pensant à vous. Je serai bien longtemps sans avoir de vos nouvelles, mais qu'y faire? le vin est tiré, il faut le boire.

« Adieu. Avant de m'embarquer, je vous écrirai encore. »

« Toulon, jeudi 2 novembre.

« Trois jours à passer ici! Encore si le choléra existait en ville, ce serait une distraction. A la moindre indisposition, j'éprouverais une petite émotion ; ça m'aiderait à passer le temps! Tu me diras : N'as-tu pas les galériens? Sans doute, je les ai déjà vus ; ce plaisir est vif, si vif même que je craindrais d'y prendre goût et de rester au bagne. Je ne dis pas que si *Rabadabla* voulait venir m'y tenir compagnie, je ne prisse ce parti; mais il est encore bien jeune pour commencer son éducation, et je craindrais que ce ne fût du temps perdu, ou une fatigue préjudiciable à sa santé. D'ailleurs, pour prendre un parti, il faut nous consulter en famille. Nous reviendrons plus tard sur ce sujet.

« Dimanche, à dix heures du matin, je serai à bord du *Cocodrille,* fameux bateau qui fend l'eau comme le pigeon fend l'air. Cinquante heures, et me voilà dans une autre partie du monde! Ah! mes chers Bédouins, je vous reverrai donc! Il me faut toutes vos grâces pour me faire oublier toutes celles que j'ai laissées à Paris; oui, mes chères poulettes, il y a des instants où je me dis : Trouverai-je dans le désert le charme de la société parisienne, et les brillantes boutiques de la rue Vivienne et le gazouillement de Rabadabla? Non, non. Je me console en pensant que dans peu de temps je retrouverai tout cela et que j'aurai dans la tête

---

1. Surnom qu'il avait donné à son petit-fils, Horace Delaroche.

quantité de nouvelles choses. En t'écrivant toutes mes bêtises, du moins j'oublie mon désappointement de rester quatre jours à Toulon, à me ronger. Floueur de M. de Bondy! qui me fait courir comme un dératé, le tout pour perdre mon temps dans une auberge. Je dis perdre mon temps, ce n'est pas le mot, car à moi tout seul je fais des discours, je deviens l'avocat de Jusuf : je démontre qu'il n'y a que lui pour gouverner l'Afrique, que le fils du désert, le Numide africain, le César du couscoussou est seul apte à nous donner une véritable prépondérance. Mais, comme dans ces moments d'éloquence je suis tout seul, je crains que mon influence ne fasse pas grand effet. N'importe, je passe mon temps, n'ayant pas autre chose à tuer, si ce n'est un gredin de merle placé sous ma fenêtre et qui crie : « Vive le roi ! » Je lui ai déjà vidé l'eau de ma cuvette sur la tête pour tâcher de l'enrhumer; mais le misérable n'en chante que mieux, malgré l'air piteux que lui a procuré mon ablution.

« Ne va pas croire, chère amie, que je t'écris si longuement parce que je n'ai rien de mieux à faire; pas du tout, car ma porte est assaillie par une quantité d'officiers de marine, de receveurs généraux, etc., le tout pour obtenir de moi la faveur de manger. Je leur montre, pour toute excuse de mes refus, la grandeur de mon ventre, et ils sont convaincus qu'il ne pourrait contenir toute la nourriture qu'ils me destinent. Alors, on me laisse tranquille.

« Je vous embrasse tous et de bien bon cœur en attendant de vos nouvelles, car vous aurez le temps de m'écrire deux fois à Bone, et j'espère que vous n'y manquerez pas.

« Je rouvre ma lettre, chère amie, pour te dire que je pars demain matin à bord d'un vaisseau de quatre-vingts canons. Tu juges de ma joie d'être à même de faire une aussi belle navigation. Ma bonne étoile qui me fait partir me ramènera bientôt près de vous tous. »

« A bord du *Diadème*, 9 novembre.

« Ton bien embêté mari, chère amie, t'écrit de son magnifique palais de bois, victime involontaire des vicissitudes des voyages par eau. Ce perfide élément nous tient depuis six jours dans toutes les alternatives. Infâme Grétry! avec tes chansons : « *Mais enfin, après l'orage, On voit venir le* « *beau temps !...* » Nous le tenons ce beau temps, mais il nous tient aussi, car, depuis trois jours, nous ne bougeons pas. Voici notre histoire : nous mettons sous voile samedi dernier, au petit jour, vent arrière, grand frais ; en trente-six heures nous arrivons en vue de Bone ; un brouillard nous prend ; la mer devient affreuse : impossible de débarquer ; un coup de vent nous emporte en quelques heures à cinquante lieues, et nous laisse là, de l'autre côté de la Sardaigne, en face de Cagliari, où nous sommes pour je ne sais combien de temps. L'homme propose et Dieu dispose.

« Je te dirai que je suis à bord d'un beau et bon vaisseau avec 800 hommes. C'est véritablement une chose admirable que de voir manœuvrer une aussi grande machine et d'y être aussi en sûreté, au milieu de tous les éléments déchaînés, que rue Saint-Lazare. Pour rien au monde je ne voudrais avoir manqué une si belle occasion de voir ce que peut l'esprit humain. Je ne t'en dis pas plus sur mon admiration. Tu dirais avec X*** que je *blague*. Je sais ce que je sens et je m'y tiens. Du reste, je mange comme un ogre et je me porte à ravir, voilà ce que je veux que vous sachiez. Je parle au pluriel, car tu n'es pas seule à m'aimer. Delaroche, sa femme et quelques autres ont bien aussi de l'attachement pour moi. Je ne dis rien de *Raba-*

dabla : le coquin m'aimera à son tour ; il n'est pas encore assez *sage* pour m'apprécier ; ça viendra. Dans ce moment je fais un vrai cours de philosophie, car il faut en avoir pour ne pas prendre en désespoir une position stagnante comme la nôtre ; c'est-à-dire que je voudrais que les éléments se déchaînassent, pourvu que nous fissions route. Du reste, il est impossible d'être mieux que nous ne le sommes ici. Le capitaine de vaisseau qui commande est un vieux marin de l'Empire, décoré à Boulogne, brave ganache qui boit du vin, ne craint pas l'eau, mais fuit la terre, crainte de s'y perdre, et je crois que s'il n'avait pas dix mille obus à porter à Bone, il resterait éternellement au centre de la Méditerrannée, dans la crainte de se casser le nez à terre. Le reste de l'état-major, qui se compose de 18 officiers, est fort aimable, voire même le chirurgien-major, qui a une tête d'oiseau et qui ne croit pas au système de Gall par conséquent. Nous disputons comme des chiffonniers qui n'ont pas autre chose à faire, car, sur la route que nous faisons, on trouve peu de tas d'ordures dans la rue. Bref, les jours et les nuits que l'impatience allonge passent cependant, et de minute en minute nous attendons le vent qui semble avoir fermé sa bouche pour toujours, à en juger par le calme qui nous entoure. Coquin de vent !...

« Comme je t'écrivais ma dernière phrase, j'ai entendu le commandement de l'officier de quart. J'ai cru que le vent était sensible à mes reproches ; je suis monté bien vite ; mais, rien ! les voiles tombent perpendiculairement et mon gros soupir en les voyant si plates n'a pu les émouvoir un instant. Je reprends donc tristement la plume pour continuer à causer avec toi ; car voilà, malheureusement pour votre sexe, les avantages du mariage : un mari trouve du plaisir à ennuyer sa femme, lorsqu'il n'a rien de mieux à faire, et puis va se coucher. C'est ce qui m'arrivera dans cinq minutes, car je te quitte pour aujourd'hui : le nez de ma bougie s'allonge, la flamme est dans la bobèche ; un peu plus, je serais forcé de regagner mon lit à tâtons. »

« Ce 10.

« Encore un jour de passé, et nous n'avons remonté qu'un échelon de l'échelle que nous avons descendue si rapidement, mais tout nous fait croire que demain nous serons à terre. Une petite brise nous conduit droit dans notre route, et l'espoir nous revient. Aujourd'hui, je me suis moins embêté que les jours précédents, grâce à un nouveau venu auquel j'ai donné l'hospitalité : c'est un pauvre pinson que les autans nous ont apporté. J'ai mis la main dessus ; j'ai voulu lui donner à manger ; mais devine ce qu'il a préféré ? C'est de se précipiter dans mon pot à eau pour boire. Il a manqué s'y noyer, ce qui m'a expliqué les gens qui trouvent ce genre de mort dans un crachat. On fait des efforts inouïs pour braver un grand danger, puis la gourmandise vous fait succomber dans un petit. Trêve de réflexions ! je soigne mon petit oiseau, pour lui donner la liberté quand il sera bien remis de ses privations et de sa fatigue. Si j'avais le temps de lui donner de l'éducation, je lui apprendrais à chanter *rabadablabadablablabla*, pour enseigner à mes semblables ce délicieux refrain, sur ma terre d'Afrique, et afin qu'un jour tous les échos puissent nous le répéter ensemble. Cette idée, toute bête qu'elle est, ne laisse pas de me procurer une bonne petite émotion. »

« Ce 11.

« Je suis dans Bone. Je n'ai vu encore personne que le gouverneur. Je suis chez Jusuf. Je me porte à merveille. Je pars demain avec deux bataillons. »

« Bone, ce 12 novembre 1837.

« Depuis hier je suis installé chez Jusuf.

« Voici comment je suis organisé pour mon voyage : six mules pour porter mon bagage, mes tentes, etc. ; deux chevaux pour moi et mon domestique; quatre chasseurs et un brigadier comme ordonnances, et huit cents hommes d'escorte. Déjà Charles, notre neveu, est parti avec le même nombre d'hommes pour m'attendre à moitié chemin, et le gouverneur me donne l'ordre qui doit l'attacher auprès de moi pendant la durée de ma petite expédition, jusqu'au retour à Bone. Tu vois que je suis traité en véritable personnage. Ce n'est pas que ça me touche, mais je te donne ces détails pour que tu sois sans inquiétude, car tant de précautions sont même inutiles, la correspondance se faisant journellement avec huit hommes seulement. Cependant j'accepte tout, pour être à même de m'arrêter comme bon me semblera sur la route, et de m'en écarter pour visiter certaines localités intéressantes.

« Le temps est superbe en l'air, la boue est magnifique par terre. Il y a donc compensation; alors, tout est pour le mieux. »

« Ce 13.

« Je ne pars que demain, n'ayant trouvé un cuisinier que ce matin et n'ayant pas le temps d'acheter mes provisions.

« Je te dirai que je suis arrivé ici le lendemain du départ

des princes; c'est contrariant, mais cependant ce qui me le fait moins regretter, c'est que je n'aurais su comment me loger; et grâce à Jusuf, je suis comme un roi. Une seule chose me fâche, c'est que mon arrivée a tout déplacé dans sa maison, jusqu'à sa femme qui s'est transportée, elle et ses gens, chez son père, en me laissant deux *faitas* qui me bourrent des pipes et m'abreuvent de café toute la journée. Il faudrait que j'eusse *la piscina ammirabile* [1] dans l'estomac, pour avaler toutes les décoctions qui me sont offertes. Du reste, je suis accueilli à merveille par tout le monde. Je trouve jusqu'à des amis que je n'ai jamais vus ; n'importe, je prends de toutes mains, sauf à payer les services désintéressés avec de la reconnaissance, et les autres avec de l'argent ; ce qui remplira mon cœur d'un côté, videra ma bourse de l'autre. Je conserverai donc la part la plus précieuse; en vieillissant, j'apprécie de plus en plus les vieux et bons sentiments d'amitié, et ceux qui commencent ne me sont pas moins chers. Pauvre petit Rabadabla! comme je l'aime !... Je me suis surpris, le beau chat de Jusuf sur l'épaule, me promenant dans ma chambre en chantant notre air favori... Si l'animal m'avait mis la patte en avant, j'étais fichu de pleurer comme une bête.

« Sois sans inquiétude sur l'état sanitaire du pays. Le choléra n'existe plus. Il n'y a que des fièvres, qui règnent seulement dans les hôpitaux; le froid a coupé court à toutes les maladies. »

« Ce 14.

« Je ne pars que demain. Le gouverneur voulait faire d'une pierre deux coups et profiter de mon escorte pour le général Négrier, qui arrive d'Alger pour aller commander

1. La grande citerne de Pouzzoles.

Constantine. Tu vois qu'il y aura encore une sécurité de plus pour moi, quoiqu'il n'y ait rien à craindre sur la route; car maintenant les courriers arrivent seuls en trois jours.

« Mustapha-Ben-Karim est en prison, ainsi que son neveu. Voici, à ce sujet, une petite histoire assez piquante. Le maréchal des logis de gendarmerie vient appeler un certain homme qui ne répondit pas : le neveu de Mustapha, persuadé qu'on demandait cet homme pour le mettre en liberté, s'empressa de se mettre en son lieu et place. Mais c'était pour lui donner 200 coups de bâton. Malgré ses réclamations, il les reçut. On eut beau punir le distributeur de la justice française (car maintenant ce genre de correction fait partie de notre code), le pauvre diable avait les coups ; impossible de les lui retirer, et il n'en est pas moins sur le ventre, jusqu'à ce qu'il puisse se mettre sur le dos. Voilà comme notre bon Dieu punit le superbe, et les réparations qu'il fait aux honnêtes gens. Du reste ici il n'y a qu'une voix sur l'impéritie du pouvoir qui vient de tomber ; il est certain que si le gouverneur n'avait pas été tué, Constantine n'aurait pas été prise. Je le tiens du général en chef lui-même, du colonel Lamoricière et de tous les officiers et soldats qui m'en ont parlé.

« On attend ici les récompenses demandées par le général Valée. Il y en aura beaucoup, car beaucoup en ont mérité. Tout le monde regrette la mort du brave colonel Combe; il a été héroïque.

« Je pense bien à vous tous et au plaisir que j'aurai à vous revoir. Si Delaroche était là, que de belles choses il verrait, par ma fenêtre seulement! Rien n'est plus admirable que cette foule d'Arabes, de Turcs, tous drapés si pittoresquement. Si j'étais plus jeune, ou pour mieux dire moins vieux, ma tête n'y tiendrait pas. J'ai dans ma poche l'ordre d'emmener Charles Burton partout avec moi. Ce sera une petite récréation pour ce bon garçon.

« Voici mes moyens de subsistance pour ma caravane : un pâté de 10 francs, une barrique de vin contenant 25 bouteilles, 15 poulets vivants, 6 bouteilles d'eau-de-vie, 36 livres de sucre, 10 livres de riz, 5 de café, 10 de macaroni, 1 jambon, 2 saucissons, 10 livres de lard et 2 vessies de graisse blanche, 10 merluches, du fromage, des pommes de terre, etc., etc. Tu vois que nous ne pourrons pas mourir de faim sans y mettre de la bonne volonté. En attendant le départ, je fais des têtes de soldats comme s'il en pleuvait ; elles doivent figurer parmi les héros, car il y en a dans toutes les classes de l'armée plus que partout ailleurs, et j'ai le bonheur de n'avoir que des faces bien caractérisées. »

« Ce 15.

« Je viens de recevoir l'ordre de partir demain, quoique le général Négrier ne soit point encore arrivé. J'ai tant de choses à faire, que je ne t'écris que ce petit mot.

« Je vous embrasse. Soigne-toi et tout ira bien. »

« A bord du *Vautour*, ce 29 novembre 1837.

« Chère amie, je viens de recevoir toutes vos lettres. Je ne puis te dire le plaisir que j'ai éprouvé en trouvant de vos nouvelles ; car, depuis mon départ, je ne savais rien qui vous regardât. Enfin je sais que jusqu'au 14 vous étiez bien. C'est à moi maintenant à vous rassurer et à rire de vos inquiétudes ; car je t'assure qu'il n'y avait rien à craindre ; mon étoile est toujours brillante.

« Je ne sais si tu auras reçu des petits mots que j'ai donnés à des Arabes pendant notre marche. Je le voudrais, d'abord parce qu'ils vous auraient porté de mes nouvelles, et puis parce que, si ma correspondance avait manqué, X*** dirait que je suis un *blagueur*. Au reste, je me consolerais de tout, ma conscience étant satisfaite.

« Je t'écris au crayon, par la raison que rien ne peut tenir en place dans le bâtiment et que mon écritoire court dans la cabine, sans que je puisse mettre la main dessus. Nous sommes partis ce matin ; le temps est tellement mauvais que nous sommes forcés de revenir mouiller au grand Caroubier, ou pour mieux dire au Fort-Génois. Le vent de nord-est est si violent que tous les bâtiments ont calé leurs mâts et que nous sommes sur nos trois ancres à danser comme toutes les Taglioni de l'Opéra. Il y a peut-être un peu d'orgueil à choisir ce moment pour t'écrire ; n'importe! tu prendras ça comme tu voudras. Le fait est que je pense à vous, et que je vais vous donner les détails de ma course à Constantine.

« Comme tu le sais déjà, je suis parti le 16 novembre avec mon escadron de chasseurs, pour rejoindre l'infanterie qui s'était mise en route la veille. Je l'ai rattrapée au camp de Dréan. Chemin faisant, j'ai trouvé Charles Burton avec un convoi revenant à Bone. J'avais l'ordre qui le mettait à ma disposition pendant mon séjour en Afrique. J'étais enchanté de lui procurer une bonne occasion de voir Constantine en amateur ; mais ce pauvre garçon est trop démoralisé pour prendre goût à la moindre partie de plaisir, et le désir de coucher dans un lit l'a emporté sur la curiosité. Nous nous sommes donc séparés. De Dréan, je suis allé à Guelma, coucher; de là je suis parti pour Medjez-Hamar, où je suis arrivé à dix heures du matin ; la colonne du 26ᵉ ayant pris l'avance, nous avons pu aller coucher à Sidi-Tamtam, le 19 à un endroit dont je ne me rappelle pas le nom, et le 20 à Constantine. Le dernier jour seulement, nous avons échangé quelques coups de fusil à l'avant-garde, mais de si loin et sur si peu de monde que véritablement ça n'en valait pas la peine. Le retour s'est opéré de la même manière; seulement, au lieu de coucher à Guelma, nous nous sommes arrêtés à Medjez-Hamar. Nous n'avons pas été aussi heureux pendant notre retour, car nous avons perdu un officier et un soldat du 17ᵉ léger; un soldat du train s'est fait mettre une balle dans le derrière. Du reste, jamais je ne me suis mieux porté. J'étais si bien organisé, que je ne me suis aperçu de la fatigue qu'à une faim dévorante dont je ne suis point encore guéri, et que je vais satisfaire, s'il est possible; car je ne sais comment le cuisinier aura pu s'en tirer avec le temps que nous avons. On m'appelle. Adieu pour aujourd'hui. »

« 2 décembre, à midi.

« Nous nous sommes mis en route hier à onze heures du matin, et nous avons fait cinquante-cinq lieues. Me voilà plus près de vous, et, si le temps continue à être aussi bon, demain soir nous serons sur la même terre. Ce sera pour moi une grande joie, car tu sais que si je pars sans peine, je reviens avec bien du plaisir.

« Maintenant, il faut que je te parle de Constantine et de mon voyage en général. Je vais commencer le bavardage. S'il t'ennuie, ne le lis pas, et, si tu le lis, que ce soit pour toi. Ce sera bien assez que tu juges de mes bêtises, sans mettre les autres dans la confidence.

« De Bone à Medjez-Hamar rien d'intéressant. Mais, après avoir passé le Raz-el-Akba, le pays, dépouillé d'arbres, devient un vaste désert coupé de ravins profonds et entouré de vastes montagnes pelées dans le genre de Radicofani ; la pluie nous a rendu visite dans ces lieux épouvantables. Il nous a fallu coucher dans la boue ; mais, heureusement, le mauvais temps n'a duré que deux jours. Rien n'était plus intéressant pour moi que ces bivouacs, en arrivant le soir et en partant le matin. Les lions, les hyènes et les chacals se chargeaient de la musique et se disputaient dans l'ombre les mules et les chevaux que nous laissions derrière nous sur la route ; car, ma chère amie, tu ne peux te faire une idée de la quantité de ces pauvres animaux qu'on abandonne, faute de pouvoir les nourrir : on les assomme tant qu'ils peuvent se soutenir ; une fois tombés, c'est fini d'eux. Sur ce point comme sur tant d'autres, c'est un gaspillage dans l'armée dont on ne saurait se faire une idée sans en avoir été témoin. Mais brisons là-dessus, je ne veux te parler que du pittoresque. Je te disais que le pays est d'une sévérité admirable. Il ne s'y trouve, en fait de trace humaine, que quelques pierres, restes de monuments antiques qu'on suppose des fortifications. Je ne suis pas de cet avis pour la généralité. Il y en a certains qui me paraissent des tombeaux de la même forme et de la même construction que ceux de Corneto, moins soignés cependant, mais semés çà et là le long d'une voie romaine, sur un assez long espace, deux lieues environ avant d'arriver à Somma, où se trouve un tombeau monumental dont j'ai fait le croquis. De ce point, on aperçoit Constantine à trois lieues de distance. Je t'avoue que le cœur m'a battu en voyant le terme et le but de mon voyage. Les plus hautes montagnes du grand Atlas se développent devant le spectateur. Il était deux heures de l'après-midi, le soleil brillait, rien ne manquait pour la splendeur du tableau. Je t'assure que dès ce moment je n'ai plus pensé qu'au bonheur de joindre à tous les souvenirs que j'ai déjà dans la tête une nouvelle collection de matériaux d'un caractère tout particulier. Je ne te ferai pas ici la description de Constantine, de ses ravins, etc..., toutes choses dont tu as déjà entendu parler. Il me suffira de dire que je n'ai rien vu dans aucun de mes voyages qui m'ait autant frappé. Cette ville toute couleur de terre ressemble plutôt à celles des Abruzzes qu'à tout ce que nous connaissons du littoral de l'Afrique. On va crier après moi quand je la peindrai telle qu'elle est, comme on l'a fait après ma verdure; cependant je serai vrai. L'intérieur des rues est très-sombre et d'une puanteur abominable. Les cadavres qui sont encore sous les décombres ne contribuent pas peu à augmenter ce que les ordures, les diarrhées générales de l'armée émanent de miasmes pestilentiels; Montfaucon est la boutique de Lubin en comparaison. Aussi nos pauvres soldats mouraient-ils comme des mouches. Dès le premier pas qu'on fait dans la ville, on ne peut croire qu'il soit possible d'y rester; puis, tout à coup, nous entrons dans le palais du bey; tout change. Figure-toi une délicieuse décoration d'Opéra tout de marbre blanc et des peintures des couleurs les plus vives d'un goût charmant, des eaux coulant de fontaines ombragées d'orangers, de myrtes, etc., enfin un rêve des *Mille et une Nuits*. Certes, j'étais loin de m'attendre à des sensations si différentes dans un si court espace de temps, et cependant je n'étais pas au bout. Figure-toi que la suite du prince a tout dévasté et qu'il ne reste rien, mais rien, dans l'intérieur. Tout a été emporté, jusqu'aux oiseaux et aux poissons rouges. On a fait des trous dans tous les murs pour chercher des cachettes; enfin tout est sens dessus dessous. Ah! les barbares! Du reste, j'ai reçu dans ce palais le meilleur accueil du général Bernelle; il m'a donné une ci-devant belle chambre dans laquelle j'ai couché par terre avec délices, car du moins j'étais à sec. Mes trois jours se sont passés à courir la ville et les environs, dessinant autant que possible les points intéressants, et j'ai fait une fameuse récolte de tableaux à faire. Dis à Jazet que je lui apporte une vigoureuse collection de sujets. Il y en a un surtout qui (je ne puis attendre pour te le raconter) a manqué te valoir une petite fille à élever. Tu as entendu parler d'un rocher du haut duquel les femmes, en voulant fuir, se précipitaient? Représente-toi, sur un monceau de plus de cent cadavres de femmes et d'enfants que les Kabyles dépouillaient ou achevaient lorsqu'ils respiraient encore, un sergent et un soldat du 17e leur disputant, les armes à la main, un pauvre petit être de quatre ans attaché au corps de sa mère morte. J'ai retrouvé cette petite fille au camp de Medjez-Hamar. Elle est très-gentille, mais que deviendra-t-elle? On la nomme Constantine, ne lui connaissant pas d'autre nom. Le régiment la garde; mais, encore une fois, que deviendra-t-elle? C'est justement parce qu'il n'y a pas de doute sur le malheureux sort qui l'attend que je voulais la prendre. Je n'aurais pas balancé à t'apporter cet embarras, si une autre idée ne m'était venue : c'est d'en parler à Madame Adélaïde. Ce serait digne d'elle de faire élever un enfant pris sur le champ de bataille où son neveu a été fait lieutenant général. Nous parlerons de ça à mon arrivée. J'ai tous les renseignements imaginables sur ce fait.

« Pour en revenir au but de mon voyage, j'ai dessiné d'une part et recueilli de l'autre tout ce dont j'aurai besoin pour mon grand tableau. Jamais on n'a eu une occasion de faire un tableau aussi intéressant et aussi pittoresque. Mais aussi fallait-il voir les lieux, car il n'y a pas de description.

de dessin, de croquis qui puisse donner une idée de l'originalité de la scène. Ça ne ressemblera à rien de ce qui a été peint, et ce ne sera que vrai. Il faut avoir vu l'armée d'Afrique : ce n'est plus ni la République, ni l'Empire; c'est l'armée d'Afrique, c'est-à-dire la réunion, un jour de bataille, de toutes les vertus militaires, et le lendemain... sauf quelques exceptions chez de certains hommes trop bien trempés pour ne pas résister à la contagion !... Tiens, je ne veux pas écrire tout ce que je pense. »

« Lazaret de Toulon, le 4 décembre 1837.

« Enfin, nous voici en France, chère amie, après cinq jours de mer, et me voilà pris jusqu'à dimanche! Je me porte comme un charme, encore mieux aujourd'hui, puisque je sais au juste le moment où je vous embrasserai tous. En attendant, c'est sur *Rabadabla* que je concentre tous mes baisers, puisque c'est lui qui réunit toutes nos affections. Ma première lettre sera pour lui.

« Dis à Delaroche que je n'ai rien pu trouver à lui rapporter, les voleurs ayant passé partout.

« Lorsque cette lettre te parviendra, le télégraphe t'aura déjà annoncé mon débarquement. Pourtant je ne veux pas perdre une minute pour la faire partir, et je te quitte bien vite pour la fermer.

« Tout à vous tous,

« Horace Vernet. »

A peine de retour, Horace Vernet était chargé par le roi de peindre pour le Musée de Versailles les différents épisodes de la prise de Constantine. Il venait de partir pour Berlin, au moment où arriva chez lui la lettre de M. de Cailleux qui lui confirmait la commande de ces importants travaux. Il se hâta de revenir, se mit aussitôt à l'ouvrage, et en moins d'un an il couvrit les trois grandes toiles sur lesquelles il a retracé les exploits de nos soldats durant ce siége mémorable. *L'Assaut* est peut-être son chef-d'œuvre. Dans aucune de ses compositions il n'a mis plus d'entrain, plus de verve, plus de crânerie. Ce tableau est le digne pendant de l'action qu'il représente : il est enlevé avec une furie toute française, comme la ville l'avait été par la colonne d'attaque sous les ordres du colonel de Lamoricière.

Il envoya ses trois tableaux de Constantine au Salon de 1839. On aurait pu croire qu'il allait prendre un peu de repos à la suite de ce prodigieux effort; mais il n'était pas homme à sentir la fatigue, et il repartit pour l'Orient afin de se préparer une moisson nouvelle.

IX

Départ pour l'Orient. — Malte. — Une singulière friture. — Alexandrie. — Méhémet-Ali. — Le Caire. — Marché aux esclaves. — La mosquée des fous. — Les Pyramides. — Le désert d'El-Arisch. — Palmiers-plumeaux. — Portraits et caricatures. — Gaza. — Bethléem. — Jérusalem. — Saint-Jean-d'Acre. — Sidon. — Damas. — Beyrouth. — Smyrne. — Constantinople. — Tourtes et chandelles. — France! — Le Musée de Versailles. — Difficultés avec la liste civile. — Horace Vernet publiciste. — Le droit de gravure.

Horace Vernet s'embarqua à Marseille, le 21 octobre 1839. Il avait deux compagnons de route : son neveu, M. Charles Burton, et un peintre, M. Goupil-Fesquet [1].

Le *Scamandre,* tel est le nom du bâtiment sur lequel ils avaient pris passage, les conduisit par Livourne, Civita-Vecchia, Malte et les rives de la Grèce jusqu'en Égypte.

De ces différentes étapes, Horace n'envoyait à sa famille que des notes jetées au hasard sur le papier. Empruntons à M. Sainte-Beuve [2] quelques-uns de ces fragments, dont les originaux ne nous ont point passé sous les yeux. Ces citations serviront à montrer que notre voyageur partait le cœur un peu gros, mais l'esprit content.

---

1. M. Goupil-Fesquet a publié la relation de son voyage dans *la France littéraire*, t. XII et XIII.
2. Voyez *le Constitutionnel* du lundi 1er juin 1861.

« Marseille, 21 octobre 1839.

« Voilà le grand moment arrivé. Dans quelques minutes en route, le soleil en avant! bras dessus, bras dessous, avec ma bonne étoile! Un beau jour sera aussi celui où cette dernière quittera son camarade pour me ramener près de vous. Alors elle sera plus brillante que jamais. Elle connaît la route du n° 58[1], où nous nous embrasserons comme des pauvres... »

« ... Allons, chère amie, il faut finir; mais ce ne sera pas sans vous embrasser tous et sans faire des amitiés à tous nos vieux et bons amis, blancs, gris, noirs, blonds, vieux et jeunes mariés, débarrassés, embarrassés, garçons, etc. »

La vue de Malte produit sur son cœur patriotique une fâcheuse impression :

« Les Anglais, dit-il, y font la pluie et le beau temps, et exercent de ce point une influence effroyable. J'ai le cœur tout gros d'avoir vu leurs soldats! Rien n'est mieux tenu, et il est impossible de voir de plus beaux hommes. Mais brisons là-dessus. Si notre armée, par comparaison, a l'air d'une bande de galériens, sous nos simples habits bat une fameuse âme. Vive la France! »

Pour se venger, il compare Malte à « une belle maison encombrée de meubles dans laquelle on ne peut pas entrer, » et il ajoute que c'est « un rocher imprenable, gâté par des fortifications qui demandent quarante mille hommes pour les défendre. »

A partir du moment où il a mis le pied sur la terre

---

1. Rue Saint-Lazare.

d'Égypte, sa correspondance devient régulière, et on peut le suivre pour ainsi dire pas à pas. »

« Alexandrie, 6 novembre 1839 [1].

« Nous sommes depuis trois jours en Égypte. Tu juges de notre joie, surtout d'y être arrivés comme par enchantement. Jamais traversée n'a été plus heureuse : la mer comme une glace; à bord, une société fort aimable; rien ne nous a manqué.

« En quittant Malte, nous avons cheminé vers Syra, à travers toutes les îles de l'Archipel, depuis la pointe du Péloponèse, le cap Matapan, jusqu'à Candie. Quelle aridité! Mais quels beaux noms! Nous sommes restés à Syra deux jours et une nuit. Pour la première fois, je me trouvais au milieu des Grecs, de leurs femmes, de leurs enfants. Enfin, tout était nouveau et du plus grand intérêt pour moi. J'ai été d'autant plus à même de bien voir, que j'avais fait la conquête d'une charmante Grecque qui a bien voulu nous conduire partout. Nos deux jours se sont donc passés rapidement. Nous nous sommes rembarqués, et le 4, au petit jour, nous nous sommes trouvés devant Alexandrie, au milieu de cette flotte qui fait trembler la diplomatie et qui ravit les curieux comme nous. En effet, rien n'est plus imposant que ces gros monstres marins à écailles de canons que les Anglais voudraient bien mettre dans la friture. A huit heures du matin, notre bâtiment a mouillé au milieu d'eux. Le commandant m'a conduit à terre avec le prince de Wurtemberg, que le comte de Modène est venu prendre dans sa voiture. J'étais tout vexé de ne pouvoir pas

---

1. D'importants fragments de ces lettres ont été publiés dans *l'Illustration*, n[os] des 5 et 12 avril 1856.

dévorer à mon aise le spectacle qui se déroulait devant moi.

« Notre première journée a été employée à courir les environs, à voir la colonne de Pompée, etc. ; la seconde, à faire des visites, à porter nos lettres, etc.; et, ce matin, grande présentation au pacha, de chez lequel je sors. Vite, comme tu vois, je prends la plume pour te donner les détails de notre entrevue.

« A neuf heures du matin, les janissaires sont venus nous chercher pour aller chez le consul. Nous étions huit, car j'avais demandé à être accompagné par trois jeunes officiers d'état-major qui vont en Abyssinie. Nous étions tous en uniforme, montés sur de très-beaux chevaux arabes : les janissaires et saïs ouvraient la marche; puis, mon excellence à droite du consul; derrière, venait l'état-major. Sur la route, les postes prenaient les armes, et le tambour battait aux champs. Arrivés au palais, qui est au bout de la ville, la garde nous a rendu les mêmes honneurs. Bref, nous sommes entrés au divan, où, dans un coin, nous avons trouvé assis sur ses talons le fameux Méhémet, qui nous a fait asseoir à ses côtés, nous a offert du café, et s'est mis à bavarder pendant plus d'une heure. Il a fini par me demander un tableau de la bataille de Nézib[1], et, pour assurer notre route, il me donnera non-seulement des firmans, mais en outre une lettre particulière pour que les pachas mettent des troupes à ma disposition, afin que je puisse parcourir avec la plus grande sécurité tous les pays que je voudrai visiter.

« Nous quittons Alexandrie après-demain. Au Caire,

---

1. Victoire remportée le 24 juin 1839 sur l'armée turque, commandée par Hafiz-Pacha.

nous retrouverons le supérieur du Saint-Sépulcre, avec lequel nous ferons route jusqu'à Jérusalem.

« Nous *daguerréotypifions* comme des lions. Ici, il n'y a que peu de choses. Cependant, demain matin, nous allons expérimenter devant le pacha qui désire connaître les résultats d'une découverte dont il avait déjà entendu parler.

« Notre visite de ce matin était d'un grand intérêt. Le pacha est petit, la barbe blanche, le visage brun, la peau tannée, l'œil vif, les mouvements prompts, l'air spirituel et très-malin, la parole brève, et riant très-franchement lorsqu'il a lâché un petit sarcasme, plaisir qu'il s'est donné toutes les fois que la conversation tournait à la politique, et surtout lorsque le consul insistait pour le départ de la flotte : « Je ne reconnais plus les Français,
« qui savent si bien faire la guerre et qui ne parlent plus
« que de la paix; je ne parle pas de la France; car d'ici
« j'ai entendu ses applaudissements, quand elle a connu
« mes succès de Nézib. » Demain, comme je serai seul avec lui, je compte bien remettre la conversation sur ce sujet. Du reste tout semble arrangé, et il est positif que la France veut soutenir l'indépendance de l'Égypte.

« Trois mois sans vous voir! c'est long. Mais aussi, quel plaisir de se revoir, de retrouver notre *Rabadabla!* Baise-le beaucoup pour grand'père, qui a manqué lui acheter un petit nègre de 75 francs; mais j'ai eu peur d'être grondé.

« Je ne vois rien qui me semble beau sans penser à Delaroche. Que je voudrais qu'il fût là!

« Adieu, je vous embrasse de tout mon cœur. »

« Le Caire, 16 novembre 1839.

« Nous avons encore fait bonne route, chère amie ; seulement, nous avons mis plus de temps que nous ne le pensions, par la raison que le vent nous a manqué pour remonter le Nil. Depuis trois jours, cependant, nous courons comme des dératés, et nous avons vu bien des choses. Je n'ai que faire de te dire dans quel enthousiasme nous sommes ; tu sais trop que pour mon compte ce que j'ai devant les yeux était le but de mes plus vifs désirs. Les voilà satisfaits, et j'en jouis au delà de toute expression. Rien ne pourrait exprimer ce que j'ai éprouvé, en voyant de dix lieues les Pyramides ; j'ai pu supporter cette émotion ; je suis invulnérable !...

« Je ne te ferai pas une description de la ville, ce serait bien inutile ; je me bornerai à te dire ce qui m'a le plus frappé. Hier, à la faveur de nos habits turcs, nous avons visité les mosquées, les palais du pacha, etc. C'est, en plus grand, Alger, seulement encore plus misérable. Par l'intervention des janissaires que le consul a mis à ma disposition pendant le temps que je resterai ici, j'ai pu voir la chose du monde qui m'a le plus frappé dans ma vie. Nous sortions du marché aux esclaves, où de petits négrillons mâles et femelles sont assemblés par paquets sur un mauvais carré de toile, comme des pommes à cinq pour un sou, sans compter les hommes et les femmes de toute couleur qu'on tient dans des trous tout autour de cet infâme lieu, où, comme des rois, d'infâmes voleurs trafiquent de la chair humaine. Je sortais donc le cœur tout gros de fâcheuses réflexions, lorsque le janissaire me proposa d'entrer dans la mosquée des fous. C'est là qu'un autre spectacle horrible m'attendait. Figure-toi une cour de quarante pieds carrés, environnée de murailles d'une hauteur prodigieuse qui laissent à peine entrer le jour; dans l'angle, une petite porte de trois pieds de haut, barricadée de chaînes à travers lesquelles on passe avec peine. De chaque côté, les murs sont percés de petites niches garnies d'énormes grilles de fer; et là dedans, sans vêtements, assis sur la pierre, sans autre paillasse que leurs ordures et une épaisse couche de poussière, sont les malheureux privés de leur raison, une double et lourde chaîne au cou, dont les extrémités viennent s'attacher à de gros anneaux extérieurs, et dont le frottement perpétuel sur la pierre l'a creusée à plus de deux pieds. Joins au tableau les rugissements des furieux, les accents pitoyables d'un amoureux, et les deux yeux fixes d'un nègre silencieux qui vous regarde comme un oiseau de nuit, et tu ne te feras qu'une faible idée de ce que nous avons vu. De toute la journée, nous n'avons pas pu avoir d'autre sujet de conversation.

« Depuis douze jours que je suis dans ce pays, je ne puis avoir d'idées sur lui; mais, si j'en crois mes premières impressions, je pense que les gens qui y attendent des progrès comme civilisation se trompent lourdement. Ce qui s'organise n'est autre chose que l'ordre dans le despotisme, pour le rendre plus également pesant et de manière que rien ne puisse s'en affranchir; les lumières, que le pacha va soi-disant chercher au milieu de nos institutions philanthropiques ne sont que des armes qu'il aiguise, et pour ainsi dire qu'un rasoir qu'il fait repasser pour tondre de plus près.

« A propos de tondu, nous n'avons plus un cheveu. Ça nous fait les plus drôles de *boules* qu'on puisse imaginer. Nous avons besoin de nous regarder pour rire et pour nous faire oublier notre triste scène d'hier.

« Dans quelques instants, nous allons en visite chez le révérendissime supérieur de Jérusalem, le consul en tête, et sans doute précédés de janissaires, qui feront une large distribution de coups de bâton sur les braves gens qui auront la curiosité de nous regarder. Voilà les tristes honneurs que l'on rend aux membres de l'Institut, qu'on se plaît à promener comme le bœuf gras. Dans quelques jours nous serons quittes de toutes ces fastidieuses politesses, dont on accable les pauvres diables, non pour leur faire plaisir, mais pour faire dire de soi qu'on sait apprécier les hommes. Du reste, nous ne trouvons que cordialité partout de la part des inconnus, et amitié du côté des connaissances. »

« Ce 21.

« Nous arrivons des Pyramides !... Nous y sommes restés trois jours. Jamais le temps n'a passé si vite, quoiqu'au commencement ces monuments ne m'aient point étonné. Il y a derrière eux ce grand coquin de désert qui est autrement imposant que ces masses de pierres qui ne frappent véritablement que par l'idée des difficultés qu'il y a eu à vaincre et les quarante siècles dont Bonaparte a si ingénieusement parlé.

« Nous nous mettons en route demain pour Jérusalem, avec nos lettres du pacha, et un cheikh qui nous conduit jusqu'à une journée du saint lieu. »

A M. Montfort.

« Du désert d'El-Arisch.

« Il y a vingt-cinq ans, mon cher ami, que vous étiez mon élève ; pardonnez-moi de continuer à vous parler comme si vous l'étiez encore. Tout ce que je vous dis, vous le savez déjà. Regardez ce que je vous écris comme une conversation, où seulement notre langue est au bout d'une plume. Ah! si nous étions ensemble, de combien de détails qui m'échappent ne causerions-nous pas! Hier encore, en arrivant à Katych, j'aurais voulu vous tenir là, près de ce puits, où toutes ces filles arabes viennent le soir chercher de l'eau. C'étaient les filles de Jethro, Rebecca et ses compagnes; que sais-je? Je n'étais plus l'homme de la rue Saint-Lazare, en les voyant remplir leurs cruches et ensuite les auges, pour que le voyageur et sa monture puissent se rafraîchir, s'il n'a pas de corde pour descendre son outre. Là, plus que dans d'autres circonstances, nous avons pu observer. Pour la première fois, depuis notre départ du Caire, nous pouvions faire notre toilette sans économie de liquide; nous étions presque vêtus comme notre premier père. Force était de cacher nos corps blancs derrière un petit mur qui ne laissait apercevoir que nos têtes brûlées par le soleil et nos crânes rasés. L'humilité de notre position ne leur donnant aucune inquiétude, ces belles filles, si grandes, si bien découplées, se livraient à une conversation assez animée, pour que je puisse supposer qu'elles parlaient des commérages de leur tribu. N'importe; elles n'en formaient pas moins le tableau le plus admirable des mœurs si bien décrites dans l'Écriture. Il était vrai, celui-là, sans système, sans goût d'école; le ciel était bleu, le sable jaune, le sang circulait sous la peau bronzée de ces bras qui soulevaient ces lourdes cruches pour les placer sur l'épaule. Combien ce spectacle si frappant et si nouveau ne m'a-t-il pas fait réfléchir! Rentré sous la tente, je ne pouvais dormir, tant j'étais préoccupé. L'Italie, l'Allemagne, la Russie, jusqu'à l'Angleterre, m'apparaissaient avec toutes les peintures qu'elles possèdent. Mon imagination réunissait tous les chefs-d'œuvre dont elle a conservé la mémoire ; j'admirais avec quel art nos grands maîtres sont arrivés, chacun dans sa spécialité, si près du sublime, et je me demandais : « Mais pourquoi donc ne cesse-t-on de nous dire, quand « nous sommes élèves, que la grandeur du style est incompa- « tible avec la représentation scrupuleuse des objets ma- « tériels ? » Rien n'était cependant plus noble que la scène qui venait de se dérouler devant nos yeux ; l'action que je lui prêtais, en me reportant à deux mille ans en arrière, ne changeait rien à la forme. Je suis loin de dire qu'il ne faille pas faire un choix dans la nature ; mais c'est cela seul que nous devons chercher chez nos devanciers pour abréger la route, sans imiter ce qui constitue le caractère de leur talent. Chaque peintre perçoit la nature sous un aspect particulier, en raison de la tendance de son esprit, de l'austérité de ses mœurs ou du dévergondage de son imagination. Tous les artistes ne se plaisent pas dans la même voie et ne fréquentent pas les mêmes lieux. Chacun a donc une direction. L'esprit d'un jeune homme qui vient pour cultiver les arts est pour ainsi dire comme la voix d'un chanteur que le maître développe dans le sens que la nature lui indique, s'il est ténor ou basse-taille. David, qui, avec un grand talent, a rempli la condition la plus élevée de la peinture héroïque, s'est montré dans son école supérieur à tant de maîtres qui n'ont fait que des imitateurs de leurs propres facultés. David, qui, malgré ses efforts, n'a pu exécuter qu'une partie de ce que son œil percevait devant la nature, a été plus grand maître que grand peintre. Girodet, Gérard, Gros, Isabey, Granet, Ingres, etc., sont sortis de son atelier, entiers de leurs facultés naturelles et éclairés sur le bon emploi qu'ils devaient en faire. Aussi est-ce le seul exemple de l'existence d'une école sous l'influence d'un grand maître, qui n'ait pas été suivie d'une décadence.

« Pardon, mon cher ami, si je me suis laissé entraîner à une digression qui est bien peu en rapport avec toutes les émotions que j'éprouve ici. Vous la trouverez toute naturelle, quand vous connaîtrez le sentiment qui m'y a entraîné : c'est celui de mon infériorité. »

« Jérusalem, 11 décembre 1839.

« Ah! nous sommes à Jérusalem! oui, chère Louise, nous y sommes, et déjà j'ai entre les mains des souvenirs pour vous, car nous sommes allés à Bethléem : j'ai dans ma poche des pierres du rocher sur lequel le berceau était placé, et de celui sur lequel la Vierge était assise lorsque les Mages sont venus pour adorer le divin Enfant. Je ne te parle pas des chapelets, etc..., le tout bénit devant moi sur les places consacrées.

« J'ai à te raconter notre voyage, qui a été, comme à l'ordinaire, des plus heureux et fort pittoresque. Vu la guerre, nous n'avons pu trouver, pour nous mener à un certain village qui est situé à deux jours de marche au delà de Gaza, qu'un vieux cheikh du mont Sinaï. Il ne voulait pas aller plus loin que ce bourg qui se nomme Dàri, dans la crainte de rencontrer une tribu ennemie. On nous assurait que c'était le chemin le plus court, et qu'il nous serait facile de trouver là des moyens de transport pour Jérusalem, qui n'est qu'à un jour et demi de marche. Nous voilà donc en route par le désert, le consul et plusieurs Français nous faisant la conduite jusqu'à deux lieues. Le moment des adieux avait quelque chose de grave, au milieu des tombeaux des kalifes, ne voyant plus devant nous que du sable et n'ayant, dans cette mer de sable, d'autre boussole que l'intelligence de notre vieux cheikh, qui, depuis l'expédition des Français à Saint-Jean d'Acre, n'avait pas revu le pays. Notre caravane se composait : 1° d'un cuisinier ; 2° d'un drogman n'ayant qu'une oreille, espèce de Figaro faisant de la chirurgie, parlant toutes les langues, certainement renégat, et, comme ces gens-là, ami de tout le monde, vidant tous les restes de bouteilles, brisant par hasard celles qu'il a bues, mais du reste intrépide, bon garçon et faisant bien son métier de conducteur. Au lieu d'aller par Suez, nous avons pris par Salhich, afin de suivre la route de l'armée française. Il faut des souvenirs pour trouver de l'intérêt à longer le Delta, qui n'offre pour toute ressource que de temps en temps quelques bouquets de palmiers, sous lesquels habitent de misérables fellahs, dans des huttes de terre, où, par philanthropie, nous ne mettrions pas nos cochons. Ces misérables n'ont qu'une qualité, celle de voler fort adroitement les voyageurs. Aussi chaque soir prenions-nous de savantes dispositions, et arrangions-nous nos armes, de manière à nous en servir promptement.

« Pour arriver à El-Arisch, nous n'avons pendant douze jours rencontré qu'un seul groupe d'Arabes à cheval, qui sans doute nous ont trouvés trop imposants et qui se sont contentés de nous suivre pendant deux lieues à peu près.

« En arrivant à El-Arisch, le pays prend un aspect bien caractérisé. Ce n'est plus que du sable amoncelé par buttes, sur l'une desquelles se trouve une petite forteresse environnée de quelques mauvaises maisons. Au milieu s'élèvent une centaine de palmiers, semblables à des plumeaux, qui ont l'air de dire : « Venez vous épousseter ici. » En effet, on en a grand besoin ; mais je t'avouerai que c'est la dernière chose à laquelle on pense. De l'eau ! de l'eau ! de l'eau fraîche ! Voilà ce qu'on cherche. On en trouve d'assez bonne, c'est-à-dire on en trouve qui n'a pas été battue dans des outres. En voyageurs intelligents, notre première visite (pour nous rendre compte de la position militaire) a été chez le gouverneur, gros Turc louche, assis dans une espèce de lieu où les paysans en France font la lessive. Auprès de lui, se trouvait un soi-disant secrétaire en cire jaune, louche aussi, mais tous deux très-aimables et trouvant qu'un mouton énorme que nous venions d'acheter 15 francs n'était pas trop payé. Quant à moi, malgré le déplaisir d'avoir vu égorger l'animal à nos pieds, j'ai joui comme l'aurait fait le fameux d'Aigrefeuille en mangeant une tranche de gigot, car je commençais à *renâcler* sur la poule.

« D'El-Arisch à Gaza, le pays change de figure. Le sable se couvre de petits buissons; puis on commence à rencontrer des pierres, puis des troupeaux; enfin, on entend un peu de bruit. Le silence est encore une chose qui fait une véritable impression; on cherche pendant longtemps ce qui manque à la vie, et tout à coup le moindre petit vent vous révèle le grand mystère de l'isolement. Oh! profondeur de l'abîme! C'est donc pour cela que le dromadaire a le pied comme l'éponge, qui n'a pas le droit de dire: « Jamais l'orage ne troublera la pureté de la source lim- « pide? » (*Château* pas tout à fait *brillant*.)

« Ne va pas croire cependant que la gravité des pensées inspirées à nos esprits par de si grandes circonstances a le moins du monde altéré notre gaieté.

« Charles, vêtu à la turque le plus purement possible, avait trouvé bon de joindre à son costume une veste de velours, une cravate et un bonnet de coton; et, brochant sur le tout, pour ne point effrayer les gazelles, il passait de temps en temps une chemise sale, afin d'être aperçu de moins loin. Nous nous en sommes donné de rire jusqu'à Gaza, où devait avoir lieu le seul événement fâcheux de notre voyage.

« Avant de te dire de quoi il retourne, je veux te donner une description de cette fameuse ville dont Samson a enlevé les portes. Si tu as de la mémoire, tu te rappelles que tu m'as connu sans barbe grise. J'en ai une superbe maintenant; je suis donc changé. Gaza a fait de même. Pour éviter le renouvellement de fâcheux souvenirs, les maisons ne sont pas fermées, et, par mesure de santé, nous avons cru devoir planter nos tentes dans le milieu de la grande place, malgré de gros nuages suspendus sur nos têtes. Après avoir fait un bon souper du reste de notre mouton d'El-Arisch, après nous être bien couchés sur nos tartelettes de lits, après nous être laissés aller au plus délicieux sommeil, tout à coup nous nous réveillons flottant et soulevés par l'eau. Un orage affreux venait d'éclater, et en quelques minutes le lieu charmant que nous avions choisi, malgré quelques charognes qui en faisaient l'ornement, se transforma en une espèce de naumachie, de laquelle nous sommes sortis quant à nos personnes, mais où nous avons laissé tous nos effets, qui ont pris une leçon de natation. De onze heures du soir à six heures du matin, il a fallu attendre. Heureusement, nous étions à côté du cimetière, où, grâce à la peste qui a enlevé il y a trois mois les deux tiers des habitants, nous avons trouvé de très-jolis tombeaux, sur lesquels nous sommes restés perchés jusqu'au jour. « *Mais enfin, après l'orage, On voit venir le beau* « *temps.* » (*Tableau parlant.*) En effet, le soleil parut, et au même moment un long nez, au bout duquel se trouvait un visage; ce visage était sous un parapluie jaune et noir, et surmontait un grand corps pris dans une petite redingote. L'ange Gabriel ne nous eût pas fait plus de plaisir avec ses formes divines, que cette espèce de Sangrado, quand il nous apparut. Nous courûmes à lui. C'était un Napolitain, agent sanitaire, remplissant les fonctions de médecin et venant nous demander de guérir son enfant, qui avait mal aux yeux. Vite, je lui offre mes services ; je porte ma pharmacie. En une minute, nos bagages encombrent toute sa maison. Nos chameliers s'emparent de tous les coins. Nous voilà maîtres du logis. Notre Pulcinella n'avait pas un nez pour des prunes. Il sentit tout de suite qu'il y avait de l'argent à gagner et du macaroni à avaler. Aussi nous donna-t-il l'hospitalité, et, au bout de quelques heures, nous étions séchés, réchauffés et prêts à repartir. Cependant, nous avons trouvé plus sage de faire une bonne nuit à couvert et ne nous sommes mis en route que le lendemain matin.

« De Gaza à Dàri, rien de remarquable qu'une nouvelle nature ; car, du moment où on entre en Syrie, c'est un tout autre aspect. Le pays devient montagneux, sans cependant être plus fertile. Dàri est un village arabe par lequel ne passent que certaines caravanes, mais jamais de voyageurs. Rien n'est comparable à ce repaire de brigands. Il y aurait trop à dire sur ce sujet, tu sauras seulement que nous avons été retenus un jour et demi parmi les gens les plus pittoresques du monde. Tandis que ceux d'entre nous qui dormaient étaient en sécurité, les autres faisaient la garde, le pistolet au poing ou le sabre à la main.

« Après avoir payé d'avance le prix de six chameaux que nous avions pu obtenir avec peine pour nous conduire ici, à trois heures du matin nous nous sommes mis en route par des montagnes pierreuses, descendant perpendiculairement ou montant comme des échelles. L'inquiétude de nos conducteurs nous paraissait singulière. Au bout de quinze heures de marche, tout nous a été expliqué. Au tournant d'un petit chemin nous nous sommes trouvés tout à coup dans une prairie, au bout de laquelle sont ce qu'on appelle les *vasques de Salomon*. Ces vasques ne sont autre chose que trois immenses bassins taillés dans le roc, et qui fournissent de l'eau, à neuf lieues de là, à toutes les fontaines de Jérusalem. Une jolie forteresse arabe d'un style original s'élève au pied de la montagne. Rien n'est plus inattendu que cette délicieuse décoration ; mais ce qui complétait le tableau d'une manière mirobolante, c'était un camp de cavalerie commandé par le gouverneur de Jérusalem, et disposé à marcher le lendemain contre Dàri et ses habitants, qu'on allait châtier pour quelques peccadilles, comme, par exemple, d'avoir assassiné plusieurs officiers, volé 80 bœufs et 40 chameaux, etc... Nos conducteurs voulurent passer bien vite, mais le gouverneur nous fit inviter très-poliment à ne pas aller plus loin et nous pria de vouloir bien rester la nuit auprès de lui. Juge de ma joie de me trouver au milieu d'un bivouac semblable : des lances emplumées, plantées au milieu des chevaux, des Arabes, des Turcs couchés à droite et à gauche, les drapeaux en faisceaux devant la grande tente noire du commandant, enfin tout ce qui pouvait compléter une scène de mélodrame. Quoique fort poliment arrêtés, nous ne savions pas trop à quelle sauce manger le poisson. Cependant nous avons marché franchement vers le quartier général, pour remercier de l'invitation qu'on nous avait si gracieusement envoyée. Le gouverneur nous accueillit à merveille, nous dit que n'étant pas à Jérusalem pour nous recevoir il ne voulait pas manquer l'occasion de faire notre connaissance, etc... Par ses ordres, on apporta un mouton pour nos gens, et il exigea que nous restassions à souper avec lui. Ce souper est la chose la plus bizarre du monde ; ce n'est point un repas, mais une vraie curée. Après la pipe et le café, et encore le café et la pipe, chacun est allé dormir. Au petit jour, un grand coquin d'Albanais nous a apporté des tartelettes au beurre, qu'on appelle *foutir*. Il a fallu recommencer le café et la pipe; puis est venue l'inspection de nos armes: nos fusils, nos pistolets, nos sabres, tout a été regardé, admiré. Il a fallu prouver qu'elles étaient bonnes, et j'ai eu la gloire de briser une pierre d'une balle à cinquante pas. Cette petite circonstance n'a pas nui à la considération que notre tenue guerrière avait déjà inspirée, et, pour terminer les choses d'une façon convenable, j'ai gracieusement offert au gouverneur une petite longue-vue, qui a été acceptée avec reconnaissance.

« Nous avons repris nos montures, et deux heures après nous étions dans Bethléem! Voilà, chère amie, de ces événements qui donnent aux voyages tant de charmes: à peine une émotion passée, une autre toute différente commence. En arrivant sur le haut d'une montagne, on voit tout à coup Bethléem, de l'autre côté d'un ravin profond. Le cours de mes idées a changé avec autant de rapidité que si j'avais fermé un volume pour en ouvrir un autre. Je n'ai plus vu que des bergers, des mages, de pauvres petits enfants égorgés et un berceau, duquel est sorti une législation qui devait changer la face du monde. Ce n'est pas impunément qu'on se trouve sur le théâtre de si grands événements. Ce qui doit élever l'âme ne perd pas à être vu de près, et ce petit village en ruine parle bien plus au cœur que ces grandes pyramides qui n'étonnent que les yeux. Après avoir tout visité dans le couvent, nous sommes repartis pour Jérusalem, où nous sommes arrivés au soleil couchant, malheureusement du côté par lequel la ville se présente de la manière la moins avantageuse. A peine entrés, nous nous sommes enfournés dans de vilaines petites rues. Arrivés au couvent, le supérieur, pour lequel j'avais une lettre de recommandation du révérendissime, nous a fait donner à souper, et tout de suite nous nous sommes fourrés dans nos lits, plaisir que nous n'avions pas goûté depuis dix-huit jours.

« Tu crois peut-être que je vais commencer ici une description; pas du tout, la suite à demain, c'est-à-dire à la semaine prochaine, car demain nous partons pour la mer Morte, le Jourdain, etc... Dans trois jours nous serons de retour, et j'ai besoin de reprendre ma respiration.

« Adieu, chère amie. Voilà bien du papier barbouillé, et comment?... J'en suis honteux; ne m'humilie pas en laissant qui que ce soit lire ce bavardage : un style et une orthographe de cuisinière! Au reste, pourvu que tu saches combien je t'aime, que Delaroche et sa femme soient persuadés qu'ils sont tout pour moi, que m'importe le reste? »

« Acre, 26 décembre 1839.

« Tu vois par le lieu d'où je date cette lettre, chère amie, que nous avons quitté la route de Damas pour revenir du côté de la mer. En voici la raison : le fameux Soliman-Pacha est à Sidon. Il m'importait de le voir avant Ibrahim. Le détour est peu de chose. Dans trois jours nous serons à Beyrouth.

« Je t'ai quittée à Jérusalem. Nous y sommes restés neuf jours. J'avoue que je ne me croyais pas susceptible de prendre tant d'intérêt à des lieux dont on a fait tant de descriptions. C'est bien pour la partie matérielle; mais il y a une impression individuelle qui vient toujours à l'improviste vous surprendre au moment où vous vous y attendez le moins...

« Nos muletiers viennent de me déranger, pour me dire qu'il fallait nous mettre en route... — Adieu. »

« Sidon, 5 janvier 1840.

« Notre voyage se fait toujours comme sur des roulettes. Cependant, de Saint-Jean-d'Acre ici, le beau temps nous a tourné le dos, et le mauvais a bien repris sa revanche. Malgré tout, nous n'en sommes pas moins bien portants, gais comme des pinsons, et mangeant comme des loups les fameux dîners de Soliman-Pacha, chez lequel nous sommes retenus par le débordement d'une rivière qui nous empêche de passer. Le soleil est brillant ce matin ; et demain sans doute nous pourrons nous remettre en route pour Damas.

« Le premier janvier, nous nous sommes embrassés, en pensant chacun à ceux qu'il aime. Tandis que nous étions étendus par terre, mouillés jusqu'aux os, nos esprits étaient au milieu de vous. Quant à vous, je vous voyais; nous nous baisions comme des pauvres, et *Rabadabla*, cher petit!... Allons, courage! dans deux mois, toutes ces fictions seront des réalités.

« Adieu. »

A M. Montfort.

« Damas.

« J'ai passé une bonne journée, car j'ai vu beaucoup de choses et beaucoup de choses différentes, qui, malgré cela, en se réunissant dans ma tête, deviennent homogènes par le but auquel je me rattache sans cesse : celui de voir partout de la peinture.

« Ce pays-ci n'a pas d'époque. Transportez-vous de quelques milliers d'années en arrière, c'est toujours la même physionomie que vous avez devant les yeux. Que le canon chasse devant lui des populations entières, qu'il les extermine, ce n'est que le moyen qui a changé, mais non la chose. Pharaon poursuivant les Hébreux, monté sur son chariot, soulevait la même poussière dans le désert que Méhémet-Ali. Les Arabes sont toujours les mêmes.

« Ce matin, on nous a fait manœuvrer deux batteries d'artillerie, l'une de la garde, l'autre de la ligne. La seule différence qui existe entre ces deux corps, c'est que les pièces de la garde sont attelées avec des chevaux, et celles de la ligne, avec des mulets ; du reste, les hommes ne sont ni plus instruits, ni mieux choisis. L'uniforme est de toile blanche, et le tarbouch rouge. Le matériel est à la Gribeauval. Cette troupe est fort exercée ; elle manœuvre avec une promptitude extraordinaire et une intelligence qui lui tient lieu de la correction qu'on cherche dans le Nord. En voyant ces évolutions si lestes et ces gens raser la terre, il me semblait lire Habacuc. Vous allez rire de voir Gribeauval et Habacuc contemporanisés par moi ; riez tant qu'il vous plaira ; puis, songez qu'il y avait des curieux autour de moi, des femmes, des enfants, regardant avec attention aussi, mais ne voyant dans ce que nous admirions du mécanisme de ces machines de guerre qu'une nouvelle volonté de Dieu, qu'un fléau d'une autre forme envoyé par lui pour les éprouver de nouveau. Que ce soit à coups de trompette ou à coups de canon que les murs de Jéricho soient tombés, le résultat est le même pour ces braves gens. Voilà tout ce qu'il leur faut pour attendre avec patience un nouvel ordre de choses. Cette confiance dans l'avenir donne aux Arabes une expression calme, qui ne disparaît quelquefois que dans la discussion d'intérêts privés. Autrement, ils écoutent, ne répondent qu'après avoir jugé, et regardent attentivement leur interlocuteur ou ce qui se passe sous leurs yeux. L'étonnement ne paraît jamais sur leur visage, ce qui explique les ordres froidement cruels donnés par Moïse, et exécutés ponctuellement, sans que les victimes se doutassent du sort qui les attendait.

« Après la manœuvre, nous sommes revenus dîner chez le colonel; là, autre tableau de mœurs. Notre domestique fut convié au repas et placé à côté de moi. Tout le temps, nous n'avons été servis que par les officiers (même supérieurs) du régiment. Le vin qui coulait à plein bord pour nous autres mécréants était soi-disant goûté par nos hôtes circoncis; ils en ont goûté à tel point, qu'ils ont oublié notre *chiennerie* chrétienne pour nous proposer de venir chez eux voir, en cachette, des danseuses: chose difficile et dangereuse dans ce pays où une indiscrétion entraîne des résultats terribles! Bref, rendez-vous fut pris pour le jour même.

« Un officier vint me chercher le soir, pour faire la partie projetée. Me voici donc en route avec mon conducteur, mon interprète et quelques personnes de ma suite. La nuit était venue. Nous parcourûmes bien des rues, revenant souvent sur nos pas. Enfin, je fus tout étonné de me retrouver à la caserne où nous étions le matin. Là, on prit ma mule, on me donna un cheval dont je n'ai pas vu la couleur, tant il faisait sombre. Nous fîmes une longue marche le long des murs extérieurs, puis nous recommençâmes notre promenade à travers les rues. Enfin une porte s'ouvre. Pour entrer, il fallait baisser la tête et lever le pied. On desselle nos chevaux, pour qu'ils puissent y passer et qu'on ne les voie pas dans la rue. Au fond d'un jardin, nous trouvons une petite maison occupée par un adjudant de chasseurs, qui avait bien voulu se prêter à la circonstance. Toutes ces précautions étaient prises pour éviter la police, et le colonel que je trouvai déjà installé sur son divan, **vis-à-vis** d'une immense bouteille d'eau-de-vie blanche, me dit : « Vous « arrivez trop tard, les danseuses sont parties. » Jugez de mon désappointement. J'essayai de me consoler en regardant la délicieuse décoration de la salle, éclairée par quatre énormes bougies de cire incrustée de paillon de diverses couleurs. Autour, sur le divan, une vingtaine d'officiers avaient pris place, et chacun se taisait, ne pensant qu'à regarder la fumée de pipe sortir tantôt par le nez, tantôt par la bouche de son voisin. Ce calme n'était troublé que par les sons aigus d'une petite flûte et le bourdonnement de deux gros Turcs, formant une harmonie semblable à celle d'un orchestre de bastringue qui accorde pêle-mêle ses instruments... »

« Damas, 21 janvier 1840.

« Le mauvais temps dans la montagne nous retient ici, chère et bonne Louise.

« Je voudrais pouvoir vous donner quelques nouvelles, mais il n'y en a pas; on ne sait même rien des événements qui se passent à une lieue. Tout ce que je pourrais vous dire ne serait que le résultat de mes observations sur les choses en général, qui, au fond, se bornent à la conviction que Méhémet-Ali n'a de force que celle qu'il tient de l'embarras qu'il donne aux grandes puissances. Quant au pays qu'il gouverne, rien n'est moins certain qu'il le conserve, car il y est exécré. Le pays est ruiné; les terres sont incultes par l'absence des paysans qui fuient à l'approche des agents du pacha; les insurrections se multiplient de toute part, et un revers éprouvé par l'armée serait le signal d'un soulèvement général non-seulement en Syrie, mais encore en Égypte, où l'on souffre des maux insupportables.

« Voici un simple exemple : lorsqu'un village ne peut pas

payer le *miri*[1], le pacha s'en empare. Alors, chaque paysan devient ouvrier sur son propre terrain pour la solde de cinq sols par jour. On désigne l'un d'eux pour conduire les travaux. Voilà ce qu'on appelle admettre les Arabes dans l'administration municipale. Le nouveau chef restitue avec usure tous les coups de bâton qu'il a reçus dans sa vie, pour faire sentir sa supériorité et plaire à l'autorité; et, au demeurant, le malheureux travailleur ne reçoit que les coups, car les cinq sols qu'on lui doit sont représentés par des bons sur l'État, que celui-ci ne peut acquitter, l'armée elle-même étant arriérée de près d'une année. Telle est au juste la situation des habitants de l'Égypte. Le recrutement de l'armée se fait comme la presse en Angleterre. Des soldats se répandent sur les lieux où on doit l'exécuter; à un coup de canon, chaque homme s'empare de son voisin, sans considération d'âge. Aussi voit-on des conscrits de trente ans à côté d'enfants de douze. Les chrétiens et les juifs seuls sont renvoyés.

« Si je devais, chère amie, entrer dans de plus longs détails sur ce qui se passe ici, il faudrait un volume. Je ne te donnerai plus aujourd'hui que la relation d'un fait qui vient à l'appui de ce que je t'écrivais du Caire, à savoir que le pacha n'envoyait en France des jeunes gens que pour apprendre à aiguiser des rasoirs.

« Un élève de M. Jomart, Mahmoud-Bey, investi de toute la confiance de son souverain, a voulu, soi-disant, organiser les choses à la française. L'administration a été changée, les employés remplacés, moins un vieillard qui remplissait les fonctions d'écrivain depuis plus de quarante ans aux finances, et qui était reconnu comme parfait honnête homme.

---

1. Impôt foncier que payent au sultan les vassaux de l'empire ottoman.

Bientôt les dilapidations reprirent leur cours, les vols recommencèrent, et Mahmoud, tout le premier, prit pour son compte dans la caisse publique. Un inspecteur arriva; le receveur s'enfuit, laissant ses livres. Le bey y était tout au long pour 10,000 piastres. Le vieillard fut accusé; il répondit n'avoir écrit que la vérité; Mahmoud le fit prendre et mettre à la question. On a placé deux pierres de chaque côté de la tête de ce malheureux vieillard de soixante-dix-huit ans; on les a fixées par un cercle de fer à vis, et, tous les jours, on serrait un peu plus. En outre, un collier avec des pointes d'aiguilles lui tenait la tête relevée de façon qu'il ne pût dormir. Pendant quatre mois et neuf jours, cette victime n'a cessé que quelques heures d'être tourmentée pour lui faire avouer qu'elle même avait participé à la dilapidation des fonds. Enfin, le pacha de Damas, instruit de l'affaire par le fils même du martyrisé, l'a fait venir ici, et, aussitôt après son rétablissement, une instruction aura lieu. Nous verrons comment la chose se terminera.

« Voilà seulement un fait qui indique comment les Turcs font usage de l'éducation qu'ils viennent chercher en France, et comment ils savent profiter de notre civilisation[1]. Je suis loin de penser que les Arabes puissent être gouvernés comme nous autres. Nous avons la preuve du contraire chez nous, en Afrique; mais la mission des hommes élevés dans notre pays devrait être d'appliquer les peines, telles sévères qu'elles puissent être, avec honnêteté et justice. Qu'importe qu'on coupe la tête à un homme pour avoir mangé une pomme, si celui qui l'a condamné n'en a pas eu la moitié? Ce qui perdra Méhémet-Ali, c'est l'application qu'il veut faire de la force de nos institutions avec l'arbitraire nécessaire dans

1. En 1826, quarante-quatre jeunes Égyptiens furent envoyés à Paris par le gouvernement de leur pays pour étudier les éléments des sciences.

un pays où il n'y a pas d'intermédiaire entre l'asservissement et l'insurrection.

« Du reste, le mauvais usage qu'on peut faire de ce qui vient de chez nous ne détruit rien de la vivacité de l'attachement que les Syriens portent à la France et aux Français. Malgré toutes les armées indigènes et étrangères, que nous mettions le pied sur le sol et tout sera en révolution. L'émir Béchir, prince de la montagne, commande à plus de cent mille chrétiens, qui souffrent de la domination égyptienne. Quoiqu'il soit de l'intérêt du pacha de ménager les habitants du Liban, sans le secours desquels il n'aurait jamais pu se maintenir pendant la guerre avec les Turcs, ce souverain souffre de l'espèce de soumission dans laquelle on le tient; car il est chargé pour ainsi dire de la police armée du pays. Celui qui lui rendra sa liberté sera le bienvenu, et, plus qu'un autre, il nous désire, par la raison que la Russie, sous prétexte de soutenir la religion grecque schismatique, répand beaucoup d'argent, et obtient par ce moyen beaucoup de priviléges aux dépens des catholiques, dont l'influence diminue tous les jours. La Russie agit directement sur ses coreligionnaires, tandis que les puissances catholiques n'agissent qu'indirectement, Rome leur servant d'intermédiaire. Il en résulte que les intérêts du saint-siége n'étant aucunement en rapport avec les besoins de la politique, les couvents, qui, dans l'occasion, pourraient servir de très-belles et bonnes places d'armes et même de forteresses, tombent en ruine; ils sont envahis par les Grecs, et au lieu d'être une ressource pour la France, ils deviendront pour les Russes un moyen de s'établir solidement, et de placer en Syrie leur avant-garde, lorsqu'ils seront maîtres de Constantinople.

« Je vous embrasse tous de tout cœur. »

« Smyrne, 7 février 1840.

« Voilà donc ce fameux voyage de Syrie terminé, ce voyage si dangereux pour ceux qui le font au coin de leur feu, d'après le récit des écrivains. Ce n'est pas un voyage à Saint-Cloud, c'est vrai, mais je t'assure qu'avec les moindres précautions il est moins difficile que celui de Rome à Naples.

« En quatre-vingts heures, nous voilà à plus de cent lieues de Beyrouth. C'est ici que je commence à bien me rendre compte de tout ce que j'ai vu de curieux, de magnifique et de nouveau. C'est pour le coup que la Bible devient intéressante. Au diable le Chateaubriand, le Forbin et autres confiseurs, marchands d'esprit qui n'ont su s'exalter que sur des restes de pierres, et qui n'ont pas compris que les scènes qui se passaient à chaque minute devant leurs yeux étaient la représentation vivante de l'Ancien et du Nouveau Testament. Lorsqu'une fois la pensée est dominée par le besoin de faire des rapprochements entre l'état actuel des mœurs et des habitudes des Arabes, et la description si vraie et si simple que nous donne l'Écriture des coutumes des Hébreux, surtout lorsque cette pensée est celle d'un peintre, quelle mine à exploiter! voilà le moyen de faire du nouveau sans bizarrerie. C'est avec Delaroche que nous causerons sur ce sujet. J'ai quelques croquis qui lui feront plaisir, mais qu'est-ce qu'un croquis?

« Nos derniers jours en Syrie ont été très-amusants. Soliman-Pacha nous a comblés de présents, d'amitié, etc. Enfin, nous nous sommes quittés nous embrassant comme des pauvres. Il nous a accompagnés jusque sur le bord de la mer; car il était venu de Saïda pour ne nous quitter qu'au dernier moment. Outre un magnifique sabre et une délicieuse giberne brodée par la *pachatte*, il m'a forcé d'accepter un admirable cheval arabe, tout équipé, qu'il m'enverra à Marseille par la première occasion. Je ne te parlerai pas des pipes, des coffrets de Jérusalem, etc. Enfin, il m'a comblé! J'ai riposté par son portrait à l'huile, par quelques armes et l'assurance de lui faire jouer un grand rôle dans la bataille de Nézib, chose toute naturelle, puisque c'est évidemment lui qui l'a gagnée. Quant à sa personne et à son caractère, figure-toi le type de nos vieux soldats de la Révolution, resté hussard malgré ses deux queues, ne pensant qu'à la guerre et la faisant par instinct, comme nos républicains du commencement de la République. Il est vrai de dire aussi que, comme eux, il s'est fait une espèce d'instruction, dont il se sert avec beaucoup de bon sens. Nous avons été souvent à même de le voir la mettre en œuvre, et, comme ceux de Sancho, chacun de ses jugements frappait si juste, que quelquefois je croyais relire *Don Quichotte*.

« Adieu ; je t'aime, tu m'aimes, nous nous aimons et nous nous embrasserons bientôt.

« Ton vieillard de mari à barbe blanche. »

« Smyrne, à bord du *Santi-Petri*, 14 février.

« Tu vois que le bonheur me sert admirablement. Le *Santi-Petri* est justement le vaisseau que je dois peindre dans la prise de Lisbonne. Le capitaine Suin, qui le commande, sachant que j'étais à bord du bateau autrichien, est venu, avec son canot, nous enlever au moment où nous allions prendre pratique, et n'a pas voulu nous laisser toucher terre. Nous voilà donc dans une auberge de quatre-vingt-quatre canons, traités avec toute la cordialité imaginable, plantés au milieu d'une flotte française et anglaise, qui forme une armée de dix-neuf bâtiments de guerre, sur lesquels j'ai retrouvé bon nombre d'amis et de connaissances. Si je devais te dire comment je suis reçu partout, tu ne pourrais le croire. Tu sauras seulement qu'un roi ne serait pas l'objet d'une plus grande attention. Les visites me pleuvent. Le gros et beau Turc, gouverneur de Smyrne, s'est lui-même rendu auprès de moi, ce qui a coûté au gouvernement dix-neuf coups de canon, qu'on a tirés pour le saluer. Mais trêve de détails sur mes jouissances d'amour-propre; ce qui vaut mieux que ces fadaises, c'est que l'amiral Lalande, homme charmant par ses manières d'une part, et ravissant de l'autre par son amour pour les arts, sachant qu'on m'avait commandé un tableau de la prise de Lisbonne, m'a fait faire, à notre bord, un branle-bas de combat à feu, dans les conditions voulues pour ce que j'avais à représenter. Quand même je saurais écrire, il me serait impossible de te donner une idée de tout ce que j'ai éprouvé dans cette grande boîte à quintessence de mort, lançant de toutes parts sur l'eau ses mille langues de feu, et obscurcissant le beau ciel bleu d'Orient par des tourbillons de fumée. Dans ce moment, il n'y a pas de Jérusalem, de Bible, d'Évangile, de Jacob et d'Arabe avec ses moutons qui soient venus me trotter dans la tête. J'étais dans l'enfer, et, vois comme je suis perverti! je m'y trouvais bien. Cependant, au moment où je t'écris, malgré mon enthousiasme guerrier, j'ai le cœur gros. Figure-toi que deux canonniers ont eu les bras emportés. C'est un événement qui arrive, dit-on, à chaque manœuvre de ce genre. Je me dépêche de te parler de ce fatal accident avant que la raison me revienne et que mon admiration pour tout ce dont je viens d'être témoin ne fasse place à la triste et funeste pensée que (involontairement sans doute) je suis cause de la mutilation de ces malheureux. Tiens, chère amie, voilà tout ce que j'avais à te dire qui s'échappe ; je ne vois plus que ces pauvres diables. . Tâchons de parler d'autre chose...

« Si tu trouves l'occasion de faire dire au roi que je m'occupe de Versailles tout en courant le monde, je pense que ça ne pourra pas mal faire, d'autant que rien n'est plus vrai ; le *Santi-Petri* est là pour le dire.

« Je trouverai bientôt de vos nouvelles ; elles me feront beaucoup de plaisir ; car j'espère qu'elles seront bonnes, très-bonnes, excessivement bonnes. S'il pouvait en être autrement, je ne jouirais de rien, et je jouis de tout, comptant sur mon étoile, qui est si grande qu'elle vous protége tous, — cela parce que vous êtes nécessaires à mon bonheur, et que je lui impose de me rendre heureux. Or, donc, je vous embrasse, et je te charge de baiser notre petit-fils pour grand-père qui revient de Jérusalem avec des joujoux. »

« 19 février 1810. Constantinople.

« Nous sommes donc dans cette fameuse ville, chère amie. Je suis désappointé. Le plus beau point du monde, à ce qu'on dit, me joue le mauvais tour de me laisser froid comme glace. De la fenêtre de notre auberge, à Péra, je vois toute cette grande *villace*. J'ai beau me battre les flancs pour m'enthousiasmer, impossible ; je ne vois que des maisons de bois et des espèces de grosses tourtes entourées plus ou moins de chandelles, qu'on appelle mosquées et minarets, mais rien de ce pittoresque, rien de cette originalité de la belle Syrie, rien de cette brutalité de l'homme qui donne du charme et fait ressortir les œuvres de la civilisation. Tout est rond, tout est mou ; c'est le sérail de la pensée. Enfin, je me sens énervé, et il ne faudrait pas longtemps pour que mes idées prissent du ventre comme tous les vilains Turcs que je rencontre dans les rues. Oh! les gueusards infâmes!... Je suis indigné. Chers Arabes! votre pou, votre puce, quoique souvent incommodes, valent encore mieux que les parfums de vos indignes ennemis. Mais, assez d'injures... Adieu. »

« Constantinople, 24 février 1840.

« Il fait ici un temps affreux, chère amie. Nous devions visiter le Bosphore. Impossible de mettre le nez hors de chez soi. Je suis donc dans ma petite chambre bien chaudement, et pour mieux jouir du moment de repos auquel je suis forcé, c'est avec toi que je vais causer. Nous ne parlerons pas de ce que j'ai vu; car il m'a passé tant de choses sous les yeux, que je commence à me fatiguer; mon sac est plein : il me tarde d'arriver à Malte pour peindre, et encore plus d'arriver à Paris pour jouir du vrai bonheur, celui de satisfaire son goût dominant au milieu des gens qu'on aime.

« D'ici, j'arrange mes journées à partir du moment de mon arrivée.

« Nous serons de retour à la fin de mars ou au commencement d'avril : la belle saison commencera. Vois si notre installation à Versailles ne serait pas une bonne chose. De toute manière, il me faudra prendre ce parti tôt ou tard, les chambres m'empêchant de me mettre à l'ouvrage avec les Séchan. Je ne ferais donc pas mal d'avancer les tableaux du roi; celui-ci n'en serait pas fâché. Cette idée te sourit-elle? Quant à moi, je n'éprouve qu'un seul besoin, c'est celui de peindre. Je viens de faire une récolte telle, que, pour plus de vingt ans, je suis muni de matériaux qui suffiraient à faire la réputation d'un homme. Certes, j'aurai plus appris pendant les quinze mois qui viennent de s'écouler qu'en six ans à Rome. Qu'est-ce que de la peinture et des grands maîtres, lorsqu'on traite directement avec la nature, et une nature toute divine, toute poétique? Quel pays j'ai parcouru! Plus je reviens sur les émotions qu'il m'a fait éprouver, plus elles prennent de force, et je me sens tout jeune. »

« Malte, 15 mars 1840.

« J'ai trouvé ici un tas de lettres de vous. Te dire le plaisir que j'ai éprouvé en recevant de vos nouvelles, ce serait vous parler de ce que vous avez senti en recevant des miennes. Vos cœurs ont battu, le mien aussi ; vous avez été forcés de vous moucher, et pour cause, — moi aussi. Bref, nous sommes tous contents. Il ne nous manque plus que de nous embrasser, et ce sera bientôt, car, maintenant, nous voici dans la banlieue : 500 lieues ne sont plus qu'une plaisanterie.

« Dès en entrant dans notre prison, où nous sommes en quarantaine, j'ai pris la palette et je travaille ferme à un tableau biblique : grandes figures, costumes arabes...[1]

« Le 26, nous reprenons la mer. Elle qui nous traitait si bien, elle nous a donné une danse, première qualité! Jamais femme grosse n'a été si grosse qu'elle et n'a eu de plus mauvaises fantaisies. Heureusement, le vent par derrière et mon étoile en avant nous ont portés dans Malte en quatre jours, tandis que les misérables bateaux qui venaient en sens contraire ont été forcés de relâcher dans tous les coins de la Méditerranée. Aujourd'hui, nous n'avons plus rien à craindre; l'équinoxe est passé et les zéphyrs seuls se chargeront de te ramener le grand-père des amours, c'est-à-dire

---

1. *Juda et Thamar.*

le bon papa de Cupidon *Rabadabla*. Dis-lui que je lui rapporte un fameux sabre de la part de Soliman-Pacha. A propos de ce héros égyptien, t'ai-je dit qu'il m'avait comblé de présents? Bientôt, sans doute, Marseille recevra le bâtiment porteur de toutes ces merveilles qu'Abdallah (jusqu'à présent simple *saïs*, mais transformé pour la circonstance en ambassadeur près la cour de mon écurie) doit venir déposer à tes pieds. Abdallah est un grand ami de Brigandet. Ce dernier, au dire de mes compagnons, est la perle des domestiques. Ce qui ne te touchera pas médiocrement, c'est que le brave garçon t'arrivera toutes les parties du corps tatouées aux signes des douleurs que Notre-Seigneur a souffertes pour nous racheter de nos crimes. Il est maintenant comme certains sauvages qui se montrent à la foire pour de l'argent. J'espère cependant qu'il te montrera pour rien les parties de son individu que la pudeur lui permettra de découvrir.

« Je vous embrasse tendrement. »

« 1er avril (sans poisson).

« Dans quelques minutes, chère amie, nous touchons Civita-Vecchia et la bonne terre où bientôt nous serons tous réunis. Mon cœur fait des culbutes et bondit comme un véritable Vestris. Il est six heures du matin, et, depuis deux heures déjà, je suis sur le pont pour regarder de loin ce pays où nous avons passé de si bons instants. Ce soir nous arriverons à Rome, et le 9 avril nous nous embarquerons pour Marseille, et puis, Paris!

« Nous allons débarquer. Adieu pour aujourd'hui.

« Ton fameux époux. »

« Marseille, 13 avril 1840.

« France! France! En avant les enfants de la joie! Rablablablabadabla! Nous venons de mettre pied à terre, chère amie.

« Nous nous portons comme des charmes. Pourvu que l'impatience ne nous fasse pas maigrir! J'en serais désolé, car nous sommes très-beaux. A Rome, nous avons eu toute sorte de succès. Ingres nous a reçus admirablement, amicalement.

« Nous n'avons pas d'autre ressource que la diligence. Dieu sait comment elle marchera. Le vent ne serait qu'un cheval fourbu, s'il voulait nous enlever lui-même d'ici pour me porter près de vous, tant est grande mon impatience de vous serrer contre mon cœur. Allons, du calme, l'ami! N'allez pas, par un emportement blâmable, détruire en un instant votre réputation de vertueux voyageur.

« Adieu pour ce soir; j'écrirais bien encore, mais je vois un fameux lit, et je ne résiste pas.

« Je vous embrasse tous.

« HORACE VERNET. »

Revenu à Paris, Horace Vernet continua la série de tableaux qu'il avait commencée avant son départ. De 1840 à 1841, il exécuta successivement pour les galeries de Versailles la *Prise de Bougie*, les *Combats de l'Habrah*, *de la Sickak*, *de Somah*, l'*Attaque de la citadelle d'Anvers*, l'*Entrée de l'armée française en Belgique*, la *Prise du fort de Saint-Jean-d'Ulloa*, etc.

Il s'était engagé à terminer avant le 1er janvier 1842 les travaux que le roi l'avait chargé d'exécuter dans la Salle de Constantine. Pour les sept tableaux et les sept dessus de portes qui lui avaient été commandés, il reçut 200,000 francs.

Il eut, par lettres, à propos de ces payements, une discussion désagréable avec l'intendant général de la liste civile, M. de Montalivet.

Horace Vernet, toujours très-soucieux de sa dignité, releva vivement les phrases un peu sèches de l'administrateur, et se sentit blessé de ce qu'on marchandait ses tableaux.

« J'avoue, écrivait-il à ce propos, que cette assimilation de l'art au métier de la peinture a quelque chose de mortifiant : c'est le réduire à sa partie matérielle. Je croyais, depuis trente ans, avoir rempli une mission plus élevée et avoir mérité une autre récompense de mes nombreux et patriotiques travaux. »

Déjà, dans une précédente lettre adressée à M. de Montalivet, il lui avait fait sa profession de foi au point de vue des intérêts pécuniaires. « Pour moi, disait-il, l'argent n'est rien par lui-même, mais il devient tout lorsqu'il est le signe de l'appréciation de mon ouvrage comparé à celui d'autres artistes. » Et il ajoutait : « Ma ligne de conduite m'est tracée par la considération que je dois au nom de mon grand-père et de mon père, et par celle que je dois aussi à la réputation que trente ans de travaux assidus ont pu m'acquérir. Je veux m'éviter quelque mortification et me réserver le droit d'accepter ou de refuser le rang qu'on voudra me faire prendre. »

Ces susceptibilités, légitimes du reste de la part d'un homme aussi éminent, se renouvelèrent un grand nombre de fois dans le cours de sa carrière, et ce n'était pas seulement en ce qui le concernait. Rien de ce qui touchait à l'intérêt ou à l'honneur de l'art et des artistes ne le laissait indifférent. Il en donna la preuve dans une circonstance importante.

Le projet de loi sur la propriété littéraire et artistique

adopté par la Chambre des pairs en 1839 et présenté à la Chambre des députés en 1841 par M. Villemain, alors ministre de l'instruction publique, contenait une disposition très-préjudiciable aux artistes. Son article 13 transmettait à l'acquéreur d'une œuvre d'art le droit de la reproduire de toute façon, selon son bon plaisir.

Les peintres et les sculpteurs s'émurent de cette innovation qui portait atteinte à leurs droits. Horace Vernet, plus indigné ou plus fort que d'autres, éprouva le besoin de prendre la défense de ses confrères en même temps que la sienne propre.

Il avait à son service un esprit net, vif, incisif, — une plume, sinon très-expérimentée, du moins très-affilée et très-preste. Une seule chose l'embarrassait : il n'était pas versé dans les questions de législation. Il s'adressa à un jurisconsulte émérite, M. de Vatimesnil, qui se chargea d'élucider pour lui, le Code à la main, les points de droit en litige.

Aidé de ces précieux conseils, Vernet rédigea un travail excellent qui, après avoir été examiné à l'Institut par une commission dont le comte Siméon et M. Rossi faisaient partie, fut approuvé par l'Académie tout entière et envoyé en son nom au ministre de l'instruction publique.

L'argumentation forte et serrée d'Horace Vernet aboutissait à cette conclusion : « Le droit de gravure ne dérive
« nullement de la possession du tableau ; il est inhérent à
« la création qui procède du talent et du travail de l'au-
« teur ; il est, comme disent les jurisconsultes, incorporel ;
« il ne suit pas la chose, il reste attaché à la personne,
« parce qu'il a pour base des faits qui sont compris dans la
« personne même [1]. »

---

[1] *Du droit des peintres et des sculpteurs sur leurs ouvrages*, par Horace Vernet, brochure in-8°. Paris, Édouard Proux, 1841. (Voyez p. 9.)

La loi de 1793 avait laissé dans le vague ce point de droit; mais la jurisprudence l'avait toujours décidé, jusqu'en 1842, dans le sens équitable qu'Horace Vernet lui donnait. A cette époque, la Cour de cassation, par un arrêt célèbre qui plus d'une fois depuis a troublé la conscience des magistrats et qui fait sentir le besoin d'une prompte réforme dans le texte de la loi, a décidé que le droit de reproduction était transmis à l'acquéreur d'un objet d'art par la cession même de cet objet, à moins de réserves contraires stipulées au profit de l'artiste dans l'acte de vente.

La théorie soutenue par Horace Vernet ne triompha point à cette époque, mais elle devait reparaître un jour ou l'autre, parce qu'elle est conforme à l'équité. Aussi a-t-elle été reprise par la commission de la propriété littéraire et artistique réunie au ministère d'État en 1863. Voici ce que dit l'article 9 du projet de loi :

« Au cas de disposition, à titre gratuit ou à titre oné-
« reux, d'une statue ou d'un tableau, le droit de reproduc-
« tion est réservé à l'auteur, à moins de stipulation con-
« traire, sans que, dans aucun cas, le propriétaire de la
« statue ou du tableau puisse être troublé dans sa posses-
« sion. »

On le voit, cette décision est tout à fait conforme aux vœux exprimés dès 1841 par Horace Vernet. Il est mort trop tôt pour recueillir le fruit de ses efforts, mais les artistes lui sauront toujours gré d'avoir plaidé aussi chaleureusement leur cause et pris en main leur commune défense.

X

LA RUSSIE PEINTE PAR HORACE VERNET.

Second voyage en Russie. — Traversée. — Arrivée à Saint-Pétersbourg. — L'empereur Nicolas. — Histoire lamentable d'une princesse qui aimait trop les cornichons. — Bal à la cour. — Tsarskoë-Selo. — Grandes manœuvres. — Réflexions politiques. — La fête du czar.

En novembre 1836, Horace Vernet avait reçu d'un de ses amis de Saint-Pétersbourg une lettre dont voici le refrain : « Revenez-nous; je n'entends de toute part que cette question : Vernet revient-il ? »

Cette invitation était arrivée au moment où notre peintre se disposait à partir pour Constantine. Le voyage de Russie fut donc ajourné forcément et diverses circonstances prolongèrent encore ce retard.

Enfin Vernet se mit en route, et, le 1er juin 1842, il écrivait un mot d'adieu à sa famille, peu d'instants avant de s'embarquer au Havre.

Nous sommes trop heureux, pour le lecteur et pour nous, de lui laisser la plume jusqu'à l'époque de son retour[1].

---

1. Des extraits de cette correspondance ont paru, il y a quelques années, dans *la Presse*, nos des 8, 9, 10 et 11 avril 1856.

« Copenhague, 5 juin 1842 [1].

« Nous voilà à moitié chemin, ayant fait un bon voyage. Nous avons eu très-beau temps, mais mauvaise mer pendant quarante-huit heures, ce qui a un peu dérangé la société. Chacun vomissait à qui mieux mieux. Nous n'étions que deux sur pied.

« Quant à moi, sois sans inquiétude. Je vois que je serai bien reçu par tout ce que me disent les Russes avec lesquels je fais route.

« Aussitôt mon arrivée à Pétersbourg, je t'écrirai afin que nous sachions comment arranger notre existence jusqu'au moment où nous prendrons nos quartiers d'hiver, chacun dans une ganache, à Versailles. Je commence à sentir le besoin de rester en place près de toi, au milieu de nos enfants et de nos amis.

« Adieu, chère amie; nous allons prendre terre. Je vais courir porter cette lettre à la poste pour revenir à bord, car le beau temps engage le capitaine à repartir sur-le-champ. Je vous embrasse donc tous bien vite. »

« Saint-Pétersbourg, 11 juin 1842.

« Me voilà à Saint-Pétersbourg, — bien portant, ayant fait une bonne traversée avec de fort aimables compagnons. Nous sommes arrivés hier, et, ce matin, j'ai fait des visites importantes : à l'ambassade de France, chez le comte Beckendorf, ministre de la police, etc., etc... — Du reste, rien d'intéressant encore. L'empereur est allé au-devant du prince d'Orange; je ne le verrai que dans quel-

---

[1]. Toutes les lettres auxquelles nous ne mettons pas de suscription sont adressées à madame Horace Vernet.

ques jours. Alors seulement, je pourrai te parler de mes projets.

« Je t'écris aujourd'hui pour ne rien dire, mais pour que tu saches que je me porte bien et que le vent me pousse toujours du bon côté, car j'ai tout lieu de devoir réussir encore une fois.

« Adieu, je vous embrasse tous. Portez-vous bien, et moi aussi.

« *P. S.* — Tous les journaux d'ici me donnent une nouvelle croix de Prusse[1]. »

« Ce 12.

« Je croyais, chère amie, que ma lettre partait aujourd'hui ; ce ne sera que demain. J'ai donc le temps de t'écrire encore un mot. L'empereur est toujours en route. Depuis trois jours, je n'entends parler de rien. Je t'avoue que ça me semble extraordinaire. Tout le monde me reçoit avec la même cordialité que la première fois : c'est à qui m'invitera. Ferzen me donne jusqu'à une charmante petite maison de campagne avec cuisinier, chevaux, etc., etc., mais je ne vois rien arriver de plus haut. Je fais des conjectures. X*** a laissé ici une si singulière réputation qu'il pourrait bien se faire qu'on me mesurât à la même toise. Voilà ce qui me ferait une véritable peine et ce qui me rendra encore plus circonspect dans l'expression de mon désir de revoir l'empereur. Il n'y a que deux jours d'écoulés ; il n'y a donc pas de temps perdu ; mais, entre nous, l'état d'équilibriste dans lequel je suis placé est tout près de me vexer. D'ici à quelques jours, je saurai à quoi m'en tenir. »

---

1. La croix du Mérite, la plus flatteuse de toutes les décorations étrangères, parce qu'elle n'est accordée qu'à un très-petit nombre d'artistes.

« Ce 13.

« L'empereur vient de me faire dire que mon appartement était prêt à Péterhof, et qu'il m'attendait avec impatience. J'avais tort de m'ébouriffer de la sorte ; bien au contraire, il paraît que jamais je n'ai été plus en faveur. — En avant, les enfants de la joie ! »

« 15 juin 1842.

« Je pars demain pour aller trouver l'empereur. Ainsi, d'ici à peu de jours je pourrai savoir à quoi m'en tenir sur la tournure que doit prendre mon voyage. Si j'en juge par tout ce qu'on me témoigne d'affection, ma position vis-à-vis de la société n'a pas changé depuis ma première visite en ce pays. J'espère qu'il en sera de même auprès du soleil. Il pourrait bien se faire que je retournasse vers vous plus tôt que je ne le pensais, car je ne crois pas pouvoir entreprendre la grande tournée ; celle que je ferai, quoique plus courte, n'en sera pas moins intéressante. Comme rien n'est fait, je ne puis te rien dire. A la semaine prochaine les conclusions !

« Tu serais fièrement contente de moi, si tu voyais avec quel soin je rends les visites et comme je suis civilisé.

« Adieu pour aujourd'hui. »

« Saint-Pétersbourg, 17 juin 1842.

« J'arrive de Péterhof, chère amie. Tout s'arrange comme je le désirais, sauf la tournée du Caucase, où les choses ne sont sans doute pas bonnes à laisser voir. L'empereur m'a reçu admirablement bien. Il m'avait fait dire de me trouver hier dans un petit port, où il me prendrait, pour, de là, faire une tournée en mer et revenir au château, où mon appartement était prêt. Tu penses que je n'ai pas manqué le rendez-vous.

« L'empereur, en descendant de voiture, est venu à moi, les bras ouverts, m'a embrassé deux fois sur mes fraîches joues, puis m'a dit : « Mon cher Vernet, êtes-vous à moi? « — Je suis libre, lui ai-je répondu. — En ce cas, je vous « tiens pour longtemps. Nous causerons de cela plus tard. « Pour le moment, ne pensons qu'aux fêtes qui vont avoir « lieu. Quittez-moi le moins possible. » — Me voilà donc un fil à la patte pour quelque temps, mais j'ai mes alènes, et, les jours de repos, j'espère m'en servir utilement.

« En arrivant à Péterhof, j'ai été pris par le prince Pierre Wolkonski, qui tient les cordons de la bourse. Sa première question, après la politesse d'usage, a été de me demander si j'apportais quelque chose pour Sa Majesté. Je lui ai répondu que non, qu'il n'était pas dans mes habitudes de colporter ma marchandise, que mon voyage en Russie n'avait d'autre but que celui de témoigner à l'empereur ma reconnaissance pour toutes ses bontés en me mettant à sa disposition, que je le priais d'en donner lui-même l'assurance à Sa Majesté, dans le cas où on tenterait de lui faire croire le contraire. Me voilà donc en mesure pour détourner toute interprétation qui m'assimilerait à certains autres, dont la conduite ici a laissé de fâcheux souvenirs, etc., etc.

« Dis à Delaroche que rien n'est arrêté pour les peintures de la grande église, que ce serait un admirable travail pour lui.

« Quant à nos petits, embrasse-les bien tendrement, — mais si tendrement que Philippe lui-même, malgré sa très-grande jeunesse, en soit ému.

« Depuis que je vous ai quittés, je me compare à Brechtel ayant perdu sa jambe de bois. N'importe! le vin est tiré, il faut le boire, et tu sais que la volonté ne me manque pas.

« Adieu, chère amie.

« P. S. — Je quitte Saint-Pétersbourg aujourd'hui pour m'installer chez Ferzen. Encore adieu. Je t'aime, je vous aime, nous nous aimons. »

« Péterhof, 23 juin 1842.

« Je suis installé ici depuis six jours, parfaitement bien comme par le passé ; l'empereur bon et même affectueux ; — l'impératrice charmante d'amabilité, me reprochant de m'être fait attendre si longtemps ; — le spectacle, les dîners, les soupers, les manœuvres, — je suis de tout. Logé comme un seigneur, une voiture, des chevaux, rien ne manque. Voilà pour l'orgueil et la satisfaction personnelle ; mais encore rien de fait pour les travaux. L'empereur m'a dit seulement que nous en parlerions plus tard. Cependant il y a quinze jours que je suis arrivé, et j'avoue que je voudrais connaître à quoi je suis destiné. Il n'y a cependant pas de temps de perdu, surtout quand je pense à tous les chiens que l'empereur doit avoir à fesser. Tous les jours, de nouveaux princes arrivent ; le temps se passe en réceptions ; il est tout simple que la peinture soit un peu mise de côté ; plus tard, elle aura son tour, je n'en doute pas, et ma première lettre sera, sous ce rapport, plus significative que celle-ci. — Parlons de nous.

« Pendant mes loisirs, je me transporte à Paris, sans songer que j'en suis si loin. Je n'entends pas des voix d'enfants que je ne m'attende à voir entrer Horace avec sa lance. Ah! si je le tenais ici, s'amuserait-il!... Dis-lui que je fais une fameuse collection d'histoires. J'en ai au moins pour six mois.

« Je ne me sens pas le courage de me promener tout seul, aussi n'ai-je pas une grande démangeaison d'effectuer mes projets de tournée; il est même probable que je ne les mettrai à exécution que l'année prochaine. Peut-être que si l'empereur voyage dans l'intérieur, il ne me sera pas possible d'éviter une course; mais, de toute façon, elle ne pourra pas être assez complète pour remplir mon but, et je me trouverais de même obligé de courir le pays dans la partie la plus intéressante sous le rapport du pittoresque et des progrès de la civilisation. Je le ferais bien maintenant, mais sans échanger une pensée, car ici on ne peut tout dire qu'à un ami.

« Il faut que je te raconte l'histoire qui est arrivée, pendant notre traversée, à une pauvre princesse, née russe, mais mariée à un prince italien. Figure-toi que la malheureuse femme, après trois jours de vomissements, a voulu rassurer son cœur à force de cornichons, moyen qu'elle trouvait sans doute le meilleur, vu qu'elle est d'une rotondité effrayante, malgré ses vingt-huit ans. Les mâtins de cornichons lui ont fait un ravage tel que babord et tribord ont ouvert leur feu au beau milieu de la nuit. Au premier moment, passagers, matelots, capitaines, cuisinier, etc., etc.; tous, excepté elle, ont cru que la chaudière avait sauté. Nous courons tous vers le bruit qui était accompagné de plaintes déchirantes, et que trouvons-nous? Notre immense princesse dérobant par sa masse les éclats de l'obus de faïence qui venait d'éclater sous elle. Les canons à la Paixhans ne sont que de petites flûtes auprès du mortier monstre qui venait de ravager plus d'un arpent de chair. Le docteur Florio, que son nom, son nez et sa qualité de médecin d'armée ont investi du droit de constater le dégât, dit n'avoir jamais eu occasion de considérer un désordre semblable... Les choses pourtant ne devaient pas en rester là : aux malencontreux cornichons un verre de rhum a été substitué, puis deux, etc., etc. Alors, ce qui nous avait fait rire a disparu, car le danger a commencé. Dès en débarquant, on a porté notre princesse dans une auberge. J'ai fait demander de ses nouvelles deux jours après, elle n'allait pas mieux. Enfin j'envoie Charles, il y a quatre jours; il rentre, en me disant qu'il venait de voir la princesse sur une table et qu'on la *canalisait*. « Comment, on « la canalise? — Oui, et ce soir elle sera comme une pierre, « à ce qu'on prétend. » La malheureuse était morte, et on la *gannalisait*. La morale est qu'il ne faut pas trop manger de cornichons.

« Ce samedi.

« Le bateau est arrivé hier, chère amie. Sans doute j'aurai quelques lettres, mais ici c'est une histoire avant que la distribution en soit faite. Je ne pourrai sans doute pas, avant de terminer ceci, répondre à ce que tu me diras, devant aller moi-même à Cronstadt, afin de ne pas laisser ce que j'écris entre les mains de ceux qui ne seraient pas fâchés de savoir ce que je te dis, d'autant plus qu'il y a du nouveau. Hier, au bal, je suis resté plus de deux heures à causer avec l'empereur. Il y aurait pour moi de quoi recommencer ma vie tout entière, si je devais exécuter toutes les peintures qu'il me propose. J'en prendrai ce qui me conviendra. Le reste, je le laisserai aux autres, et, dans ma part, il y aura de quoi faire une fortune. Les sujets sont encore à discuter; j'irai avec Sa Majesté voir les places au Palais d'hiver. Là, nous conviendrons de tout; mon sort sera fixé pour quelques campagnes artistiques. Véritablement, il est impossible d'agir envers un homme avec plus de distinction, d'affection, et, je puis dire, d'amitié, qu'il ne l'a fait à mon égard pendant le bal d'hier. On célébrait le jour de naissance de la troisième grande duchesse. L'empereur ne m'a pas quitté un instant, me prenant les mains, me serrant dans ses bras; enfin, je serais son fils qu'il ne me traiterait pas autrement. Dans le courant de nos conversations, tu penses que nous avons traité bien des sujets. Jusqu'à la Bible qui a fait son effet! L'empereur ne l'a jamais lue. Je lui ai recommandé de se faire lire Habacuc, Baruch et l'Ecclésiaste.

« Demain, nous entrons en campagne pour suivre des manœuvres qui dureront quatre jours.

« L'empereur m'a beaucoup parlé de Delaroche. Il a toutes ses gravures.

« Je me porte toujours comme à l'ordinaire, c'est-à-dire scandaleusement bien. J'aurais le cœur tout à fait content, si je pouvais vous croire tout près de moi. Ce qui console d'une telle séparation, c'est le bien qui doit en résulter.

« Adieu, chère et bonne Louise. Je vous embrasse tous du meilleur de mon cœur. »

« 26 juin 1842.

« Hier, j'ai été invité à un petit souper de famille chez Sa Majesté l'Impératrice. Il n'y avait d'admis que trois personnes. Malgré la simplicité de la réception qui leur a été faite et la cordiale liberté qui régnait dans la conversation, tous ces Allemands ne peuvent digérer la barre de fer qu'ils ont avalée. Il faut avouer que les Russes ont plus d'abandon et de sociabilité que toutes ces têtes carrées. Je me suis amusé à causer avec les jeunes princesses, qui sont charmantes. La troisième a fait de grands progrès en beauté ; mais, pour moi, la grande duchesse Olga exerce toujours son influence sur mon cœur; c'est Louise, pas comme elle est, mais comme je voudrais la voir, c'est Louise avec une belle tranche de lard. Quant à la tête, il y a identité, sans complaisance de papa.

« Ma position ici est charmante. L'empereur est d'une confiance et d'un laisser aller qui me mettent à mon aise. Cependant, je me sens le besoin de peindre. Le comte Woronzof me demande le portrait de sa femme à cheval comme celui de la princesse Wickenstein. J'ai envie de le faire; ce serait 25,000 francs; le morceau en vaut la peine, d'autant plus que la femme est jolie ; nous verrons.

« Nous partons cette nuit pour de grandes manœuvres qui doivent durer trois jours. Il n'y aura donc que deux bivouacs, et la tente est là. Charles est toujours le meilleur des serviteurs. J'ai dû en prendre un second, comme drogman. »

« Ce 29. Tsarskoë-Selo.

« Nous arrivons des manœuvres, chère amie ; elles ont été superbes : soixante-dix mille hommes sous les armes, et des coups de canon comme s'il en pleuvait, et de la pluie comme si le ciel fondait! Il n'y a que des Russes pour supporter, sans grogner, de semblables plaisanteries. Les malheureux ! je n'en ai pas moins profité de leur triste sort pour mettre dans mon sac les effets les plus admirables de fumée produits par ce combat perpétuel du feu et de l'eau ; j'ai fait l'épreuve que si l'une mouillait, l'autre ne réchauffait pas, car nous avons eu un froid de tous les diables.

« Je pars d'ici pour Saint-Pétersbourg, où je passerai

quelques jours à prendre mes arrangements pour le portrait en question.

« Je renonce, pour cette année, à la grande tournée. Le moment serait peu opportun, surtout pour le Caucase.

« Les choses ne semblent pas s'y passer de façon qu'on soit enchanté de les faire connaître. La nouvelle d'une grande bataille vient d'arriver. On ne dit pas de quel côté la victoire a été remportée. On donne le nom de beaucoup d'officiers tués. Ainsi, il n'est pas difficile d'apprécier le résultat.

« Je renonce donc à mon grand voyage pour piocher. J'en sens la démangeaison ; ce sera un plaisir. En avant, la joie !

« Adieu, je vous embrasse tous du meilleur de mon cœur. Je me porte mieux que jamais. Je suis si jeune, aujourd'hui que j'ai cinquante-trois ans, que j'ai envie de demander à l'empereur d'entrer dans le corps des cadets. »

« Saint-Pétersbourg, 1er juillet.

« Voici encore une lettre que je t'adresse par Hambourg.

« Je n'ai rien de nouveau à te dire, si ce n'est qu'à chaque minute les nouvelles du Caucase se confirment. Il y a eu plus de mille hommes tués, parmi lesquels se trouvent beaucoup d'officiers. Il est donc très-probable qu'on ne me laissera pas faire un voyage qui me mettrait à même de voir la déconfiture.

« Je me borne maintenant à observer les changements qui ont eu lieu ici depuis mon premier voyage. Il y en a de singuliers, entre autres celui qui s'est opéré en faveur de notre roi dans la noblesse, ce qui explique peut-être la mauvaise humeur de l'empereur. Je ne serais pas étonné qu'il se mitonnât quelques farces *à la façon de Barbari*.

Ce pays-ci est partagé en deux, sans intermédiaire qui puisse amortir l'effet du marteau sur l'enclume. Jusqu'à présent, le marteau a été fort, mais petit à petit le manche s'use, les esclaves s'enrichissent, la noblesse abuse, et déjà bien des seigneurs n'osent plus aller dans leurs terres ; dans le fond, il n'y a pas une très-grande différence entre l'état de la Russie et celui du peuple de Méhémet-Ali. On est ici, comme en Égypte, sur une boursouflure qui, tôt ou tard, ne pourra plus soutenir la pesanteur de ses obligations. Cette formidable armée demandera un jour à combattre autre chose que des Russes ; plus elle fera de conquêtes, plus elle prendra son pays en horreur. Je viens d'assister à de grandes manœuvres ; on ne peut se faire une idée des souffrances qu'ont éprouvées les malheureux soldats. Le second jour, les bois étaient jonchés de ces pauvres misérables, couchés dans la boue sans pouvoir agir de leurs membres. Les officiers eux-mêmes, plus ou moins pris par la diarrhée, offraient le spectacle le plus triste de l'obéissance passive. Pas un murmure ; mais que ne voyait-on pas sur leurs visages ! Il faut de la gloire ou de l'argent pour que des hommes acceptent momentanément une semblable existence ; et pense-t-on qu'ils résistent longtemps au désir de reprendre leur liberté, quand ils n'ont à espérer aucune compensation aux maux dont ils sont accablés ? Pour me remettre du spectacle de toutes ces misères, j'ai voulu voir quelques-uns des établissements fondés par le gouvernement dans le but d'instruire des forestiers, des laboureurs, etc. Rien n'est plus beau que le principe ; mais là, comme en tout, il y a boursouflure, et rien dessous : des bâtiments énormes, une administration nombreuse, une discipline de fer et de bâtons, des résultats passables, mais qui ne sont d'aucune utilité pour la masse, les priviléges de la couronne anéantissant sur-le-champ le bénéfice qu'on en pourrait tirer, si la liberté d'en profiter pour son compte existait. Les besoins de l'État sont tels que du jour où la plus petite industrie ne lui rapportera rien, la culbute sera inévitable. Ce qui fait la force de la France, c'est le champ ouvert à toutes les capacités pour tirer parti d'elles-mêmes à leur profit.

« Je ne voulais écrire qu'un mot, et me voilà à ma troisième feuille. Mais que veux-tu? c'est la suite d'un long bavardage que j'ai eu ce matin avec Ferzen. Nous ne sommes pas entièrement du même avis. Comme tous les Russes, il croit que tous les hommes ne se ressemblent pas et que la terre est faite pour être balayée par les uns, afin que les autres s'y promènent. Un jour viendra où ils seront détrompés.

« Demain, je retourne à Péterhof me relancer dans le tourbillon. J'y trouverai sans doute le roi de Prusse. J'irai le remercier de sa fameuse croix, car le prince Guillaume m'a confirmé ma nomination. C'est une distinction fort honorable, si j'en juge par l'effet qu'elle produit dans le monde, surtout ici, car je suis accablé de félicitations.

« Adieu, chère Louise. Je t'embrasse. »

« *P. S.* — J'ai eu cinquante-trois ans hier! »

« Péterhof, 6 juillet 1842.

« Je commence à t'écrire aujourd'hui, afin de t'avoir écrit une longue lettre par le bateau prochain, ou peut-être avant par l'ambassade. La vie qu'on mène ici est tellement hachée, qu'on ne sait jamais si on aura quelques minutes à soi, et j'ai bien des choses à te dire sur mes projets et sur mon retour, qui sera sans doute plus prompt que nous ne le pensions. Décidément, je ne fais pas le grand voyage cette année; je prends le prétexte que la saison est trop avancée, et que, d'ailleurs, ne pouvant visiter le Caucase, il serait inutile de n'en faire que la moitié. L'empereur me demande seulement, pour cette année, un portrait en pied et à cheval de l'impératrice. Avec celui dont je t'ai parlé, en voilà au moins pour 50,000 francs. Trois mois suffiront pour leur exécution. L'affaire est donc bonne; le tout est de savoir si je les terminerai tous deux ici, ou bien si je n'en ferai qu'un. Tu peux décider là-dessus, car mon retour dépendra de la promptitude avec laquelle la maison de Delaroche sera mise en état d'être habitée. Consultez-vous à ce sujet. Pendant le temps qui s'écoulera jusqu'à ce que je reçoive une réponse, j'avancerai les choses de manière à pouvoir prendre tel parti que vous aurez jugé convenable, sans que nos intérêts en souffrent. Ma position ici est telle, que je puis avoir une volonté. L'empereur est si bon pour moi, qu'il sera le premier à me laisser faire tout ce qui me conviendra. Pendant huit jours que les fêtes vont durer, il n'y aura pas moyen de me mettre au travail; mais après, je retourne à Saint-Pétersbourg, tout en conservant mon appartement ici. Ladurner[1] me donne un coin de son atelier, et je logerai chez Ferzen, ce qui sera une grande économie et une façon de conserver mes relations avec la société dans laquelle je suis aussi haut placé qu'il est possible de l'être. Le frère de la princesse Wickenstein, dont j'ai fait autrefois un bout de portrait, m'a donné un des plus beaux trotteurs de toute la Russie, avec un petit droschki. Voilà pour le matériel. Pour la gloriole, tout va croissant. Les princes,

---

1. Élève d'Horace Vernet, mort en 1856 à Saint-Pétersbourg, qu'il habitait depuis 1829. Ladurner a beaucoup travaillé pour l'empereur Nicolas, dont il était le peintre en titre.

les rois, etc., me traitent avec distinction. La première parole du roi de Prusse a été pour me confirmer ma nomination de commandeur du nouvel ordre qu'il vient de fonder.

La fête de l'empereur a lieu demain. Tout est encombré. Les cours mêmes du palais sont transformées en bivouacs. J'ai dans ma propre chambre un aide de camp de Sa Majesté auquel je n'ai pu refuser l'hospitalité.

« Tu ne peux te faire une idée du plaisir que j'éprouve en te donnant la nouvelle que je ne ferai pas mon grand voyage. Je vois sans regrets ce projet s'évanouir pour le moment, par la pensée que tu seras moins inquiète, et que je vous rejoindrai, sinon plus tôt, du moins ayant réparé la chute de notre petite maison. Ce malheur me fait rire d'aussi bon cœur que si j'étais un de nos ouvriers. L'agrandissement de l'appartement de Louise fait disparaître de mon âme un diable de nuage qui obscurcissait de temps en temps l'espoir d'un avenir semblable aux belles années que nous avons passées. Nous verrons donc grandir nos bons petits-enfants, et, à chaque instant, nous pourrons jouir de leurs progrès. Cette délicieuse distraction nous rendra la pente qui nous entraîne moins sensible. En les voyant monter, nous oublierons que nous descendons. Les quelques coups de brosse que je devrai donner pour réparer le dommage ne me coûteront pas, tu en es aussi certaine que moi.

« Je te quitte pour aujourd'hui. Il faut me pomponner pour aller dîner au palais. Adieu, ma pauvre vieille. Ton vieux t'embrasse bien tendrement. »

« Ce 13 juillet.

« C'est aujourd'hui la fameuse fête de Péterhof, et la pluie tombe affreusement. Il y a eu messe, baise-main, etc. »

Ce 13, au soir.

« La fête est terminée.

« Véritablement, rien n'est aussi singulier que ce mélange de peuple et de grands seigneurs, d'esclaves et de rois, tout cela tourbillonnant dans toutes les salles du palais. Le Russe est naturellement puant, et, avec la chaleur, tu juges de ce que ça peut-être. Ah! si ton pauvre nez s'était trouvé là!

« Adieu, chère amie. Je te dis mille tendresses pour toi, nos enfants, etc...

« Je compte commencer à peindre à la fin de cette semaine. »

« Saint-Pétersbourg, aux Isles, 10 juillet 1842.

« Je reçois à l'instant cinq lettres de Paris qui me coûtent vingt-cinq roubles, c'est-à-dire près de trente francs. Ce ne serait rien, si toutes étaient de toi, de Montfort ou d'Eugène Lami; mais des mâtins qui m'écrivent pour me charger de prier l'empereur d'acheter leur brochure *Sur la Propagation de l'espèce chevaline*, c'est trop fort; aussi je vais répondre à chacun de ces messieurs sur gros papier, etc., etc. — Parlons de choses plus intéressantes : ne pense que médiocrement à notre maison : ce n'est que de l'argent qu'il faut échanger contre de véritables jouissances de cœur; mon bras n'est pas encore trop affaibli et mon courage est le même. Je prendrai quelques mois sur le temps que je m'étais donné pour me reposer, et le trou sera bouché. Ainsi, ne te mets en peine de rien de ce qui est matériel; songe que nos petits-enfants seront plus à l'aise et que nous les verrons encore longtemps près de nous; quel bonheur! M. Perrier, qui est rappelé en France, se chargera de porter plusieurs petites choses pour Horace, des armes et des costumes. Je ne suis pas fâché du départ de notre représentant : ma position sera moins difficile. Tu penses qu'étant traité tout autrement que lui, je devais être souvent embarrassé. Je n'ai cependant pas balancé, et mes rapports ont été avec l'ambassade plus recherchés de politesse que si elle avait été en meilleure condition. J'espère que l'arrivée d'un autre chargé d'affaires simplifiera ma position; du reste, je puis te dire qu'elle n'en est pas moins bonne. Le comte de Woyna, ambassadeur d'Autriche, m'a rapporté une longue conversation que l'empereur avait eue sur mon compte avec le roi de Prusse, dans laquelle il avait fait l'éloge le plus flatteur de mon caractère et de la fermeté de mes opinions : « Nous ne sommes « pas toujours du même avis, c'est pourquoi je l'estime; les « hommes francs sont rares. » Cette conversation m'est revenue depuis par plusieurs personnes.

« Nous venons de faire encore trois jours de campagne; mais, cette fois, le temps était admirable. A la fin de la première journée, il y a eu ce qu'on appelle un thé militaire, c'est-à-dire la réunion de tous les officiers supérieurs dans un jardin rustique, où l'impératrice les régale. Ici encore, j'ai été l'objet de l'attention générale. L'empereur, après m'avoir tenu la main pendant longtemps en me parlant de tout ce qui s'était passé pendant les manœuvres, s'est retourné, et a dit : « Messieurs, Vernet fait partie de « mon état-major, et je mets à l'ordre qu'il sera libre de « faire tout ce que bon lui semblera dans le camp. » Aussi irai-je y passer huit jours, ce qui ne sera pas du temps perdu. Avant, nous aurons la fête de Péterhof, et les grandes réjouissances s'arrêteront là pour quelque temps. Je profiterai de ce repos pour commencer les portraits dont je t'ai déjà parlé. Je te le répète, je puis les faire ici ou à

Paris, comme ça l'arrangera le mieux pour tes combinaisons. — Réponds-moi franchement à cet égard. De mon côté, j'élude autant que possible de prendre des engagements définitifs pour de grands travaux ici. Je laisse filer la belle saison, afin d'être dans l'impossibilité de rien commencer cette année, d'avoir mon hiver libre pour terminer la Chambre des députés, et de discuter en famille ce qui sera le plus avantageux pour notre avenir. Et moi aussi, je voudrais bien que Delaroche trouvât ici une compensation aux dégoûts dont on l'abreuve en France ; pour cela, il faudrait être sur les lieux. L'église d'Isaac est entièrement à peindre, mais comment savoir si les conditions de forme, de lumière, de sujet s'arrangeront avec les idées de Delaroche ? Le faire venir exprès serait déjà une espèce d'engagement, et un refus de sa part une humiliation pour un monument auquel l'empereur attache son amour-propre. Un voyage de curiosité serait le meilleur prétexte. Cependant, si l'occasion se présentait d'arranger tout sans cela, tu penses que je ne la laisserais pas échapper.

« Remercie Nepveu de la complaisance qu'il met à prendre mes intérêts : je n'attendais pas moins de sa franche amitié. Dans le cas où le roi lui parlerait de moi, il peut lui dire que si j'ai cru de mon devoir d'homme d'honneur de tenir ma parole, l'homme de cœur n'oubliera jamais ses obligations, et qu'à mon âge il n'est plus permis de démentir sa conduite de toute la vie.

« Adieu, je t'embrasse ainsi que nos enfants.

« Horace Vernet. »

XI

LA RUSSIE PEINTE PAR HORACE VERNET (suite).

Mort du duc d'Orléans. — Horace Vernet, ambassadeur. — Voyage avec le czar. — Moscou. — Toula. - Poltava et Waterloo. — Le métier d'hirondelle. — Varsovie. — Installation à Pétersbourg. — M. Ingres. — Coup d'œil sur l'état de la Russie en 1842. — Les Juifs. — Enfantillages et tendresses.

Quelques jours après l'envoi de cette dernière lettre, la nouvelle de la mort du duc d'Orléans arrivait à Pétersbourg. Ce triste événement avait eu lieu, comme chacun sait, le 13 juillet 1842.

Horace Vernet résolut aussitôt de se rendre en France. Il a raconté lui-même tous les détails de la soirée qu'il passa au grand palais, la veille de son départ[1].

« L'empereur, traversant la foule, est venu me prendre par la main : il m'a emmené dans une embrasure de fenêtre, et il m'a dit : « Voilà encore votre malheureux roi « éprouvé par un coup plus terrible que tous ceux qu'on a « tirés sur lui. La mort du duc d'Orléans est une perte « énorme, non-seulement pour son père et pour la France, « mais encore pour nous tous. Est-il possible de compter sur « une régence qui peut s'établir au moment où rien ne sera

---

1. Les renseignements qui suivent sont extraits d'un registre sur lequel Horace Vernet a noté quelques-uns de ses souvenirs.

« encore préparé ? Car, comment préparer une chose qui
« dépendra des circonstances dans lesquelles elle se pré-
« sentera ? » Je lui ai répondu que je m'entendais fort peu
en politique, mais qu'il était de ces choses qui mettaient
les souverains et les sujets sur le même terrain; que les
pères avaient tous le même cœur et que celui qui était
épargné devait secours à celui que le sort déchirait; que
nul ne pouvait savoir si le lendemain le consolateur n'aurait pas besoin de consolation; que je demandais donc à
Sa Majesté de remettre à un mois de me donner une séance
pour son portrait; que mon devoir d'homme me rappelait
à Paris pour que du moins, si je ne pouvais approcher du
roi, il me vît de loin découvrir ma tête devant son infor-
tune. L'empereur m'a dit alors avec tous les signes extérieurs d'une vive émotion : « Allez, vous ferez ce qu'un
« galant homme doit faire. Si vous voyez le roi des Français,
« assurez-le que je partage tout son malheur; dites-lui tout
« ce qui pourra lui faire comprendre l'estime que j'ai pour
« ses grandes vertus et pour la fermeté de son caractère. »
L'empereur me tenait la main; nous avions les larmes aux
yeux; nous sommes restés quelques minutes sans prononcer une parole. Lorsque j'ai pu parler, je lui ai demandé
s'il m'autorisait à répéter entièrement cette conversation,
et, sans hésiter, il me répondit : « Non-seulement je vous
« y autorise, mais je vous en charge; si d'autres choses... »
il n'a pas achevé. Tout le monde était témoin de cette scène
qui a duré plus de vingt minutes. Enfin l'impératrice,
voyant l'empereur s'essuyer les yeux, s'est avancée en me
disant : « Et moi aussi, je prends bien part au malheur
« que la France déplore. »

« Comme je lui parlais de la douleur d'une mère qu'elle
devait si bien comprendre, elle me répondit : « Mais vous

« ne parlez pas de celle d'une femme; » et, là-dessus, elle a regardé son mari avec une expression si tendre, que je me suis reproché de n'avoir pas deviné plus tôt que l'empereur allait voyager. »

Quelques jours après, Horace Vernet se mettait en route, et, à peine arrivé à Paris, il avait avec Louis-Philippe une longue entrevue à laquelle nous pouvons également assister, grâce aux notes qu'il écrivit dès qu'il fut rentré chez lui.

« Paris, 9 août 1842.

« Je suis allé chez le roi, qui m'a reçu. En entrant dans son cabinet, les larmes nous ont suffoqués pendant plusieurs minutes. Les miennes s'étaient amassées depuis huit cents lieues, il fallait bien qu'elles sortissent; mais celles du roi!... Je regrettais de les avoir provoquées après toutes celles qu'il avait dû répandre. Il m'a semblé brisé sous le poids de la douleur. Après un quart d'heure de récriminations sur le fatal événement, de regrets exprimés avec la plus touchante éloquence, la question politique est arrivée; l'espoir d'un règne glorieux évanoui, toutes les prévisions d'avenir brisées ont été le sujet d'une longue lamentation; alors j'ai pu parler de la commission dont l'empereur m'avait chargé. Sur ce point, le roi est entré dans des considérations diplomatiques en dehors du rôle qu'il m'est permis de jouer dans la circonstance présente. J'ai dit au roi que je ne voulais me charger que d'une réponse conforme aux paroles dont j'étais porteur. Après m'avoir approuvé, le roi m'a répondu : « Dites à l'empereur que les « vicissitudes qui ont accompagné ma vie, comme homme et « comme prince, ont mis mon caractère à l'abri d'éprouver « la moindre rancune contre ceux qui ont pu méconnaître « mes intentions. Si les siennes changent à mon égard, dites-

« lui que je suis prêt à lui rendre affection pour affection.
« Il est absurde de croire que la force de caractère consiste
« à ne pas revenir sur des opinions émises à une époque,
« quand le cœur a la conviction que ces opinions ont dû être
« modifiées par les circonstances. S'il en était ainsi, à quoi
« bon la discussion et la lumière qui en jaillit? Un autocrate
« peut faire dire ce qu'il veut à ses ministres, un roi con-
« stitutionnel ne le peut pas. Qu'il consente donc à m'écrire ;
« pour être roi constitutionnel, je ne suis pas condamné au
« mutisme et je lui répondrai. S'il aime mieux me parler,
« dites-lui que je suis prêt à me rendre où bon lui semblera
« et à faire tout ce qui pourra réunir deux peuples dont
« l'alliance est inévitable par la suite, et qui, si elle existait
« depuis longtemps, aurait rendu la politique plus simple et
« prévenu tout le mal que la mésintelligence qui semble ré-
« gner entre nous a fait à l'ordre social ; car, mon cher Ho-
« race, l'empereur m'a fait bien du mal et mon malheureux
« enfant est mort persuadé qu'il en était exécré ; il fallait
« que la preuve du contraire arrivât, lorsqu'il n'était plus
« temps pour lui de l'entendre... »

Vernet devait donc jouer le rôle d'ambassadeur officieux à côté de notre ambassadeur officiel et tâcher d'obtenir pour la France, de la part de la Russie, des égards auxquels, depuis trop longtemps déjà, on ne s'astreignait plus à Saint-Pétersbourg.

Il quitta bientôt Paris. La suite de ses lettres montrera comment ses négociations avortèrent par la force des circonstances.

« Copenhague, 20 août 1842.

« Voici encore une traversée scandaleuse de bonheur. Tu ne te fais pas idée, chère amie, d'un temps semblable :

pas plus de mouvement que dans la rue de Richelieu, un soleil brillant et un bon zéphyr pour diminuer la chaleur. A bord, nous ne sommes que six voyageurs, dont trois femmes fort gracieuses, faisant de la musique du matin au soir, de vraies lionnes, fumant, riant, ne refusant pas un verre de vin, enfin tout ce qui peut égayer un voyage tout en conservant ce qu'il faut pour constituer une société aimable et décente, mais bien juste pour l'éducation d'une jeune princesse russe qui voyage avec son père. Le temps semble vouloir nous conduire jusqu'à Saint-Pétersbourg sans changer. S'il en est ainsi, mardi prochain, de grand matin, nous serons rendus à notre destination. Malgré toutes ces chances heureuses, j'ai toujours le cœur un petit peu gros de vous avoir quittés. Il faut du courage. Allons, tenons ferme! D'après la lettre que j'ai reçue de Louise au Havre, je pense que bientôt vous serez tous réunis. Alors, vous serez heureux. Il n'y aura que moi qui piocherai tout seul, bien loin, bien loin! Ouf! encore une fois, allons! une bonne pensée me soutiendra : celle d'avoir fait tout au monde pour arranger une bonne fin.

« Adieu, chère amie. »

« Me voici encore une fois réinstallé dans la grande *villace*. J'ai vu l'empereur, qui m'a reçu avec la même cordialité. La conversation a été courte. Il m'a demandé comment j'avais laissé la famille royale. Son intérêt pour elle ne s'est pas refroidi; néanmoins, je n'ai pas cru convenable d'attaquer la grande explication tout de suite, le prince Pierre Wolkonski étant là ; mais, ces jours-ci, elle aura lieu. Malheureusement, je n'aurai peut-être pas l'occasion aussi belle qu'aujourd'hui. Qu'y faire?

« Je pars avec l'empereur dans les premiers jours de septembre pour parcourir 4,500 lieues de pays en sept semaines. Nos plus longues courses sans arrêter seront de quarante-huit heures. Nous avons douze séjours. Ainsi, tu vois qu'il n'y aura pas de grandes fatigues. J'ai pour moi seul une bonne calèche. Voici les voyageurs : le maître, le général Orlof, le général d'Adlerberg, le général Rhook et moi. La société est choisie. Ce que nous aurons à voir, je ne te le dirai pas; c'est encore un mystère. Si on en juge par la quantité d'aides qui partent d'avance dans toutes les directions, il se passera bien des choses. Je n'aurai pas la satisfaction de t'en rendre compte à mesure, car... N'importe! tu auras toujours des nouvelles de ma santé.

« Mon retour si prompt a étonné ici. Ce que la société me fait de questions annonce bien l'inquiétude où elle est sur l'avenir de ce pays. Depuis quelque temps, dans l'armée comme dans l'administration, il se commet des assassinats affreux. Il y a quelques jours, le frère du prince Gagarin, sous-ministre des finances, a eu la cervelle brûlée par un employé. Le criminel a été condamné à 6,000 coups de baguette; il n'en a reçu que 4,200, puis il est mort. Maintenant, on a découvert que cette victime avait été portée à commettre ce crime par le désespoir d'avoir été chassée en raison de la déclaration qu'elle avait dû faire des vols commis par de grands personnages. La vérité est arrivée trop tard. Il en résulte une grande fermentation dans la classe moyenne qui ne trouve aucune protection contre les seigneurs.

« En arrivant ici, j'ai trouvé toutes vos lettres. Quoique je n'eusse rien de nouveau à y apprendre, je les ai lues avec bien du plaisir : elles ont continué nos conversations de Paris. Mon voyage commence par un sacrifice énorme, celui de me tenir éloigné de tout ce que j'aime au monde.

A peine ai-je rempli des obligations (la satisfaction que j'en ai retirée avait été achetée par un éloignement de trois années), j'en contracte une nouvelle dont les conditions sont dures pour le présent, mais que j'accepte avec courage, le résultat devant être bon pour tous. J'arriverai au bout, parce que je le veux. Ma récompense sera d'autant plus douce, que personne n'aura eu autant à en souffrir que moi. Quant à toi, ma bonne Louise, je sais tout ce que ton cœur ressentira de tiraillements; je sais comment tu m'aimes, comment tu aimes tous les tiens et les nôtres. Tu sais aussi comment nous t'aimons. Tu es la moitié de moi-même que je laisse auprès de nos enfants, comme l'âme reste dans le corps lorsque la pensée est bien loin. Songe que je te confie le lien qui a fait de nous, depuis le mariage de Louise, un tout qu'il importe pour nos vieux jours de conserver compacte. Pendant les six mois qui vont s'écouler, nos petits-enfants te feront passer de bons instants. Quand tu seras triste, cours vite les baiser de ma part. Je te donne carte blanche pour la dépense que tu feras en mon nom. A mon retour, j'aurai encore bien des fonds de ce genre dans ma bourse.

« Le voyage que je vais entreprendre est d'un grand intérêt. Pendant six semaines, je ne quitterai pas l'*Homme* [1]; je le verrai à toutes les minutes. Nous aurons sans doute de longues et fréquentes conversations dans lesquelles j'entamerai le rapprochement que nous désirons tous. J'ai bon espoir, car l'opinion générale est toute préparée et chacun désire voir la France liée avec ce pays. Il n'y a que l'empereur à vaincre, c'est-à-dire il n'y a qu'à lui faire comprendre qu'une plus longue résistance passerait vis-à-vis

---

1. L'empereur Nicolas.

du monde entier pour de l'entêtement. Avec les paroles du roi, que je me garderai bien de donner toutes à la fois, j'ai l'espoir de mener la chose à bonne fin.

« La famille impériale a quitté Péterhof pour se rendre à Tsarskoë-Selo. J'ai profité de la circonstance pour venir passer trois jours en ville, afin d'acheter quelques petites choses dont j'ai besoin pour mon voyage, telles que coussin en cuir, sac pour mes livres de croquis, etc., etc. Déjà, l'empereur a fait demander si je suis malade et si je reviendrai demain. Je ne suis pas fâché de la circonstance qui me prouve qu'il a besoin de moi.

« Voici une longue lettre, et je ne t'ai pas dit la moitié de ce que je voulais te dire; mais adieu. »

« Saint-Pétersbourg, 10 septembre 1842.

« Ma chère amie, — j'ai fait mes arrangements pour le temps que je dois passer ici. Tu m'approuveras, j'en suis certain. Lemaire [1] part; je prends son établissement pour 100 roubles par mois; l'appartement est très-simple, mais parfaitement commode : j'ai cuisine, écurie, etc., dans un beau quartier, tout près de l'*Ermitage*, où j'ai un atelier mirobolant. Voici au juste le compte de mes dépenses : 45 roubles pour ma cuisinière, 45 pour mon cocher, 100 pour mon domestique russe, 35 pour la nourriture du cheval; total, 225 roubles par mois. Je n'aurai d'autre dépense, en outre, que ma nourriture, celle de Charles et le marchand

---

1. M. Lemaire, membre de l'Institut, avait été appelé à Saint-Pétersbourg par l'empereur Nicolas pour décorer de sculptures la grande église d'Isaac. C'est le succès obtenu en France par le fronton de la Madeleine qui avait désigné notre compatriote à l'attention du czar. (Dussieux, *Les artistes français à l'étranger*.)

de couleurs. Avec mille francs par mois, j'aurai plus qu'il ne me faudra, argent de poche compris.

« Nous partons demain. On vient de m'envoyer une sacoche d'argent pour les *pourboires* que j'aurai à donner. Tu vois comment l'empereur s'y prend pour mettre les gens à l'aise. Cette sacoche, dont on n'a pas laissé la clef, — moi n'étant pas à la maison lorsqu'elle est arrivée, — doit contenir une fameuse somme. »

« 11 septembre.

« Le bateau arrive, et pas de lettre pour moi ! Je pars ce soir, et me voilà deux mois sans nouvelles, juge si le temps me paraîtra long. J'ai envie de te gronder de me laisser ainsi le bec dans l'eau. Tu auras sans doute fait quelque combinaison ; dans ce cas, elle n'est pas heureuse, mais je me pendrais que je n'en resterais pas moins sans nouvelles et je n'aurais plus l'espoir d'en recevoir plus tard. Ainsi, je me décide à vivre.

« Je n'ai rien à te dire, si ce n'est que demain j'entame le grand voyage.

« Embrasse tous nos chers enfants. Je devrais bien n'en pas faire autant pour toi, mais n'importe ! je t'embrasse aussi. »

« Moscou, 15 septembre 1842.

« Me voilà donc encore une fois en route. Les mêmes chances de bonheur me suivent. Le temps est superbe. Quant aux commodités de voyage, je ne t'en parle pas. Je serais prince du sang que je ne serais pas mieux installé.

« Je suis monté en voiture six heures avant l'empereur afin de pouvoir m'arrêter à Novgorod, où je voulais voir une église pittoresque qui date de 900. Les portes sont en bronze sculpté venant de Constantinople. Cette antiquité est curieuse par le mélange de sacré et de profane. Du reste, elle n'a rien de remarquable. Les peintures grecques de l'intérieur sont très-bien conservées ; mais, ce qui distingue l'église, c'est son aspect bizarre : elle semble être construite de tubes, les uns creux, les autres pleins, superposés de manière que les vides s'appuient sur les solides. Là, l'empereur m'a rejoint. Nous nous sommes arrêtés au delà de Toula, pour voir manœuvrer quatre régiments de cavalerie, et le soir nous étions à Moscou.

« Jusqu'ici, il n'y a rien de très-piquant. Cependant, nous avons eu un épisode dans une auberge. Nous courions comme le vent. Tout à coup l'empereur s'arrête, entre dans un bouchon, et, au bout de cinq minutes, nous fait dire de venir dîner. Figure-toi une petite chambre de bois, une table, quatre chaises, deux chandelles, un autocrate, deux généraux et un peintre mangeant la soupe aux choux, tout en causant familièrement. Constantinople, la Syrie, l'entrée des Français à Moscou, dont c'était le trentième anniversaire, et bien d'autres choses ont fait le fond de la conversation. Je t'assure que c'était d'un très-grand intérêt. Si je n'avais pas été acteur, je me serais cru au spectacle. Aujourd'hui, après l'adoration des images, l'empereur a visité un palais qu'il fait construire au milieu du Kremlin. C'est un monument gigantesque de style byzantin, parfaitement bien compris et en rapport avec le reste des constructions qui l'entourent. Du moins, ici, voilà de l'architecture nationale, car il y a aussi un peu de tartare dans les détails ; ça n'en fait que mieux, par la raison que l'exécution barbare a disparu et a fait place à tout ce que les progrès de la civilisation ont apporté d'améliorations dans les arts. Enfin, selon moi, c'est un pas fait vers le but que tout artiste devrait s'efforcer d'atteindre, qui consiste à joindre le passé à l'avenir par le mieux.

« Après cette promenade, il y a eu une revue, puis un grand dîner. L'empereur s'est retiré. Chacun a repris sa liberté, et je suis à t'écrire, plaisir auquel je ne me livrerai pas longtemps, car je vais me coucher. Bonsoir. »

« Koursk, septembre 1842.

« Depuis Moscou, chère Louise, je passe d'admiration en admiration. Ici, ce n'est pas sous le rapport du pittoresque, car la terre n'est qu'ondulée et dépouillée d'arbres ; mais le sol est si bon que les récoltes sont fabuleuses de richesse ; c'est comme dans nos plus belles provinces de France quand la population est assez considérable pour cultiver avec plus de soin. Je ne sais si dans le monde on pourrait trouver une contrée semblable. Pour m'avoir frappé, il faut que ce soit fort remarquable, car tu sais que je suis peu sensible à ce genre de beauté. Il y en a d'autres qui me touchent bien autrement, et j'ai l'occasion de satisfaire mon goût pour les soldats. Figure-toi que je suis au beau milieu d'une colonie militaire : quatre-vingt deux escadrons de dragons ont défilé ce matin ! Malgré mon peu de penchant pour l'arme, je me vois forcé de lui rendre justice. Il faut dire aussi que c'est une nouvelle organisation qu'on doit au génie de l'empereur ; mais il n'y a qu'en Russie qu'on puisse trouver le moyen de monter une telle cavalerie. J'ai vu plus de dix mille chevaux ce matin. Il n'y en a pas un qui ne passerait chez nous pour un très-beau cheval d'officier. Je brise sur les éloges, car, si je voulais tout dire, je n'en finirais pas, et je te connais assez pour savoir que tu trouves plus à ton gré que je te parle de moi. Eh bien, je me porte à ravir. Nous avons un temps du mois d'août. Lorsque nous ne courons pas comme le vent, nous stationnons dans de très-jolies villes, toujours presque neuves, car les incendies ne leur laissent guère le temps de vieillir; c'est une calamité, mais comme tout est en bois et qu'il faut faire du feu, il est tout simple que les sinistres se multiplient. Cependant, à Toula, l'empereur a visité d'admirables constructions en brique et fer, destinées à la fameuse manufacture d'armes qui avait été détruite il y a plusieurs années. Je ne connais pas, même en Angleterre, d'établissement aussi considérable et surtout aussi beau. Les ingénieurs sont des gens de mérite incontestablement; mais aussi quelles ressources l'empereur met à leur disposition!

« L'empereur est pour moi ce qu'il a toujours été, d'une bonté parfaite. Qu'ai-je fait pour lui? — Rien encore, et il me traite comme s'il me devait de la reconnaissance et à l'égal de toutes les personnes qui l'entourent. Je ne me laisse pas aveugler; tu me connais assez pour savoir que j'y vois assez juste; tu peux donc m'en croire. Je te répète aujourd'hui ce que je soutiens depuis longtemps : c'est qu'en Europe on a l'idée la plus injuste du caractère de Sa Majesté. Quant à moi, je lui voue une respectueuse admiration.

« Nous passons trois jours ici; après quoi, nous nous remettons en route. Il me tarde bien d'arriver à Varsovie, car je suis et serai sans nouvelles jusque-là.

« Un courrier part d'ici cette nuit. Le général d'Adlerberg, qui est mille fois bon pour moi, se charge de mettre cette lettre dans le paquet [1].

« Adieu, chère amie, je vous embrasse tous du meilleur de mon cœur. »

---

1. Il est en effet facile de voir, au ton de cette lettre, qu'Horace Vernet ne se sert pas d'une voie dont il soit absolument sûr. La note d'enthousiasme est certainement un peu forcée.

« Élizavetgrad, 30 septembre 1842.

« Je passe, chère amie, de surprise en surprise. Véritablement, on n'a aucune idée en France de la partie de la Russie que je traverse maintenant. Je fais la part de la dorure, qui, en raison de la présence de l'empereur, recouvre bien des misères; mais il n'en résulte pas moins pour moi la conviction que toutes les institutions du gouvernement tendent aux progrès civilisateurs dans un ordre qui, sans rien détruire de l'obéissance dont un pays nouveau a besoin, doit développer l'intelligence de ceux qui jusqu'à présent étaient restés dans l'esclavage. C'est par l'armée que la liberté est introduite. Tout soldat est libre, et ses enfants reçoivent une éducation qui les place de droit au rang de sous-officiers. Plus de six mille sortent par année des colonies militaires, sans compter les écoles des cadets qui fournissent le même nombre d'officiers. Les établissements destinés à ceux-ci sont admirables, non-seulement par la force des études qu'ils doivent faire, mais aussi par le comfortable et les soins dont chaque individu est l'objet. C'est-à-dire que je n'hésiterais pas une minute à confier le sort de nos chers petits-enfants au système d'éducation en usage, si l'abnégation entière de toute volonté individuelle n'en était le principe. Pour nous, c'est la réunion de toutes les volontés qui accomplit les faits; ici, tout doit concourir à exécuter ce que veut une seule volonté. Il est impossible qu'il en soit autrement. La Russie est pour ainsi dire au moment où le chaos se débrouille; chaque élément a sa place, mais l'affinité qui doit les rendre tributaires les uns des autres n'existe pas encore Une volonté supérieure peut seule avancer ce moment, et je suis persuadé que c'est à ce grand œuvre que l'empereur travaille. Ce que je vois tous les jours m'en donne l'assurance. Malgré ma réputation d'homme léger, j'ai vu tant de choses que mon coup d'œil me trompe rarement. Tu diras que c'est de l'orgueil; n'importe! c'est l'opinion d'un peintre, qui ne parle pas, comme Fénelon et Bossuet, à la multitude. Si je me trompe, nous en serons quittes pour en rire plus tard, lorsque nous cracherons sur nos tisons.

« Il faut que je te parle aussi du pays que je parcours. Depuis Moscou jusqu'ici, je n'ai vu que de grandes plaines toutes plates et coupées de distance en distance par de profonds ravins, où coulent des ruisseaux, des rivières et des fleuves, comme le Volga, le Dnieper, etc., etc. Il n'y a d'exubérant sur la surface de la terre qu'une multitude de *tumulus*, qui se chargent de dire aux passants : « Là, on « s'est battu. » Vainqueurs et vaincus, tous sont dans le même trou. La même herbe croît sur le corps d'un Tatar, d'un Polonais, d'un Suédois ou d'un Cosaque. Il y a cependant une de ces buttes qui m'a fait bondir le cœur; celle-là est surmontée d'une grande croix sur laquelle on voit écrit : « Quant « à Pierre, sachez qu'il ne tient pas à la vie, pourvu que la « Russie vive, ainsi que la pureté de votre foi, votre gloire « et votre prospérité. » En lisant ces mots, deux grandes ombres sont venues se présenter à moi : Charles XII et Napoléon, Poltava et Waterloo!... Chère amie, mon pauvre cœur a éprouvé une douloureuse sensation en rapprochant ces deux champs de bataille, où deux grandes gloires ont été brisées. Ici, du moins, la mort a réuni les ennemis sous une même couche de terre comme voulant dire : « Après nous, « la paix! » mais le champ de Waterloo couvert de monuments qui revendiquent la part de gloire que chacun a eue à vaincre les Français! S'ils ont refusé de marquer la place où les nôtres sont morts, c'est qu'elle était trop grande sans doute. Alors, ils ont bien fait; la terre gémit stérile sous le poids de leurs trophées de fer; celle qui couvre nos soldats suit les lois de la nature, etc., etc..., car voilà que je fais du pathos à la d'Arlincourt, plutôt que de te parler de tout ce que je vois d'intéressant.

« Déjà nous sommes dans un pays qui présente un nouveau caractère, et les Juifs commencent à se montrer en nombre considérable. Ma Bible à la main, je les retrouve tels qu'ils sont partout : bas, sales, les yeux malades, — riches sans doute, mais toujours rampants. Le costume turc commence à se montrer parmi les femmes, et, lorsque nous serons sur la frontière de la Moldavie, je retrouverai toutes les habitudes de mes chers Orientaux que j'apprécie chaque jour de plus en plus. Plus je vieillis, plus le passé m'est nécessaire, car l'avenir devient si court! Il faut le faire le meilleur possible.

« Bientôt je serai à Varsovie; j'aurai de tes nouvelles, de celles de nos enfants. Cette idée me rend pour le moment aussi heureux que lorsque, plus tard, je reverrai les tours Notre-Dame.

« Je ne voulais te dire qu'un simple mot pour que tu saches que je me porte comme un charme, que je fais mon métier d'hirondelle comme à vingt ans, et que, depuis mon départ de Saint-Pétersbourg, j'ai déjà vu deux cent quatre-vingt-quatre escadrons!

« Adieu. »

« Varsovie, 11 octobre 1842.

« Chère amie, nous n'avons plus que deux cents lieues à faire pour avoir terminé notre tournée, et dans quelques jours nous serons rentrés en ville. Alors, je me coupe les jambes et je me fixe devant mon chevalet. La rage de la peinture commence à me faire sentir son despotisme. Je n'aspire qu'à reprendre ma veste grise. Ce matin, je suis allé voir chez Sucodabsky quelques-uns de ses tableaux. J'ai voulu lui donner des conseils. Sa palette était là ; je n'ai pas pu y tenir, je m'en suis emparé et j'ai prêché par l'exemple. J'ai barbouillé avec un bonheur que je ne puis te rendre. Tiens, je ne veux plus y penser, car, au lieu d'écrire, je ferais un dessin.

« L'accueil que j'ai reçu ici de la part de tout le monde me flatterait, si je n'étais habitué à en recevoir un semblable partout. Ah ! quel orgueil !... Non, non, chère amie, ce n'est point à mon mérite que j'attribue tant d'honneur, c'est à ma bonne étoile que je dois la belle position dans laquelle je me trouve. Je n'ai d'autre avantage sur les gens moins favorisés que de l'avoir laissée faire sans vouloir la diriger par des moyens factices...

« Quoique le temps me presse, je veux encore vous dire, à vous tous qui pensez à moi, que moi aussi je pense bien à vous et que le même sentiment qui m'a fait vous quitter me ramènera le plus tôt possible, car je sens vivement que la vieillesse a besoin d'être soutenue. Cependant, je n'ai point à me plaindre encore. Ma parole d'honneur, je ne me sens pas le moins du monde fatigué, et j'en vois d'autres qui battent de l'aile, à commencer par l'empereur.

« Adieu, tout à vous tous. »

« Tsarskoë-Selo, 18 octobre 1842.

« Mon voyage est terminé. De Varsovie ici, nous n'avons mis que cinquante-huit heures pour faire 258 lieues. Pas le moindre accident, et ma santé toujours robuste. Je vais prendre congé de l'empereur, le remercier des faveurs dont il me comble, et, deux heures après, je serai à Pétersbourg.

où je quitte la cape et l'épée pour reprendre la veste du peintre et ne la plus quitter de longtemps, c'est-à-dire jusqu'à ce que j'aie terminé les travaux que je vais entreprendre.

« Plus tard, je te ferai une description entière de mon voyage ; aujourd'hui, il ne sera question que de la pluie et du beau temps, qui justement est déjà affreux pour la saison. Heureusement, un de mes amis, au moment de mon départ, m'a conseillé d'emporter une pelisse ; je n'en avais pas ; il s'est chargé de m'en envoyer une. En effet, elle est arrivée, coûtant 200 roubles. Aux premiers froids, je la mets sur mon dos, pour me rendre chez l'empereur. Tout glorieux de ma fourrure, je ne la quitte qu'au moment d'entrer dans le salon ; mais figure-toi mon désappointement : tous les poils étaient sur tous mes membres. Ésaü avec sa toison n'était qu'un oiseau plumé auprès de moi. Grâce à ma pelisse, dont la doublure pourrait maintenant servir à couvrir des bocaux de cornichons, j'étais ébouriffé de telle sorte, qu'il a fallu m'étriller pendant un temps infini pour me redonner figure humaine et faire ressortir quelques parties de mon noble uniforme de garde national. Cependant ce qui restait encore de velu à mon cul de singe m'a rendu quelques services pendant la route. Charles, à force de se prendre aux cheveux avec lui, a fini par le rendre semblable à la tête d'un teigneux ; mais, du moins, ce qui reste est solidement attaché et a résisté à une foule de coups de bâton. »

« Saint-Pétersbourg, 19 octobre 1842.

« Je suis installé dans un appartement assez commode, mais d'une tristesse affreuse, entre deux cours hideuses de malpropreté. Comme je ne passe pas mon temps à la fenêtre, je m'en moque.

« Avant mon départ de Tsarskoë-Selo, l'empereur m'a fait venir dans son cabinet. Il m'a dit qu'il ne voulait pas que nous nous quittassions, sans que je lui eusse dit si j'étais content de mon voyage. Tu devines ma réponse. Il m'a engagé à dîner pour le soir. Après quoi, je suis parti. J'ai rendez-vous avec lui demain, au Palais d'hiver, pour voir les places de mes tableaux et choisir les sujets. Je vais aujourd'hui chez M. Labinski pour mon atelier. Ainsi, dans deux ou trois jours je n'aurai plus à penser qu'à peindre et à faire de mon mieux ; car il faut me tenir ferme. Je ne puis me dissimuler que la faveur dont je jouis auprès de l'empereur arme une terrible artillerie chez ceux que ma position inquiète. Comme je l'ai fait toute ma vie, je ferai mon affaire le plus simplement possible, consciencieusement, et j'espère que la part qui me sera faite n'aura pas à souffrir plus tard de diminution.

« Adieu. »

« Saint-Pétersbourg, 22 octobre 1842.

« Je suis si heureux d'avoir reçu de tes nouvelles, chère Louise, que je veux t'écrire sous l'influence de ma joie. La triste vie que je vais mener maintenant que je suis en ville pourrait bien me mélancoliser un peu. Demain je me mets au travail dans mon magnifique atelier. Lorsque je suis en train, tu sais que je fuis le monde. Cependant je tâcherai de vaincre cette mauvaise habitude, afin de conserver les relations que j'ai contractées. Chacun ici me fait bonne mine et, je puis le dire, me recherche. Je serais un ingrat si, de mon côté, j'avais l'air de ne pas y être sensible.

« Me voici installé dans mon nouvel appartement. J'ai un vilain escalier, un véritable casse-cou. Le reste n'est pas mal. D'ailleurs, je me trouve bien de tout, excepté des retards de la poste. Il ne faut cependant pas grand temps pour lire notre correspondance, et qu'ont-ils à y apprendre ?...

« Ma maison est montée, ma dépense est fixée; dans quelques jours, je te donnerai des détails positifs.

« J'écrirai directement à Delaroche sur une exposition publique des beaux-arts, où Ingres joue un rôle qui ne le ferait pas rire. Quoique je n'aie pas partagé l'enthousiasme que cette peinture a excité à Paris, j'ai toujours soutenu le talent de l'homme. Son école peut être fatale ; mais il n'en est pas moins vrai que Ingres est *lui*, malgré les inspirations qu'il pille chez les anciens. Il n'a jamais fait abnégation du goût dominant qui le caractérise, ce qui en fait un homme inimitable, non par ses perfections, mais par sa personnalité. Dans ce sens, je suis son champion ici, où la plupart des Académiciens sont des gens sans qualité individuelle, plus ou moins imbibés des écoles italienne ou allemande, et qui ne jugent du mérite d'un peintre que sur la perfection de l'imitation du maître qu'il a adopté. Il faut dire aussi que la société qui fait son éducation artistique en courant les pays étrangers rapporte des souvenirs que cette imitation ravive; d'où il s'ensuit qu'on ne fait aucun cas de l'individualité du talent, à moins qu'elle ne s'applique aux choses du moment et à ce qui flatte l'amour-propre national. Pour mon compte, j'en suis ravi, c'est mon affaire; mais cette position particulière ne m'empêche pas de faire tous mes efforts pour qu'on rende justice à un homme supérieur.

« Pour la première fois de ma vie, chère amie, à cinquante-trois ans, me voici seul, forcé de m'occuper de tout, n'attendant de secours que de la part des gens que je paye.

C'est toute une éducation nouvelle; il faut qu'elle se fasse; mais ce ne sera pas, je le crains, sans apporter quelques modifications à mon caractère; pourvu que ce soit en bien! Pendant les cinq mois que je viens d'employer à faire 3,400 lieues, sans avoir eu l'occasion, pour ainsi dire, d'échanger une parole avec un ami, j'ai eu le temps de creuser mes idées sur l'avenir. Je vais faire l'application d'une nouvelle existence dont la gravité ne m'effraye pas trop. J'y suis préparé par la solitude, où je me trouvais si fréquemment pendant ma dernière course. Tout seul dans ma voiture ou dans ma chambre, quand nous logions quelque part, je ne pouvais échanger une parole qu'au dîner. Le reste du temps se passait en manœuvres, au milieu du bruit, de la poussière, de la fumée du canon, d'inspection d'écoles militaires ou civiles, d'hôpitaux, etc., etc... Il n'y avait que matière à observation, sans échange de pensées. Je n'ai donc qu'à continuer avec l'avantage d'avoir mon libre arbitre et de mettre en œuvre le fruit de mes réflexions. Nous verrons quel en sera le résultat. Sous certain rapport, je ne doute pas qu'il ne soit satisfaisant : je n'ai point encore oublié de peindre; mais jusqu'ici je n'ai mené ma barque que par instinct pour ainsi dire, ayant sans cesse sous les yeux les besoins de ceux auxquels j'étais nécessaire, besoins auxquels je pouvais faire instantanément l'application de mes ressources. Il n'en est pas de même maintenant; tout doit être calculé, approfondi, et sur moi seul roule toute la responsabilité d'une année plus ou moins bien employée, et de laquelle peut dépendre une nouvelle existence pour nous.

« Le froid s'établit solidement dans ce moment; mes doigts en savent quelque chose.

« Je pense que voilà la dernière occasion de t'écrire d'une manière sûre. J'en profite pour te donner le résultat de mes observations sur tout ce qui vient de se dérouler sous mes yeux. Comme je te l'ai déjà dit, j'ai vu des choses admirables, dont on n'a aucune idée en France. Tout ce qui n'a pas besoin du concours de l'opinion du pays, et qui peut se faire par la volonté d'un seul, est merveilleusement organisé. Ainsi, l'armée, les établissements pour l'instruction, pour les hôpitaux, pour tout ce qu'il y a d'utile et de philanthropique, sont sur un pied extraordinaire d'ordre et même de luxe. Je n'en dirai pas autant sur d'autres points. La justice surtout, paraît-il, est ce qu'il y a de moins bien organisé. Sur les milliers de pétitions qui ont été remises à l'empereur pendant son voyage, plus des trois quarts lui étaient adressées pour réclamer auprès de lui contre les jugements prononcés par les tribunaux. Peine perdue, car l'empereur ne peut tout lire. Chaque soir, on lui présentait un rapport général. Ce rapport était fait dans l'opinion du rédacteur. Le plus souvent, ce rédacteur, accablé de fatigue, ne prenait même pas la peine de lire la supplique jusqu'au bout, et cependant l'affaire se trouvait jugée en dernier ressort. Trop heureux quand la vénalité n'y était pour rien ! Qui trop embrasse mal étreint. Voilà où en est l'empereur, qui veut être l'arbitre de tout ce qui se fait dans son empire. Plus le pays tend à se civiliser, plus les questions se multiplient et plus l'esprit du peuple cherche à éluder la loi. Aussi la partie civile échappe-t-elle au pouvoir, parce que la bonne foi n'est plus qu'une duperie en raison du peu de chance qu'elle a de trouver protection.

« Mon voyage, chère amie, ne commençait que de Moscou : à partir de là, je voyais du nouveau. Jusqu'à Toula, la nature est presque la même ; mais, de ce point en marchant vers le Midi, les arbres deviennent rares ; puis on n'en voit pour ainsi dire plus jusqu'à ce qu'on remonte vers la Pologne. Je te donne la liste des gouvernements par lesquels nous avons passé : Toula, Orlov, Koursk, Ukraine, Ékaterinoslav, Tauride, Kherson ; un coin de la Bessarabie pour voir Bender et la Moldavie ; rentrée en Podolie, Volhynie, grand-duché de Varsovie, Grodno et Vilna, etc. Tu verras sur la carte que c'est une promenade assez longue. Je n'ai pas tenu à voir Odessa, qui n'a rien d'intéressant pour un peintre.

« Comme je crois te l'avoir dit, j'avais une très-bonne calèche, six chevaux, Charles à côté de moi et un domestique parlant russe, sur le siége ; mes bagages dans de bons nécessaires fermant à clef ; une cantine qu'on garnissait chaque jour au moment où nous nous arrêtions pour dîner afin d'avoir à grignoter jusqu'au lendemain, car nous ne faisions qu'un seul repas. L'empereur est très-sobre : il ne mange que de la soupe aux choux, dans laquelle il y a du lard et de la viande, un peu de gibier ou de poisson, de petits concombres salés, et il ne boit que de l'eau. Pour le liquide, j'agissais autrement ; quant au reste, je m'en accommodais très-bien. Lorsque nous séjournions, la cuisine était recherchée ; on se piquait de nous faire manger tout ce que le pays produit de plus délicat et de plus rare, le sterlet et l'outarde, de l'élan, etc., etc. Nous n'étions pas tout à fait aussi heureux pour le gîte, lorsque nous ne nous arrêtions pas dans une ville ; mais, pour peu qu'il se trouvât quelques maisons réunies, on nous logeait militairement chez le bourgeois. Alors, il n'y avait rien d'assez bon ; il suffisait d'être de la suite pour qu'on mît tout en l'air ; moi en particulier, j'étais toujours le mieux partagé (sauf le gros bonnet), par la raison que mon nom était connu partout et que « le célèbre Horace Vernet » était l'objet de la curiosité générale, sans compter qu'il était aussi le point de mire de tout ce qui est resté de prisonniers français. La plupart sont instituteurs ou l'ont été, de sorte qu'il n'y en avait pas un qui ne m'arrivât avec une bande de jeunes gens. Les uns me disaient : « Monsieur, je vous croyais « gros ; » les autres : « Je me figurais que vous étiez grand. » Enfin j'ai passé à l'inspection de tous les marmousets de la grande et de la petite Russie. Cependant, j'aurais tort de me plaindre ; à part ces ennuis, presque toujours j'avais un personnage désigné par l'autorité, qui se chargeait de me trimbaler partout où il y avait des curiosités. C'est ainsi que j'ai si bien vu le champ de bataille de Poltava, dont je t'ai parlé, et tant d'autres choses, dont la description ne peut pas trouver place ici ; ce serait trop long.

« Pour en revenir à l'empereur, je te dirai que sa bienveillance à mon égard ne se dément pas : il me traite toujours avec une véritable affection. Comme bien tu penses, nous avons eu ensemble de longues conversations ; mais je n'ai pas jugé à propos d'entamer la grande question à fond, par la raison qu'il n'y avait pas de jour qu'il ne reçût de rapport sur la manière dont notre chargé d'affaires se conduisait vis-à-vis des plus hauts personnages de la cour. L'empereur s'en piquait, mais, comme il y avait toujours là quelqu'un de trop, je n'aurais pas pu tout dire. Il ne fallait pas énerver par des demi-confidences ce qui peut avoir de grandes conséquences, dit entièrement et en temps opportun.

« Pour rentrer dans mon sujet, je te dirai qu'à Moscou j'ai remarqué une très-grande différence entre la réception qu'on a faite à l'empereur en 1836 et celle de cette année. Sa Majesté a fait en cinq minutes le trajet du palais à l'église ; tandis qu'il lui avait fallu plus d'une demi-heure, il y a six ans. A Koursk et à Karkov, il y a eu quelque enthousiasme, surtout dans cette dernière ville qui a prospéré d'une manière étonnante depuis quinze ans. Le nombre des habitants s'est élevé de quinze mille à cinquante-deux mille. C'est là qu'on traite de tous les marchés de blé et de laine qui sortent par Odessa. Dans tout le cours du voyage, c'est le seul point où j'aie trouvé un air de prospérité. Il est vrai qu'à partir de là le pays est livré aux Juifs, qui forment plus de la moitié de la population; ils sont riches, mais, comme dans tous les pays despotiques, ils ont bien soin de cacher leur fortune afin de participer le moins possible aux impôts. Malgré leur saleté et leur air maladif, ils n'en sont pas moins beaux; il y a des têtes magnifiques et des femmes superbes. J'aurais bien voulu tenir Delaroche; que d'études il eût désiré faire! surtout à Kamenetz-Podolsk. Cette ville est par elle-même on ne peut plus pittoresque : elle ressemble à Constantine comme position, mais les fortifications en sont magnifiques. Il y a vingt ans, elle appartenait encore aux Turcs. Le couvent des dominicains a pour église une mosquée, et la chaire est l'endroit d'où l'imân disait la prière. Rien n'est si singulier que cet amalgame. Il paraît que l'empereur n'aime pas les habitants de cette ville, car, dès en arrivant, il a commandé qu'on éteignît les illuminations. Je pense que les prétentions du pape contribuent à la mauvaise humeur qui s'est manifestée. Jusqu'à présent, les souverains de la Russie s'étaient montrés très-tolérants; celui-ci semble vouloir renoncer à ce système. Qu'il prenne garde! les dragonnades n'assurent pas les trônes. La voie dans laquelle il entre longe un précipice, s'il n'y aboutit pas, et les dominicains ont une terrible réputation. Le couvent des frontières de Galicie sera le prétexte.

« Je m'aperçois, chère amie, que je bavarde sans songer que je dois me coucher. Adieu pour aujourd'hui. »

« Ce 28.

« Cette lettre, chère Louise, sera la plus drôle de chose que tu aies jamais reçue de ton époux. Je t'écris tout à bâtons rompus. Voilà ce que c'est que le combat de plusieurs idées dominantes dans une tête de peintre : chacune veut passer la première, le bec d'une plume n'est pas large, la foule se presse à la porte pour sortir, comme d'une salle de spectacle où l'on crie : « Au feu ! ». N'importe, arrange-toi comme tu voudras. Figure-toi que tu remets en ordre mon atelier ; range tout à sa place ; alors il est probable que ce que je t'écris deviendra intelligible, car j'ai l'intention de te parler sérieusement ; il s'agit du présent qui déterminera le futur du verbe avoir à devenir l'infinitif... Ah ! quelle belle manière d'exprimer une pensée !... »

« Ce 29.

« Je travaille ferme depuis trois jours. Tu ne te fais pas une idée de la joie que j'éprouve à remanier de la couleur. D'être rentré dans mes habitudes semble m'avoir rapproché de vous. Jusqu'à l'heure du dîner, ça va bien ; mais, quand il faut se mettre à table tout seul, le diable reprend ses droits ; aussi irai-je dîner en ville le plus souvent possible ; ce ne seront pas les invitations qui me manqueront, mais ce sera le courage de m'habiller. Pour me remettre la main, j'ai commencé un petit tableau de notre caravane dans le désert[1] ; ce n'est point un sujet de courtisan ; donc, le prix qu'on m'en donnera fera planche pour le reste, et je saurai au juste la valeur de la mine que je veux exploiter ici.

1. Pendant son voyage en Orient.

« Dis à Louise que je la remercie de tous les détails qu'elle me donne sur nos chers petits-enfants; elle me fait vivre avec eux; je les vois se promenant bras dessus, bras dessous, en costume de cochers, et s'embrassant comme deux frères qu'ils sont. Je ne me figure pas la conversation, puisqu'il y en a un qui ne parle pas. Pourquoi Horace qui sait si bien comment on s'y prend, ne se charge-t-il pas d'une éducation que lui-même s'est donnée si facilement? Oh! Gall! fais venir une bosse au front de mon petit Philippe, sans qu'il se cogne; mais ne va pas te tromper et la lui placer sur le dos; ce serait une mauvaise charge. Il doit au moins, s'il reste muet, s'en tirer par le charme de sa tournure. Amen!

« Nous sommes ici, à ce qu'on dit, dans la plus mauvaise saison, et jamais on n'a dit si vrai. On n'est pas entre deux eaux, mais entre deux boues. Le ciel est couleur de crotte et les rues ne sont pas couleur de rose. Il est impossible de mettre le pied à terre, et nous autres, pauvres gens à droschki, si nos bottes sont propres, nos visages ne le sont guère, car, dans ce genre de char, on est justement placé pour recevoir les éclaboussures, et Dieu sait comment les chevaux se chargent de vous en envoyer! Dans un mois, nous aurons le traînage; on dit que c'est mirobolant.

« J'ai dîné hier à l'ambassade en très-petit comité; on s'y réjouissait des articles du *Journal des Débats* contre la Russie. Je me sais bon gré de ma retenue pendant mon voyage, et de n'avoir pas tout dit; car véritablement, d'après ce qui se fait ici par ordre supérieur, je crois que que notre bon roi a voulu *se fiche* de moi en me chargeant de belles paroles; je ne puis douter que d'un autre côté il n'agisse autrement...

« Je n'ai plus de papier. D'ailleurs, en voilà bien assez!

qu'en dis-tu, pauvre femme? Auras-tu le courage de me lire jusqu'au bout? Oui, car tu sais que je dois finir par de tendres embrassements pour vous tous, et, quoiqu'ils aient huit cents lieues de longueur, ils n'en sont pas moins bons.

« Sans adieu. Je vous aime tous plus que je ne saurais vous le dire.

« Horace Vernet. »

« P. S. — J'oubliais de te dire que j'engraisse à vue d'œil. Je prends même du ventre, ce qui ne m'arrange pas, car mes pantalons sont justes et refusent de le contenir. »

XII

LA RUSSIE PEINTE PAR HORACE VERNET (suite).

Sages conseils d'un grand-papa. — Horace Vernet étudie la grammaire. — Portrait du czar. — L'hiver et le traînage. — Défense de M. Ingres. — Toute vérité n'est pas bonne à... lire. — Les salons de Saint-Pétersbourg. — Découragement. — Société mêlée. — La Saint-Nicolas. — *Les Mystères de Paris* et un roman russe. — La Bible. — Une Niobé porcine. — Intérieur de famille. — Chronique scandaleuse. — Utilité de la critique. — Tristesse dans un bal. — Théorie des nez. — Avenir de la Russie et nécessité d'une révolution.

A MONSIEUR HORACE DELAROCHE,

Colonel du Royal-Gamin, à Paris.

« Saint-Pétersbourg, 29 octobre 1842.

« Cher petit-fils,

« Je viens de voir fameusement de soldats de toutes les grandeurs et de toutes les couleurs, et sur de fameux chevaux qui n'étaient pas de bois; mais ce qui t'aurait bien amusé, c'est un régiment turc. Ah! ceux-là, en voilà de mirobolants avec leur fusil, leur sabre, leur poignard et leurs pistolets! Figure-toi qu'ils se servent de toutes leurs armes debout sur leur cheval, et qu'ils tirent au but aussi bien que s'ils étaient à pied; mais ce qui te ravirait, c'est qu'ils ont avec eux leurs petits garçons qui font la même chose que leurs pères. Il y a, en outre, un régiment tatar; ceux-là sont aussi bien bons, mais dans un autre genre; ils ont des lances comme la tienne, et, quand ils s'en servent, ils visent aux yeux. J'espère qu'à mon retour tu seras aussi adroit qu'eux et que je trouverai toutes les personnes de notre connaissance, si ce n'est aveugles, au moins borgnes. Songe bien à cette recommandation. — J'oubliais de te dire que les chevaux des Turcs ont des robes de chambre en étoffe magnifique. Je te conseille d'en faire faire une à ton cheval de bois avec la plus belle robe de ta mère. Lala la choisira sans rien dire, et lorsqu'on te verra monté sur la bête, ta mère sera dans l'enchantement, je la connais.

« Adieu, cher petit-fils. Suis toujours les conseils de ton vieux grand-père. Sa longue expérience se voue entièrement à diriger toutes tes actions. N'oublie donc pas d'aveugler ou au moins d'éborgner tous nos amis, et de choisir la plus belle robe de ta maman pour couvrir ton cheval, mais ne touche jamais à mes affaires; je me réserve le plaisir de les travailler à ma façon.

« Il faut ménager ton petit frère Philippe. Tu es plus grand que lui; tu lui dois protection. Aime-le bien, car j'ai vu dans le journal qu'il t'aimait tendrement. Embrasse-le pour grand-père, qui vous aime tous deux comme une vieille bête, puisque de ne pas vous voir lui fait tant de chagrin.

« Adieu, cher petit. Sois heureux autant que nous le désirons tous.

« Horace Vernet. »

A MADAME HORACE VERNET.

« Ce 31 octobre 1842.

« Après mon *factum* d'avant-hier, tu crois peut-être que je n'ai plus rien à te dire? Pas du tout. J'ai encore bien des détails à te donner, sur ma manière de vivre par exemple. Je suis dans l'appartement de X***. Je ne pourrai y rester. Je ne suis pas difficile; mais pour les gens qui viennent me voir, ça a trop mauvaise mine et je n'y puis dormir. Je suis entre deux cours; ma chambre à coucher donne sur la plus petite, où sont les écuries, de sorte que, toute la nuit, les voitures qui rentrent, les chevaux qu'on lave, les cochers qui se battent, les coqs qui chantent, tout cela fait une musique sur laquelle deux voisins, mâle et femelle, mettent des paroles; car il n'y a qu'une porte très-mince qui me sépare du couple. Il faut que ces gueux-là dorment le jour, car toute la nuit je les entends bavarder comme s'ils étaient dans ma chambre. Je n'ai parbleu pas besoin de comprendre le russe pour savoir ce qu'ils se disent!... Je dois donc déserter, et je le fais avec d'autant plus de plaisir qu'on me prête un délicieux appartement chez le comte N***, dont le frère voyage avec la grande-duchesse Marie. J'aurai le double avantage d'avoir dans ma maison même une société charmante, et d'être tout près de mon atelier.

« La famille impériale n'est pas en ville, de sorte qu'il n'y a pas encore de maisons ouvertes. Je reste donc souvent chez moi. Devine à quoi je passe mon temps? J'ai acheté une grammaire de Noël, et j'étudie mes participes. Déjà, quand je fais attention, je me sens d'une certaine force; mais, lorsque je cours après le sujet ou le régime, voilà mes idées qui fichent le camp. Aussi, avec toi, serai-je plus coulant, dussé-je te faire crisper.

« Je suis toujours prêt à te redire combien notre vieille affection me devient de plus en plus chère : c'est la fortune de l'âme, jusqu'à ce que la vie nous fasse banqueroute, et, ma pauvre femme, nous sommes du même âge, et l'un de nous n'aura pas à souffrir longtemps de la misère d'être seul... Tu vas dire : voilà de la tendresse de Monte-au-ciel : « Mes amis, ne le manquez pas! » Eh bien, j'ai raison. Pour te le prouver, nous ne nous quitterons plus.

« Quoi que tu en dises, ma passion pour l'empereur n'est pas telle que tu le penses. Je lui rends justice; ce n'est pas un homme ordinaire, mais il est loin d'être parfait. Il a tout ce qu'il faut pour se faire aimer des gens qui n'ont pas besoin de lui; mais, pour peu qu'il ait à exercer sur vous la moindre autorité, c'est l'homme le plus dur que j'aie jamais rencontré. Il est vrai de dire qu'en fait de discipline il lui est impossible d'agir autrement. Les Russes de toutes les classes sont tellement enclins à la paresse, qu'il n'y a que la crainte qui puisse les maintenir. Quand un Russe ne tremble pas, c'est le plus lâche de tous les hommes. Tout ici est placé sous le régime militaire, depuis le cuisinier jusqu'au grand juge; de sorte que l'habitude de prononcer constamment des arrêts, sans qu'il soit permis au condamné de quitter la position du port d'armes, a donné à l'empereur une rudesse dont il ne s'aperçoit pas, qui augmente à mesure que les autres s'y accoutument, et qui le perdra, le jour où la fatigue et l'inertie remplaceront la terreur qu'il inspire.

« Toutes ces admirables institutions, dont je t'ai parlé dans mes lettres, n'existent nulle part sur un pied aussi splendide. On dirait qu'elles sont fondées pour le bonheur de tous. Mais non, l'éducation, qui développe l'esprit de cette foule de jeunes gens, ne les pousse pas plus loin pour cela ; ils sont au monde pour rester dans leur classe : ils ne peuvent ni s'élever, ni redescendre. S'ils sont fils de soldats, ils ne seront jamais que sous-officiers. Alors, à quoi bon les instruire et leur donner des goûts qu'ils ne pourront jamais satisfaire, et des lumières qu'ils ne pourront pas répandre ? Déjà, on a senti les funestes effets d'un tel ordre de choses. Une colonie entière d'infanterie s'est insurgée. Pas un seul officier n'est resté, tous ont été égorgés froidement. Les soldats, conduits par les sous-officiers, disaient à leurs chefs : « Nous ne vous en voulons pas ; mais vous « êtes officiers, nous devons vous tuer. Finissez votre pipe, « nous reviendrons après. » Et, en effet, ils sont revenus. La punition a sans doute été terrible, car on ne la connaît pas... les régiments ont été licenciés. — Voilà, chère amie, comme tout est en Russie. On laboure, sans savoir ce qu'on récoltera. On accroche des oranges à un sapin et l'on croit avoir des fruits. La noblesse donne tout ce qu'elle possède de bon cœur, plutôt que d'aller en Sibérie. Comme je te l'ai déjà dit, ce pays-ci est sur une boursouflure qui s'enfoncera indubitablement, et tout ce qui ne porte point barbe sera exterminé. Que le diable emporte les empereurs, les voyages, etc. ! Plutôt que de te parler de tout ce qui va à mon cœur, me voilà à faire de l'eau claire... »

« Ce 1er novembre 1842.

« Je travaille à un petit tableau qui sera bientôt fini ; ce sera une manière de tâter le pouls aux amateurs.

« Je jouis toujours de la même faveur, quoique je vive maintenant un peu éloigné du grand chef. Je sais qu'il parle souvent de moi avec éloge et qu'il dit m'aimer d'une véritable affection. Tout cela est bon ; mais il faut qu'il me le prouve en me donnant de l'argent. Voilà où je le reconnaîtrai pour mon ami.

« Adieu, je vous embrasse tous de bon cœur, mais de bien loin [1]!... »

« Saint-Pétersbourg, 7 novembre 1842.

« Nous voici en hiver, chère amie. La Néva est prise et nous jouissons du traînage, ce qui est bien la plus délicieuse chose du monde. La neige a commencé à tomber hier soir, et, ce matin, plus de voitures. Toute la population semble être tombée sur le dos. Sauf les chevaux, personne n'est sur ses jambes. Tout glisse sans faire le moindre bruit, et chacun va comme si le diable l'emportait. Pour mon compte, je suis comme un enfant; je ne puis me rassasier de voler ainsi. Mon trotteur fait l'admiration d'un chacun ; il ne me manque que toi pour me voir passer : je dois être bien séduisant!

« S'il n'y avait ici que ces avantages qui appartiennent

---

1. Le 2 novembre, Horace Vernet écrivait à sa belle-sœur, madame Burton, une lettre plaisante dont le *Catalogue de la vente Trémont* a fait connaître quelques passages :

Un bon souvenir des personnes qu'on aime rapproche, dit-il, pour un instant les esprits; c'est une petite tromperie qu'on aime à se faire à soi-même, et il a entièrement joui de cette illusion en lisant les doléances de sa belle-sœur sur la similitude de leurs extraits de baptême : « Je « croyais vous entendre, ajoute l'artiste, mais malheureusement j'ai voulu « rapprocher mon visage du vôtre pour comparer lequel des deux était le « plus détendu, et la cruelle réalité de mon éloignement est venue me « fixer à ma place!... Peu s'en est fallu que je n'en tombasse sur mon der- « rière; pour vous, un semblable événement n'eût été qu'une plaisanterie ; « mais moi, qui ne suis pas joufflu de ce côté-là, je pouvais me le briser « comme verre. Et à mon retour, comment avouer mon cas ? comment « remplir mon fauteuil académique, n'ayant que des tessons dans ma « culotte? etc. »

au pays, combien je regretterais que tu ne fusses pas venue avec moi ! mais plus je vais, plus je me félicite d'avoir à supporter seul tous les ennuis de cette province de l'Europe. Dans la belle saison, tout le monde est dispersé, de sorte que les cancans ne peuvent se joindre ; mais, depuis qu'on rentre en ville, ah, mon Dieu ! que de bavardage ! Je me croyais bon cheval de trompette : je ne suis qu'un timide auditeur, en attendant que je prenne ma place parmi les victimes. Maintenant, n'étant point encore le but, je suis le fouet dont on se sert pour fustiger les peintres (ou soi-disant tels) qui ont exposé. Mon tour viendra. Il est vrai de dire que je n'ai pas dissimulé mon opinion sur ces messieurs, sur leur peu de courtoisie vis-à-vis des artistes étrangers qui sont venus se mesurer avec eux ; mais c'est en face que je leur ai craché ma façon de penser à cet égard, et devant le tableau d'Ingres, en les plaignant de ne pas en savoir assez pour le comprendre. Je sais que je ferais mieux de laisser sans les défendre des talents qui n'ont pas besoin de mon secours ; mais la fourberie orgueilleuse de quelques individus m'irrite tellement, que je ne puis me retenir. J'en suis fâché pour eux, je tape aussi fort que possible et ma longue expérience ne laisse pas que de donner du poids à mon opinion.

« Je vais dans le monde, car, dînant presque tous les jours en ville, il ne m'en coûte pas plus, une fois pomponné, de faire des visites. Déjà, je juge des maisons que je prendrai l'habitude de fréquenter. La société est à peu près la même partout ; c'est comme à Rome, sauf le comfortable qui, ici, se trouve au suprême degré dans la haute aristocratie. Puisque je suis en position de choisir, c'est dans ses bons fauteuils que, le soir, j'irai me reposer des fatigues de la matinée. J'éviterai les inconvénients qu'il y aurait à voir ce qu'on appelle la colonie française. Cette colonie se compose de très-braves gens sans doute. Cependant, comme elle n'est reçue nulle part, en raison du mélange qui existe dans cette réunion de compatriotes, ma position sera plus facile en ne la voyant pas du tout. Pour trancher plus positivement, je quitte mon appartement, dont les anciens habitués commençaient à reprendre possession malgré moi, les acteurs, le vétérinaire, le serrurier, etc., sans compter les inconvénients que je découvre de jour en jour.

« J'ai commencé le portrait de l'impératrice. Il est tracé. J'attends le retour de la cour en ville pour peindre l'étude d'après nature. En attendant, je fais un portrait du duc d'Orléans et un tableau de mon voyage d'Égypte. »

« Ce 17.

« Je viens de passer trois jours à Tsarskoë-Selo.

« Ici, on n'entend parler que de départs pour la France. Je n'espère rien de bon, pour le moment, de la connaissance que les Russes viennent faire avec notre civilisation. Leur orgueil en sera blessé. Ils en profiteront, sans vouloir nous rendre justice. Je les vois d'avance ne trouvant rien qui ne soit mieux chez eux. Je les attends au retour : c'est alors qu'ils nous apprécieront, c'est alors qu'ils comprendront ce qui leur manque et qu'ils ne peuvent rencontrer nulle part les ressources que nous leur présentons.

« Dans quelques jours, la famille impériale rentre en ville. Voilà encore une nouvelle émotion pour la société de Saint-Pétersbourg. L'ordre de choses qui va s'établir durera du moins quelque temps, j'en suis enchanté pour mon compte, car je commence à en avoir assez de toutes ces courses. Ce n'est pourtant pas qu'elles manquent d'intérêt. La dernière a été charmante en ce qu'elle a été parsemée de circonstances singulières, piquantes même. Voici, pour t'en donner un exemple, ce qui s'est passé à une soirée chez l'impératrice. Il n'y avait que quatre ou cinq personnes. Chacun travaillait; le vieux prince Wolkonski et moi nous dessinions, tandis que les dames brodaient, etc... Le comte X*** lisait un roman français, et ce roman était une diatribe épouvantable contre la souveraineté absolue et une apologie complète de l'égalité des hommes vis-à-vis les uns des autres, le tout appuyé sur des idées religieuses. L'empereur n'a fait aucune observation; ce qui était amusant, c'était la figure du lecteur, homme très-spirituel du reste, mais encore plus courtisan, qui se trouvait obligé de dire à la face de son souverain, à brûle-pourpoint, les choses les plus dures et les plus personnelles. Voilà une de ces circonstances où il faut vraiment du *toupet*. Le comte X*** n'en a pas trop manqué pour l'expression du visage, mais la voix trahissait l'émotion intérieure. Jamais homme n'a dû être aussi mal à son aise et plus maudire un auteur aussi malencontreux. Le souper est venu heureusement terminer les travaux. On a été d'autant plus jovial qu'on voulait avoir l'air de n'avoir fait attention à rien, et un mauvais petit croquis de Napoléon à cheval que la lecture m'avait donné l'idée de faire a eu tous les honneurs de la soirée.

« Adieu, chère Louise. Soigne-toi; songe que la santé est, à elle seule, la plus grande partie de l'harmonie des familles.

« Ton vieux mari. »

« Saint-Pétersbourg, 26 novembre 1842.

« Vingt heures de nuit, quatre heures de jour malade, voilà, chère amie, à quoi on en est réduit ici! Comment peindre? comment vivre? comment ne pas mourir d'ennui?

Avec ça, dix degrés de froid, et l'espoir de voir bientôt doubler la dose. Il faut dire, à la vérité, que c'est le plus petit des inconvénients du pays; il n'y a que le nez qui en souffre; du reste, on a chaud partout, tant on a l'habitude de se préserver de la rigueur de l'hiver. Je n'ai de vraie jouissance que celle du traîneau; mais, comme je ne sors que de nuit, mon bonheur ne dure que le temps d'aller d'une maison à l'autre. Je dîne presque tous les jours en ville; puis, le soir, je vais dans le monde, et tous les jours la même chose! C'est au pied de la lettre, car il n'y a pas la moindre variété : qui a vu un salon les connaît tous; qui a mangé un dîner connaît toutes les cuisines; qui a entendu une conversation n'a plus rien à attendre de nouveau pour le lendemain. La manie des fauteuils est poussée à l'extrême dans toutes les maisons. Dès en entrant dans un salon, il faut commencer à évoluer pour arriver jusqu'aux maîtres, passant par-dessus toutes les jambes qui se croisent dans tous les sens, et, une fois bloqué dans un coin, c'est le diable pour en sortir. Peu de gens se tiennent debout. Il n'y a pas de cheminée, comme chez nous, qui puisse servir de point de direction. C'est un méli-mélo de dos et de visages qui rend impossible de parler à d'autres personnes qu'à celle qui vous regarde. Si c'est une jolie femme, pour lui plaire, il faut dire ou entendre dire du mal des autres. Si elle est laide, c'est le monde entier qui ne vaut rien. Il n'y a que la famille impériale dont on fasse constamment l'éloge. La conversation n'est autre chose qu'un cancan perpétuel, sans couleur, sans rien de piquant, par la raison que tous les Russes ont la même éducation, poussée au même degré, et que leur indolence naturelle ne va jamais au delà de la dose voulue pour ce qu'on appelle les gens du monde. Tu juges qu'on a bientôt assez d'une semblable nourriture; c'est une telle uniformité, qu'il n'y a même pas matière à observation. La première est la dernière sans qu'il soit possible d'y ajouter une nuance. Quelquefois je me dis : « C'est que tu es vieux et que tu ne « portes plus le même intérêt à ce qui se passe autour de toi « que lorsque tu prenais une part active dans les petites in- « trigues de la société. » Mais non, je vois beaucoup de jeunes officiers, d'hommes de tous les âges, des diplomates de tous les pays; personne n'a d'animation; chacun a l'air d'être gelé jusqu'au menton, et on croit avoir des mœurs parce qu'on n'a aucun sens. Encore, si c'était au profit de la vertu ! mais il y a ici tout autant de catins qu'ailleurs. On y attache moins d'importance, et ça se qualifie de laisser aller. Quand une femme a dix amants, c'est la même chose que si elle avait une seule passion. Comme vous avez à Paris, cette année, quantité de ces dames, je ne doute pas qu'il n'arrive une multitude de faits qui me donneront raison.

« L'impératrice est un peu malade, de sorte que je ne travaille pas à son portrait. Je termine un petit tableau sans prétention, qui représente notre caravane dans le désert.

« Il y a des instants où je suis prêt à prendre mes jambes à mon cou, car, au bout du compte, ce que je ferai ici, je pourrais le faire à Paris; mais quitter brusquement l'empereur, qui est si bon pour moi, serait presque de l'ingratitude. Je t'assure qu'il me faut toute l'importance que j'attache à cette pensée, pour ne pas fuir. Je serais si heureux de vous revoir tous, d'embrasser nos petits, de passer de ma chambre dans mon atelier et d'en sortir pour trouver à échanger quelques paroles avec quelqu'un qui saurait me comprendre, même quand ce serait pour m'entendre dire que je ne suis qu'une bête. Dans ce pays, on n'a même pas cette dernière ressource; on vous loue, lorsque vous flattez l'orgueil, ou l'apathie vous laisse sans réponse à toutes les questions que vous pouvez adresser.

« Avant, tout était mouvement. Maintenant, ce n'est plus qu'une platitude uniforme et décolorée comme la neige qui couvre tout autour de moi. Que le diable emporte le Nord et les Moujiks ! où sont donc mes chers Arabes et le beau soleil qui les noircit ? Du moins, le sang circule sous leur peau tannée; ici, ce n'est que du lait qui coule dans les veines. Je voudrais avoir à me plaindre de quelque chose; j'éprouverais un autre sentiment que le désir de rentrer à la maison.

« Ne va pas croire cependant que ce petit moment de découragement puisse avoir la moindre influence sur l'accomplissement de mes projets. Je les conduirai jusqu'au bout; seulement, je mettrai mon courage en double, et la joie de retrouver un autre ordre de choses sera d'autant plus grande; ce sera ma récompense à mon retour.

« Adieu, ma bonne Louise. Je vous embrasse tous. »

« Pétersbourg, 5 décembre 1842.

« Je commencerai par te dire que le portrait de madame la comtesse de Woronzof n'est pas commencé. Je veux finir celui de l'impératrice avant tout. Je viens de terminer deux petits tableaux. L'un est un présent pour l'empereur : c'est un *Napoléon à cheval* que je veux lui donner le jour de la Saint-Nicolas. L'autre est à vendre : il représente notre caravane dans le désert.

« J'ai reçu une lettre de Ferzen. Il me parle avec chaleur du tableau de Delaroche. Il a chargé le comte Wielhorski d'en dire un mot à l'impératrice; ce qui sera fait ces jours-ci. Je serais fort heureux si la chose réussissait; ce serait un grand pas de fait pour les grands travaux, sans compter que ça établirait d'une manière positive la réputation déjà commencée seulement par l'opinion publique. Je ne suis pas fâché que par un autre que moi l'occasion se présente de faire faire la comparaison avec Ingres. Comme j'ai défendu ce dernier avant qu'il ne fût question de rien, je pourrai, sans être soupçonné d'intérêt de famille, dire ma façon de penser tout à mon aise. Je n'ai pas vu le tableau; mais je sais de quoi le gendre est capable, et je puis m'avancer sans craindre de désappointement.

« Tu as sans doute reçu une lettre de moi, dans laquelle je te parlais un peu comme un homme découragé. Dans le moment, je ne puis le nier, j'étais sous l'influence du désordre d'un changement d'habitudes; ma vie vagabonde et turbulente ne me permettait pas d'écouter tout ce que mon cœur me disait sur le bonheur de la vie de famille. C'est une fois rentré dans une chambre, dite la mienne, que la chanson de : *Ousqu'on peut être mieux?* etc..., est venue me faire comprendre que toutes les branches manquaient à mon vieux tronc. J'ai été quelques instants sous une fatale influence. Je ne me croyais plus bon à rien. Le soleil de sculpture et le ciel de terre glaise d'ici n'étaient pas le moindre des sujets de tristesse qui me travaillaient. Je voyais luire cependant, au fond de toutes mes lourdes et pénibles pensées, le n° 56 de la rue Saint-Lazare. J'avoue que l'idée d'aller m'y ragaillardir me tourmentait fameusement; mais une circonstance heureuse est venue remonter mon courage. Le comte N*** m'a enlevé de mon triste appartement pour m'installer chez lui. Sa famille est comme la nôtre : père, mère, enfants, gendre et petits-enfants, tout est dans la même boîte. L'aspect de tant de gens heureux m'a rappelé tout le bonheur dont j'ai joui, et rendu l'espoir d'en jouir encore, après avoir rempli le but que je me suis imposé d'atteindre. Je suis comme un enfant de la maison. Tout le monde chante, danse, s'embrasse; il n'y a que ce dernier exercice dont je ne sois pas appelé à prendre ma part. Du reste, le tableau de cette réunion de gens heureux me donnera la force d'attendre le moment où nous nous baiserons tous comme des pauvres, et je reprends courage. Ainsi, chère Louise, ne me regarde pas d'un œil trop pitoyable; me voilà remonté sur ma bête, et, quoique à tâtons, je fais de la peinture qui ne me semble pas trop mauvaise pour le temps qu'il fait.

« Depuis quelques jours succèdent aux ennuyeux cercles, dont je t'ai donné une idée, de très-beaux bals. Les Russes ont plus d'esprit dans les jambes que dans la tête, et du moins il y a du mouvement dans les salons. La débâcle a commencé.

« Je suis allé trois fois chez Z***. Sa maison est bien le lieu le plus singulier qu'on puisse trouver dans le monde entier. La maîtresse du logis, ci-devant danseuse de chez Franconi, prime sur sa bande d'amies femelles qui se compose d'actrices, de couturières huppées et de vieilles catins du XVIIe siècle, enrichies aux dépens des boyards qui se sont ruinés pour faire les petits Richelieu. Tout ça infecte le musc et fait des *cuirs*. Pour les hommes, c'est tout autre chose; il y a mélange : les ambassadeurs, les princes, les maîtres d'armes, de danse, de langue française, anglaise, ou de charabia, les peintres d'histoire, de décoration, etc., tout est mêlé avec les acteurs, les avocats, les marchands de chandelles et autres confitures, le tout compère et compagnon, et tenant leur sérieux comme s'ils étaient chez M. Guizot. Du moins, lorsqu'on s'encanaille, devrait-on s'amuser. On dit pourtant que certains bals déguisés sont très-gais; nous verrons.

« J'ai été au moment d'écrire à Ingres de proposer au grand-duc héritier de lui faire une autre vierge. Quant à celle qu'il a faite, elle est destinée à ne jamais voir le jour, en raison de son *latinisme*[1]: Si Delaroche voulait sonder notre collègue à ce sujet, selon la disposition dans laquelle il le trouverait, je pourrais entamer la négociation. Je sais bien que, pour mon compte, j'aimerais mieux rendre l'argent et reprendre mon tableau que de le laisser dans un pays aussi fanatique que celui-ci en matière de religion.

« J'avais oublié de te dire que la comtesse Salahoë a une petite fille d'un an et que cette enfant m'adore. Je ne la prends pas dans mes bras que nos chers petits ne viennent me traverser la pensée. Il me semble les embrasser, et quand je sens de petites mains empoigner mes moustaches, les larmes me viennent aux yeux, non par la douleur que j'éprouve, mais par le souvenir qui me reste des caresses de ces messieurs. Tu me fais bien de la peine en me disant qu'Horace tient mal sa plume. Cependant, si le fin est *plus mieux* que le gros, je ne vois pas qu'il y ait grand mal. J'attends une lettre de lui, en réponse à celle que j'ai eu l'honneur de lui adresser. Dis à sa mère, qui est à cheval sur les devoirs des enfants et sur le respect qu'ils doivent à leurs grands parents, qu'elle l'invite à ne pas oublier les convenances. Pour Philippe, le pauvre chéri ne me connaît pas encore. Il ne sait pas que loin de lui il y a quel-

---

1. *Vierge à l'hostie*, peinte en 1841 pour Alexandre II. Ce tableau, qui est peut-être le chef-d'œuvre de M. Ingres, a subi le sort que lui prédisait Horace Vernet: il est enfoui dans une galerie où les amateurs ont grand'-peine à le découvrir.

qu'un qui l'aime tendrement. Quand irai-je donc le lui apprendre?... Parlons d'autre chose.

« Vois ce que c'est que la renommée, comme elle vole, comme elle pénètre partout! Les bontés que l'empereur a pour moi font tant de bruit dans le monde, que je viens de recevoir une supplique signée d'une famille entière pour me demander ma protection auprès de Sa Majesté. Il s'agit d'obtenir la permission d'introduire en Russie quarante-quatre bêtes, dont quarante chevaux, deux femmes et deux hommes. Les femmes désirent montrer leur joli visage, leur devant et leur derrière, le tout en équilibre sur un pied; les hommes, leur force et leur adresse, les jambes en l'air, la tête en bas; et les animaux, comment M. Baucher a développé leur intelligence par des procédés moraux. Enfin c'est la famille Lejars tout entière qui vient me solliciter dans une lettre dictée et écrite par je ne sais lequel de toute la bande. Me voilà donc le chargé d'affaires de la reine des saltimbanques près la cour de Russie. Il y aura peut-être un joli morceau de foire à manger, si je réussis dans ma négociation. Comme tu dois le penser, je me mettrai en quatre pour ouvrir un protocole; mais, comme la discrétion est de première nécessité en diplomatie, je craindrais les indiscrétions de la poste, et je ne répondrai pas. Vois comme je fais des progrès en fait de prudence.

« Il est dix heures; le jour vient. Je vais prendre la palette et jouer à colin-maillard avec mes brosses. Adieu. »

« Pétersbourg, 19 décembre 1842.

« Je reçois une bonne grande lettre de Louise, chère amie. Chaque jour, le bonheur de recevoir de vos nouvelles me devient plus précieux; car, chaque jour, je sens plus vivement combien il est pénible d'être loin de toutes ses affections. Jusqu'à la peinture qui me fait faux bond! Depuis près de deux mois, nous vivons ici à tâtons. Le soleil brille comme un paquet de chandelles dans du papier gris, et le gredin a cependant assez de chaleur pour liquéfier tous les matins deux pieds de neige...

« Le délicieux traînage a disparu. On ne fait plus que naviguer dans une espèce de *granito* à la napolitaine, qui ne vous permet pas d'éviter les trous et les bosses d'un effroyable pavé défoncé de partout. J'ai les reins cassés des culbutes et des soubresauts que je fais toutes les fois que je mets le nez dans la rue. On dit que les grandes gelées vont venir, que le ciel alors sera clair. Que ce moment arrive donc! En attendant, nous venons d'avoir les fêtes de la Saint-Nicolas. C'est fabuleux de luxe et de magnificence. La messe et le baise-main sont d'une somptuosité dont rien n'approche nulle part. Tout est argent, or et diamant. Le nouveau Palais d'hiver ne le cède en rien à tout ce que j'ai pu voir. Je connais toutes les cours de l'Europe. Certainement celle-ci l'emporte sous tous les rapports, c'est-à-dire pour ce qui frappe les yeux.

« J'ai fait pour la fête de l'empereur un petit *Napoléon à cheval* qui a eu du succès. Comme à l'ordinaire j'ai été l'objet d'une attention toute particulière de la part de Sa Majesté, qui me place toujours parmi son état-major. La famille impériale me comble d'affectueuses distinctions. Enfin, ce matin, j'ai vu arriver un admirable trotteur attelé à un comfortable traîneau en peau d'ours, comme souvenir de la Saint-Nicolas. J'ai dû donner cent roubles de *bonne main;* ce n'est rien; mais l'embarras est de savoir comment placer le présent. Il y a des choses plus difficiles à arranger dans le monde. Ainsi, réjouissons-nous; vive la nation! mettons des lampions! — Je me sens plus en joie qu'il y a deux jours, par la raison que nous avons 18 degrés de froid et que le soleil est venu montrer son nez à l'horizon, toutefois comme un homme dans la foule, qui vient regarder de bien loin ; n'importe, je l'ai vu éclairant les cheminées ; il n'est donc pas mort ; il a dû être bien malade, car il était pâle.

« Les *Mystères de Paris* sont le sujet de toutes les conversations. Ces ordures charment les russes ; ils semblent se réchauffer à ce foyer d'horreur. Quant à moi, je n'en ai lu qu'une très-petite partie, et j'en ai eu bientôt assez. Une histoire beaucoup plus intéressante vient de se passer ici ; elle est simple, quoique dramatique. Un jeune seigneur des environs de Moscou est devenu éperdument amoureux d'une jeune bohémienne. Sa passion était telle qu'il voulait l'épouser, malgré les représentations de son père. Ce dernier trouva le moyen d'éloigner son fils pour quelques jours, et, pendant cette absence, il fit enlever la jeune fille, qu'il fit épouser à son cocher, auquel il donna la liberté et de l'argent. La nuit une fois passée, elle sortit, regagna la campagne et disparut pour tout le monde, sauf pour son amant qui feignit de l'avoir oubliée et prit du service dans les gardes. Pendant cinq ans, elle resta cachée dans une cabane, sans qu'on sût que le jeune homme venait la voir toutes les nuits. Il se maria même pour donner le change ; mais enfin, la femme légitime, tourmentée de la vie mystérieuse de son mari, fit tant qu'elle découvrit l'intrigue et fut se jeter aux pieds de l'empereur pour obtenir vengeance du perfide. On enleva la pauvre réfugiée pour la mettre à l'hôpital ; il en fut de même de ses trois enfants dont elle n'entendit plus parler ; et, pendant quatre ans, elle souffrit toutes les douleurs et tous les genres d'humiliation sans se plaindre, donnant l'exemple de la résignation la plus douce dans la maison où elle était enfermée. Quant à l'amoureux, on le fit partir tout de suite pour le Caucase, où il est encore. Pendant tout le temps qui s'est écoulé depuis leur séparation, aucune correspondance n'a pu s'établir entre les deux amants. Pourtant, il y a peu de jours, un officier, arrive récemment de l'armée, a trouvé le moyen de parler à la pauvre recluse, et, dans la conversation, de lui dire qu'elle était le seul obstacle au retour de l'exilé. Dès lors, son parti fut pris. Elle parvint à s'échapper, fut chez la légitime lui demander pardon de la priver d'un mari qu'elle devait aimer, puisque elle, si malheureuse, n'avait pas pu l'oublier; puis, elle alla se précipiter dans un trou fait dans la glace sur l'un des canaux; elle y est encore. On raconte ce qu'elle a dit à la femme de son amant; il paraît qu'elle a été admirable de simplicité et tout à la fois d'exaltation. Elle était tellement jolie qu'on la cachait lorsque des étrangers visitaient l'établissement où elle était enfermée. Il y a encore une foule de détails que je ne puis te donner ici et qui rendent l'histoire très-touchante. »

« Ce 30.

« Il part un courrier aujourd'hui. Je termine bien vite cette lettre, chère amie; elle te sera remise le premier janvier. Je veux qu'elle vous porte mes vœux de bonne année. Vous aurez pensé à moi, je n'en doute pas. Il y a trois ans, j'étais éloigné de vous à la même époque. Du moins, à minuit, quoique au fond de la Syrie, j'avais quelqu'un à embrasser. Avec ce cher Charles, nous pouvions prononcer les noms de ceux que notre cœur allait rejoindre par la pensée, mais ici!... rien. Personne ne saurait partager mes regrets de n'être pas là pour jouir en famille de cette union de sentiments réciproques qui est le bonheur du présent et la sécurité de l'avenir. Chère amie, dis-leur bien que je les aime de toutes les forces de mon âme, grands et petits, baise-les tous jusqu'à t'en user les lèvres et qu'ils te rendent la pareille de ma part.

« Adieu. »

« 11 janvier 1842.

« Ce que tu me dis du dernier tableau de Delaroche me fait grande joie; ce n'est pas que je ne m'attendisse à de nouveaux succès pour lui, mais je suis heureux de les voir se multiplier dans sa nouvelle manière. Je ne sais quel Grec a dit : « La vie est courte, l'art est long, l'expérience trom- « peuse et le jugement difficile. » Il faut donc se réjouir pour notre gendre, quand, dans toute la force de son talent, le problème se trouve résolu. C'est ce qui arrive. Quant à moi, je m'en sens tout glorieux, je ne dis pas pour la famille seulement, mais pour l'art en général.

« Un succès ne va pas sans l'autre. La femme d'un homme célèbre doit aussi, dans son genre, se faire remarquer. Aussi Louise a-t-elle fait son devoir. Il n'est question ici que de l'effet qu'elle a produit chez M. Apponij. Hier, à la revue, j'étais l'objet de mille félicitations, de la part de tous ceux qui avaient reçu des nouvelles de Paris. S'il avait fait plus beau temps, je me serais redressé, mais il tombait une pluie sous laquelle toutes les échines restaient courbées. Néanmoins, mon orgueilleux cœur de père jouissait dans son coin — avec le tien sans doute — d'avoir produit à nous deux une semblable perfection.

« Je pense à ce que tu m'as dit de X*** et de la différence de son savoir-faire avec le mien. Certes, ma chère amie, elle est grande. Parce qu'il fait la tabatière, ce n'est pas une raison pour que je fasse le mouchoir. J'aime mieux avoir moins de blé et le récolter sans ivraie.

« J'ai fait une haute bévue en passant l'hiver en Russie. J'étais loin de me douter que j'y serais condamné aux travaux du repos forcé. Mes vieux membres se rouillent à l'humidité, qui traverse mes bas de soie. Le froid qui tombe sur ma tête, que défendent mal le peu de cheveux qui me restent, refoule vers l'estomac tout ce que j'ai de substantiel dans l'esprit et prend la place de la nourriture que je suis appelé à partager chaque jour chez les Lucullus gastronomes de Saint-Pétersbourg. Bref, je ne travaille pas, je ne mange pas ; j'ai des croix pendues au cou et les pieds gelés dans des escarpins, et je ne dors pas beaucoup. Quant au dernier inconvénient, je m'en moque. Peut-être même lui ai-je des obligations ; car, dans mon lit, je me transporte par la pensée au milieu de vous. Je me crois dans ma chambre verte, près de toi, de nos enfants, et c'est le seul temps que je passe agréablement. La Bible aussi vient à mon secours. Je me délecte en lisant les évangiles. — Bêtas de peintres qui faites saint Jean vêtu d'une peau de chameau ! — Saint Matthieu dit : « vêtu d'un habit de poils de chameau et « une ceinture de cuir autour des reins. » Les bergers kurdes, druses, les Arabes, les Syriens de toutes les religions sont ainsi ; c'est l'*abbaïa*, ce vêtement si primitif et si beau. Notre mangeur de sauterelles n'en portait pas d'autre (car il n'est pas question de culotte) ; je le vois sur les bords du Jourdain lavant la tête à tout un chacun. Ah ! chère amie, quoique fanatico-garde-national, je me déclare émeutier biblico-pittoresco-régénérateur du vrai pour ce qui regarde l'israëlico-vestimento, etc... en *o* de l'écriture...

« On est venu me déranger dans le plus beau moment ; je ne saurai plus comment reprendre ma narration. C'est dommage ; car je me sentais inspiré par le Saint-Esprit et je me mettais en verve. Voilà comme les plus belles choses ont peut-être manqué de naître. Le tout pour recevoir M. D***, le magnétiseur; le coquin n'a pas besoin de mettre la main à la pâte pour endormir; on n'a qu'à le laisser parler. Enfin, le voilà parti, et, au risque de te communiquer le somnambulisme auquel je viens d'échapper, je reprends notre causerie. Nous disions donc que... ma foi, je ne sais pas. Ce pouvait être de la pluie que nous parlions; mais, à coup sûr, ce n'était pas du beau temps, car le bon Dieu de ce pays-ci ne juge pas à propos de nous en donner; il n'y a plus de neige; les rues sont lavées par une petite pluie fine qui ne discontinue pas. C'est une calamité pour le peuple. Saint-Pétersbourg ne s'approvisionne l'hiver que par le traînage, et, le jour de Noël, tous les marchés sont encombrés de viande, de poissons et de volailles gelés, au moyen de quoi ces denrées se conservent jusqu'au carême. Par malheur, un dégel vient de fondre à l'improviste sur nos têtes, et en même temps sur tous les comestibles, qui ne sont plus que des charognes; c'est une véritable désolation. Le premier jour, rien n'était si curieux que cette foire charnelle; j'y suis resté toute une matinée. Figure-toi des rues formées de bœufs, de moutons et de cochons empilés les uns sur les autres, roides comme du bois, et qu'on démolit à grands coups de hache. C'est un spectacle des plus bizarres, surtout quand vient la nuit; tous ces corps morts s'éclairent avec des chandelles; les marchands sont assis dans le ventre d'un bœuf ou sur le dos d'un porc; chacun d'eux vous agrippe par votre habit, pour vous vendre sa marchandise. Ils crient tous à la fois; dans ce tumulte, j'ai été pris regardant avec un air d'intérêt une immense truie environnée de toute sa famille, qui, comme elle, gisait sur le pavé. On a sans doute supposé que je voulais faire emplette de cette Niobé. Sur-le-champ j'ai été entouré d'une foule de compagnons de saint Antoine qu'on m'offrait d'acheter, en faisant valoir leur beauté comme s'ils eussent été de petits Cupidons. Ne pouvant pas m'expliquer, je me suis retiré, en faisant bonne contenance, jusqu'à mon traineau. Mais là, je devais succomber; je n'y suis pas rentré seul : la malheureuse truie m'avait suivi bon gré, mal gré, mise à mon côté et abandonnée par son propriétaire sans réclamation de payement. Tu juges de mon embarras; impossible de m'expliquer avec un gendarme qui était là pour la police. J'ai dû prendre le parti de m'en aller avec ma compagne. Arrivé à la maison, tout le monde m'attendait dans le vestibule. C'était le fils N*** qui, m'ayant découvert tandis que je flânais dans le marché, avait dit à un de ses paysans de me faire cadeau de cet intéressant animal. La plaisanterie n'était pas mauvaise de me faire voyager côte à côte avec une grande bête qui me dominait de plus d'un pied...

« La famille dans laquelle je trouve une si bonne hospitalité est dans la joie d'un mariage qui vient de s'arranger pour l'une des filles. Le promis et la promise s'aiment comme deux tourtereaux. C'est un vrai plaisir pour moi de voir des gens heureux les uns par les autres, moi qui suis si isolé! Tu ne peux te faire une idée de l'harmonie qui règne entre eux; ils vivent comme nous en communauté. Le père est un homme fort instruit, organisé pour tout, grand seigneur et bon vivant. La mère, qui a été délicieuse, est une passionnée en retraite, qui, depuis qu'elle a dû se vouer à l'éducation de ses filles, est devenue sévère et dévote; mais elle n'en conserve pas moins ce qu'il faut de l'ancienne chaleur de son âme pour aimer tendrement les siens et pour s'en faire aimer. La fille cadette est mariée depuis deux ans; celle-là est blonde, assez jolie, scrofuleuse, malgré ça nourrissant son enfant, faisant de la musique et de la peinture, n'allant pas au spectacle par principe, et ne lisant de la littérature moderne que ce que son mari écrit. Celui-ci est un grand jeune homme à grosse tête, mais déprimée, jouant assez fort sans avoir de fortune, bon gentilhomme, ne riant que de ce qu'il dit. Les autres sœurs sont brunes, plus ardentes, promettant davantage de payer un jour leur tribut à la société; mais jusqu'à présent fermes dans la voie du Seigneur et ne supposant pas qu'une honnête femme puisse lire autre chose que l'*Imitation*. Le plus jeune de toute la bande, c'est un frère, grand et beau garçon, visage frais, esprit très-cultivé, d'une bonté et d'une douceur angéliques, scrofuleux et par suite boiteux. C'est l'héritier, l'aîné des fils étant mort. Voilà de quoi se compose le matériel des maîtres. Le reste du personnel, qui complète la table pour le dîner, est formé par les gouverneurs et gouvernantes. Les premiers, heureux de quitter les livres, jouent de la flûte et de la clarinette. Des secondes, l'une, Anglaise, est du temps de Clarisse avec ses lunettes et son chapeau gris; l'autre, Polonaise, est (comme disait défunt le comte de Forbin) un torchon pastoral poussant des soupirs à renverser les meubles; puis il y a une Allemande qui mange, mais mange à faire trembler. Si j'étais Petit-Poucet, je quitterais la maison. Oh! la gaillarde! quelle mâchoire!... »

« Ce 17 janvier 1813.

« Tu me demandes si j'ai vu mademoiselle de R***. Certes. Elle est arrivée ici; elle a été engagée comme chanteuse chez le comte K***, gros homme à lunettes vertes, puant très-fort, mais richissime, ayant une musique à lui et battant la mesure à faux dans les morceaux d'ensemble, sans doute plus heureux dans les duos, car mademoiselle de R*** est devenue grosse

— et veuve d'un officier tué en Afrique. Maintenant, elle vient d'épouser *pour de vrai* un petit commis allemand plus jeune qu'elle, qui, pour de l'argent, se charge de la vache et d'un nouveau veau, fruit d'un nocturne en *mi naturel* à trois voix, transposé, dit-on, par un jeune Italien sur le *do majeur* du susdit comte. Voilà l'histoire.

« Quant au portrait du duc d'Orléans, il n'est pas terminé, mais il le sera avant mon retour. Je me ferai précéder par lui, afin de le donner au roi comme souvenir de moi.

« Nous sommes toujours sous l'eau. C'est une saison dont on n'a jamais eu d'exemple; c'est une désolation générale. Pourquoi faut-il que je sois tombé sur ce phénomène!...

« Adieu, je vous embrasse de tout mon cœur. Il est si gros aujourd'hui, qu'il y a place pour tout le monde. »

« Saint-Pétersbourg, 24 janvier 1843.

« Tout ce que tu me dis sur la fin de 1842 et le commencement de 1843 ne pouvait rien m'apprendre de nouveau quant à ce qui regarde les vœux et les souvenirs de mon côté. Je pensais à vous, tout seul, la plume à la main, et pour compagne ma lampe, qui veillait comme moi. Je ne pouvais pas boire du vin de Champagne avec elle. J'étais moins gai que vous, mais je sentais du moins sans distraction combien je vous aime tous. Les regrets de ne pas être réunis étant égaux des deux côtés, je veux croire que ma part était la meilleure.

« Les jours allongent et je puis travailler six heures. Aussi, la toile se couvre et je commence à renaître. Mes membres reprennent de la souplesse, mes idées s'élancent de nouveau vers le ciel, et mes yeux ne creusent plus tristement la terre que le soleil semblait avoir abandonnée. Il n'y a pas eu d'hiver ici. Jamais, de mémoire d'ours, on n'a vu une semblable saison dans leur belle patrie. Aussi, tout est-il défoncé. On ne peut sortir d'aucune façon, sans courir risque de se noyer ou de se rompre les os. Ah! malédiction des malédictions! Pourquoi faut-il que je sois tombé dans ce pays, justement quand il est enrhumé, grippé, dévoyé!... Ce matin même, l'astre du jour est venu montrer sa mine. Le crapaud a remué ses pattes engourdies sous son ventre pour s'élancer de nouveau dans la prairie. Avant que le mois de mai n'ait apporté des feuilles, le Boissec des peintres aura son retour de jeunesse...

« Voilà que je me laisse aller à te dire des bêtises, et je ne pense pas que le temps et le papier vont me manquer. Il vaut cependant mieux s'égayer que de faire du Jérémie. Je n'ai que trop de temps à employer à ce genre d'occupations, pour ne pas profiter du seul vrai plaisir que je puisse éprouver, celui de t'écrire. Si ce que je te dis n'a ni queue ni tête, c'est que toutes mes idées veulent sortir à la fois, comme des prisonniers auxquels on ouvre la porte. Il y en a une qui domine toutes les autres, c'est celle de vous revoir, de vous embrasser, de ne vous plus quitter, si ça dépend de moi. Adieu. »

« Saint-Pétersbourg, 6 février 1843.

« Enfin je suis heureux, chère amie : je puis peindre six heures! Je rentre de l'atelier, où j'ai fait — à ce que je crois — de la bonne besogne. Je chante maintenant tous les vieux airs d'opéras; il ne me manque que vous pour avoir retrouvé mes beaux et bons jours. Je jouis de voir mes mains barbouillées de couleur; ce n'est pas de la saleté, cependant je n'ose pas aller dans le monde sans les laver; les ours ne sont pas encore assez civilisés pour comprendre ce qu'il y a d'honorable dans la malpropreté du travailleur.

« Je me livre aux plaisirs mondains; je vole de l'un à l'autre comme un oiseau sur un cerisier. Si j'avais vingt ans de moins, je serais l'homme à la mode. Pourquoi faut-il que j'aie perdu ma fraîcheur !

« Le vinaigre que tu m'as envoyé est si bon, que j'ai toujours envie d'en mettre dans la salade; car, sur mon visage tanné, il me fait le même effet qu'un cautère sur une jambe de bois.

« S'il en est temps, expose mon tableau. Parce qu'il me vaudra peut-être quelques mauvaises lignes dans les journaux, ce n'est pas une raison pour que je sois un ingrat envers le Salon, sans lequel je ne me serais peut-être pas fait connaître. Je me souviens des jouissances de mes premiers succès; ils m'ont encouragé, et je dois à la mémoire des Gros, des Gérard, des Girodet, etc.., dont les exemples doublaient mon courage pour rivaliser avec eux, de rendre le même service à ceux qui doivent nous succéder. Tu vas dire que c'est de l'orgueil? Non, c'est une dette que je veux payer. Si *Thamar* ne remplit pas toutes les conditions de la peinture, ce n'est pas du moins un tableau sans aucun mérite. D'ailleurs, ses défauts peuvent servir de leçon. Les *Confessions* de J.-J. Rousseau n'ont fait de tort qu'à lui, et elles ont fait du bien à tant de gens qui les ont lues! Napoléon serait resté plus longtemps sur le trône, s'il avait pris l'avis de la multitude... Halte-là! me voilà dans le pathos. — Je retourne à mon mouton, c'est-à-dire à toi, ma pauvre amie.

« Je savais par les journaux l'histoire tragique de l'élève de Delaroche [1]. Ce que tu m'en dis me rassure pour l'opi-

---

[1]. Malheureux jeune homme mort des suites d'une *charge* que ses camarades d'atelier lui avaient fait subir.

nion que le monde en conservera : mais, connaissant la sensibilité du cœur de notre gendre, je suis bien aise d'apprendre que, dans cette circonstance comme dans tant d'autres, il a montré la fermeté nécessaire pour arrêter la malveillance. Certes, il est à regretter que, comme chef d'école, il renonce à faire des élèves ; mais ses œuvres seront là et se chargeront de propager les vraies et saines doctrines. Tous les peintres sont élèves du Poussin. Au demeurant, dis à Paul que je partage ses angoisses, mais que je le félicite d'avoir repris sa liberté ; il fera moins de mauvais sang dans les concours.

« Je te quitte pour aller au bal ; c'est demain jour de courrier, et je veux conserver un peu de place pour te dire si j'y aurai fait quelques victimes avec mes mollets qui brillent dans mes bas de soie blancs aussi bien qu'autre chose dans une lanterne. »

« Ce 7.

« Le bal était magnifique. L'empereur a été fort aimable ; nous avons causé longtemps ensemble, mais de choses indifférentes. Je vais partir pour aller peindre une tête de cheval que j'espère ne pas manquer. Tu ne peux te faire une idée du bonheur que j'éprouve d'avoir repris mes habitudes laborieuses. Le temps semble voler maintenant. »

« Saint-Pétersbourg, 12 février 1813.

« Enfin M. R*** est arrivé avec des lettres et des parfums ! Ce ne sont pas ces derniers qui ont agi le plus sur mes sens, comme tu le penses bien. Cependant, leur odeur de Paris a réveillé en moi de doux souvenirs ; je crois vous sentir tous près de moi ; si elle pouvait m'apporter aussi bien le son d'une de vos voix !... Mais non, j'ai beau ouvrir les oreilles, il n'y en a que pour le cœur et le nez; à plus tard, pour les yeux et le tympan. — Maintenant que je travaille, il me semble que je me suis mis en route pour vous rejoindre et que chaque coup de brosse me rapproche; — douce et bonne illusion, que je soigne comme mon meilleur ami... Enfin, viendra le jour de la réalité...

« Malgré le désir que j'ai de te donner souvent le plaisir de lire de ma prose, je serai forcé maintenant d'être un peu plus laconique; car, vu les jours qui allongent, le temps me manquera pour écrire. Je veux avoir terminé les deux portraits que j'ai sur le chantier, afin d'être libre de partir par la première navigation. L'empereur le sait. J'emporterai avec moi les documents nécessaires pour faire en France plusieurs grands tableaux.

« Hier seulement l'empereur a signé les projets de Montferrand pour la décoration intérieure de l'église d'Isaac. J'ai cru devoir me condamner au mutisme jusqu'à présent, et réserver mon avis relativement à l'exécution des peintures. Je serai consulté, je n'en doute pas. Tu connais mes opinions à l'égard de l'unité dans un monument, et j'espère que mes conseils seront entendus d'autant mieux, que j'y suis désintéressé. C'est purement et simplement une grande question d'art que je puis traiter avec connaissance de cause. Je ne serais pas fâché que Delaroche m'écrivît son opinion à ce sujet. Nous devons penser à peu près de même, et je serais aise de pouvoir corroborer mon avis du sien, si le cas échéait. Prie-le de me formuler ses idées sur la peinture monumentale, qu'il comprend si largement.

« Tu me demandes des détails sur ma santé? Elle est toujours de fer; le ventre ne me vient pas, et le mollet reste agaçant. Quant au visage, l'œil est bon, la moustache frise; mais l'humidité a, je crois, détendu la peau; un coup de soleil là-dessus, et elle se retendra comme celle d'un tambour. Il ne manque pas un clou au soufflet [1].

« Delaroche rouvre son atelier; il le devait. Il ne pouvait pas laisser planer sur une masse de jeunes gens une inculpation aussi grave. Il y a des circonstances qui dominent nos volontés et auxquelles il faut céder. *Amen!* »

« Ce 13.

« J'arrive d'un bal chez l'empereur. J'ai eu une très-longue conversation avec lui sur Isaac. J'ai fait le professeur. Je lui ai exprimé mon opinion sur l'homogénéité nécessaire dans l'ordonnance des compositions. Il y aura là tant de peinture, que la vie entière d'un homme n'y suffirait pas, s'il devait tout exécuter, ou même tout retoucher. Il faudrait donc qu'un seul génie se chargeât des cartons, et que vingt ou trente artistes de talent remplissent les contours. Cette tâche serait facile à accomplir, sans qu'il y eût disparate, les sujets devant être peints sur des plaques de cuivre dorées au feu. Avec de pareilles conditions, le caractère étant plus dans le contour que dans le modelé, il y aurait plus de certitude d'harmonie dans l'aspect. Pour n'avoir pas l'air d'exprimer ces idées dans un but personnel, j'ai dû citer plusieurs noms d'artistes : Ingres, Cornelius et Delaroche. J'ai peu insisté ; c'est partie à reprendre. J'ai voulu, pour la première fois, ne parler de la chose qu'en général. D'ailleurs, à la fin, j'étais dominé par une préoccupation venant de quelques mots échappés à Sa Majesté à plusieurs reprises : comme il s'agissait du temps qu'on devait mettre à terminer le monument, l'empereur

---

[1]. Le lecteur n'a pas besoin qu'on lui traduise cette locution qui a un équivalent non moins pittoresque dans la langue des gamins de Paris : « bouder aux dominos, » c'est-à-dire, être brèche-dent.

m'a dit : « Il faut que ce soit fini en cinq ans. Je sais bien « que je n'y entendrai qu'une messe et que c'est pour mon « fils que je travaille : je ne dois pas vivre longtemps. » Cette appréhension d'une mort prochaine, manifestée au milieu d'un bal, et exprimée d'une manière simple, de la part d'un homme dans toute la vigueur de l'âge et de la santé, avait quelque chose de si contradictoire, qu'il m'a fallu un effort d'esprit pour m'en expliquer la possibilité. Malheureusement, la solution du problème n'a pas été bien difficile à trouver. Avec mes idées sur la situation du pays et le souvenir de la scène qui s'était passée dans la chambre à côté [1], la possibilité d'un grand événement devait me paraître probable. Mais alors, j'ai senti tout ce qu'il fallait de force d'âme à un souverain pour dominer les faiblesses de l'humanité. Je pensais à notre roi, que la mort épargne dans sa personne, tandis qu'elle frappe autour de lui. Enfin, j'ai été pris, au milieu de ce monde, par une quantité d'idées que je ne me croyais susceptible d'avoir que seul, un jour de dégel, et bloqué dans le fond de ma chambre. Au résultat, toutes ces pensées ne m'ont point empêché de semer mon grain et de placer mes pions. J'ai obtenu que tu adressasses ma gravure de *Thamar* directement à l'empereur. Tu peux y joindre la *Jument aux loups,* et je crois qu'il ne serait pas mal d'introduire dans le rouleau la *Sainte Cécile* de Delaroche. Le genre de cet ouvrage est plus en rapport avec les travaux à faire, et son arrivée ici, où il n'est

---

1. Allusion à la mort de Paul Ier, qui fut étranglé en 1801. Pendant le premier voyage d'Horace Vernet en Russie (1836), Nicolas lui avait dit un jour : « Voyez ces gens qui nous regardent lorsque nous nous mettons à la fenêtre, ce ne sont pas eux qui ont tué mon malheureux père, ils nous aiment : le danger que nous courons est dans l'antichambre. » Et en prononçant ces derniers mots, l'empereur montrait la porte du salon où se tenaient ses favoris.

pas connu, viendra corroborer ce que j'ai déjà préparé.

« Voilà une lettre d'affaires; maintenant, en avant le sentiment! Avec quelle impatience ne vois-je pas venir le moment où, sans sortir de chez nous, je jouirai de nos petits enfants. Chère veste! quand ne te quitterai-je plus? Dussé-je te faire rougir, ce sera mon habit de salon, même pour les samedis. X*** pourra s'en offusquer, car je le sais méticuleux sur l'article toilette; n'importe, il avalera ma veste ou il dira pourquoi. La seule concession que je puisse lui faire, c'est d'en avoir une avec la broderie de l'Institut.

« Adieu. Tout à toi. »

« Mon ami intime, Radziwill, le meilleur de tous les princes, se charge de te remettre cette lettre; elle te portera quelques observations que je fais sur le pays et que je ne serais pas enchanté qu'on lût à la police: ma façon de penser est peut-être absurde; n'importe, parlons d'autre chose.

« La vie que je mène ici est la plus usante qu'on puisse imaginer. Les jours se passent dans mon atelier, où je ne fais pas de trop mauvaise peinture (tu sais que je me juge, et le portrait de l'impératrice sera une bonne chose); les nuits, dans le monde où je fais partie de la masse compacte qu'on appelle *ces gens*, et qui, lorsqu'ils n'y sont pas, laissent un vide comme s'il manquait une touche à un piano. Je vis le double que je n'en ai l'habitude. Ça ne me fatigue pas, et j'y gagne de ne pas creuser la triste pensée d'être séparé de vous par un passé de quatre mois.

« Une nouvelle distraction m'est venue en aide. Il est arrivé une troupe de bohémiens pur sang avec le prince Wiozenski; nous les poursuivons dans les derniers retranchements de leurs habitudes privées. Il y a véritablement chez eux des choses inconcevables de tradition physique et morale; c'est de l'Égypte au visage de bronze, avec ses serpents droits sur la queue, ses mystères et ses superstitions. Je suis comme un ivrogne qui découvre un bouchon ; aussitôt que je vois moyen de me raccrocher aux souvenirs d'un pays où le soleil n'est pas comme ici une orange enveloppée de papier gris, je m'en donne *à gogo*. Je puis d'autant mieux l'avouer qu'il n'y a rien que de vertueux dans nos recherches. Je deviens philosophe profond comme Jocrisse devenu maître d'école ; je n'y mets pas plus de prétention que lui. Je m'amuse seulement pour faire couler le temps que je ne puis employer à la peinture. Je flaire à droite et à gauche; je fourre mon nez partout où je peux, sans m'occuper de ce que j'entends de l'opinion des autres bavards; car, chère amie, plus je vis, plus je suis convaincu que le nez est l'organe le plus important de notre machine humaine; il perçoit tout. Épluche-t-on des oignons, il fait pleurer les yeux. Prend-il du tabac, il donne de l'énergie au cerveau et vous secoue tout le système par ces fameux éternuments que tu exécutes si solidement. Les bonnes, les mauvaises odeurs font battre le cœur ou le soulèvent. Un nez busqué, retroussé, ou même de mie de pain, change l'expression du visage. Enfin, depuis le premier nez d'Adam dans le Paradis jusqu'à la descente d'Énée aux enfers (vieux calembour), c'est toujours par le nez que le sort nous conduit. Nous avons les yeux trop près de cette exubérance pour bien juger, sans loucher, comment nous sommes empoignés; mais nous avons la prétention de juger ceux que nous voyons conduire de loin. Je m'amuse donc ici, faute de mieux, à juger des différentes directions que prennent tous les nez. Dans aucun pays du monde, il n'en existe une aussi grande variété. Depuis l'Arménie jusqu'au Kamchatka, ils vont toujours en diminuant. Aussi l'attelage est-il différent : les plus longs vont comme on les tire; les plus courts (par la raison qu'il y a moins de prise) vont comme on les pousse. Moi qui connais le grand cocher de cette messagerie royale, je commence à juger de la manœuvre. Puisqu'il n'y a plus moyen de courir le pays, il faut rester au gîte, et « que faire en un gîte à moins que l'on ne songe... » creux ou non? Voilà ce à quoi je tâche; ce ne serait que pour te faire rire, que je croirais n'avoir pas perdu mon temps. Au demeurant, mes observations seront tout aussi intéressantes que celles de d'Arlincourt.

« J'ai déjà bien vu l'armée; maintenant, c'est le peuple que je cherche dans son esclavage.

« L'empereur, j'en suis convaincu, ne désire rien tant que la liberté pour les serfs; mais, dans l'état de dépravation où en sont venues les choses, il y a impossibilité de la leur donner. La vie d'un paysan est tellement au rebours des mœurs qui constituent la société, qu'il est impossible de l'y faire entrer avant une régénération complète de ses habitudes; et comment y arriver, lorsqu'aucun sentiment d'honneur n'agit sur son esprit, et que son but est de faire le moins possible, la paresse et l'indolence étant pour les Russes le parfait bonheur, depuis le prince jusqu'au moujik?

« Déjà plusieurs lois sont venues réprimer quelques abus monstrueux que l'absence d'état civil bien tenu avait laissés s'introduire au profit des seigneurs, dont la richesse ne consistait pas dans la valeur de leurs terres, mais dans le nombre des paysans qui la cultivent. Il arrivait donc qu'afin que les femmes ne restassent pas sans produire, le père mariait son fils à l'âge de dix ou douze ans, et se chargeait de faire lui-même les enfants. La défense de marier les enfants existe; mais combien de temps faudra-t-il pour qu'elle domine la cupidité d'une part, la débauche de l'autre ?

« Les femmes ne comptant pas, il s'en fait un singulier trafic relativement au mariage et au recrutement. Il arrive souvent, par suite du mélange d'enfants dont je viens de te parler, que dans un village il n'y a plus moyen (vu le degré de parenté) que les habitants puissent s'unir entre eux ; on échange alors les filles contre deux ou trois mauvais sujets dont on ne peut rien faire, et ceux-là, on les garde pour le recrutement ; on les engraisse afin qu'on les trouve bons pour le service, et voilà en grande partie de quoi l'armée se compose.

« Je te laisse à penser tout ce qu'il peut s'introduire de mauvaises passions dans les rapports entre le maître et l'esclave, et comment tout d'un coup on pourrait égaliser et donner les mêmes droits à des gens qui ne se considèrent pas comme étant de la même espèce. Il n'y a qu'une révolution qui puisse amener un changement dans l'ordre de choses établi ici, et alors qui sait ce que peut devenir un pays aussi immense et divisé par des différences de langage, de religion, de climat? Je ne sais si mon nez sent de loin, ou si j'ai une idée fixe à cheval dessus ; mais je ne pense pas que ce soit avec une armée seulement (si nombreuse qu'elle soit, et surtout réduite à l'état d'automate par la discipline) que l'empereur puisse maintenir longtemps l'équilibre, malgré les principes moraux qu'il puise dans son cœur et dans ses propres vertus, malgré son désir de les propager. La révolution domine ses meilleures intentions. La crainte lui a fait endosser un uniforme régulier qui dissimule à l'extérieur toutes ses difformités ; mais elles n'en existent pas moins et ne cesseront pas d'exister tant que la Russie ne basera pas son avenir sur autre chose que sur des apparences de force et de prospérité ! Comme je te l'ai dit, elle me semble sur une boursouflure de civilisation, dont la croûte s'enfoncera un jour ou l'autre. Du moment que l'armée délibérera, elle trouvera quarante millions de *barbus* qui ne demandent pas mieux que de s'emparer des terres dont ils se regardent déjà comme les propriétaires, par la raison toute simple que ces terres n'ayant aucune autre valeur que celle des paysans qui lui appartiennent, que l'impôt se payant eu égard à leur nombre, et non pas eu égard à l'étendue de la terre qu'ils cultivent, on ne leur persuadera jamais que le sol ne fait pas partie de leur individu. Voilà pourquoi aucun d'eux ne veut prendre sa liberté. Une fois libre, un paysan ne possède plus rien ; esclave, il ne peut être vendu qu'avec la terre qui doit le nourrir.

« Depuis 1600, époque à laquelle Godounof a établi l'esclavage des Russes [1], qui jusqu'alors avaient été libres, les intérêts de l'État ont changé de nature. Les guerres qui dépeuplaient le pays ont un autre but, celui de l'enrichir et d'augmenter la population. Un soldat mourait sous les drapeaux ; maintenant, il ne fait plus que quatorze ans de service. Lorsqu'ils en faisaient vingt, sur mille il en restait un ; la charge n'était pas lourde pour les villages dans lesquels ces réformés se retiraient. Aujourd'hui que le nombre en est considérable, vu les congés illimités, ça devient non-seulement un nouvel impôt, mais un grand embarras pour les propriétaires. Le service militaire ayant acquis la liberté à ces hommes, ils retournent dans leurs familles avec des idées nouvelles. S'ils travaillent pour le compte du seigneur, il est obligé de les payer ; sinon, ils

1. Boris Godunow ou Godounof, Tartare d'origine, usurpa le trône, après avoir fait périr le czar Fédor Iwanowitch et son héritier, Dmitri. Il fut lui-même empoisonné (1605).

s'emparent d'un terrain qu'ils font valoir selon leur intelligence. Voilà donc une propriété établie dans une autre propriété. Le jour des contestations arrivera. Cette classe de prolétaires inconnus jusqu'ici, dont la population se sera enrichie, ne se dessaisira pas volontiers d'un bien qu'elle regardera comme la récompense de ses services. Ce bien ne rapportant rien à l'État, il faudra donc l'imposer ; la mesure ne peut être que générale, et, de ce moment, tout est bouleversé. — Voilà dans quelle route le nez de l'empereur s'est engagé. Cette route me fait l'effet d'être sur une crête, qui sépare deux précipices, dans lesquels le moindre faux pas doit faire tomber. Il me semble qu'il vaudrait mieux descendre franchement d'un côté ou de l'autre avant d'y être poussé ; mais je suis convaincu que déjà le chemin n'existe plus. Du moment où le prestige de la force brutale aura cessé de se faire voir sur le sommet, le pays sera bientôt nivelé, et la force brutale disparaîtra, dès qu'elle sera obligée d'obtenir des concessions des deux parties à la fois, c'est-à-dire des nobles et des paysans ; car la bourgeoisie n'existe pas en assez grand nombre pour qu'elle puisse entrer en ligne. Cette classe ne peut acquérir de terres : elle vit isolée ; elle nomme ses magistrats à l'élection et paye une certaine somme à l'État; mais elle n'est aucunement représentée dans l'administration ; elle vit, pour ainsi dire, *à l'index*. On compte parmi elle des millionnaires, mais la fortune qu'un père a pu acquérir (la plupart du temps par l'astuce, etc.,) est bientôt dissipée par le fils, par la raison que, n'occupant aucun rang dans la société, la débauche et l'ivrognerie sont sa seule ressource, et bientôt il retombe dans l'abjection. Il n'y a donc que deux classes entièrement séparées de position, d'intérêts, de mœurs, et vivant aux dépens l'une de l'autre cependant. Cet ordre de choses ne peut pas durer longtemps ; la balance n'est pas égale. Déjà, les seigneurs sont obligés de faire de grands sacrifices pour prévenir les révoltés que la moindre disette provoque. Un jour viendra où les revenus ne suffiront plus, et où, malgré eux, les paysans seront forcés de se suffire à eux-mêmes.

« Je viens de relire mon bavardage ; je ne le comprends pas moi-même. Je sais bien ce que j'ai voulu dire, mais ce n'est intelligible que pour moi. Je te l'envoie toujours ; tu me le garderas comme renseignement.

« J'ai assisté hier à l'enterrement du métropolitain, le pape des Grecs. Je n'ai rien vu de si beau que ce clergé ; non-seulement le costume est magnifique comme forme, mais ces longues barbes et ces immenses chevelures ondulées tombant sur les épaules font un effet merveilleux. Il serait trop long de te donner les détails ; nous en causerons de vive voix à mon retour.

« HORACE VERNET. »

XIII

LA RUSSIE PEINTE PAR HORACE VERNET
(suite et fin).

La Saint-Martin de la palette. — Un palais de cristal. — Le carnaval. — L'empereur au bal masqué. — Lucullus et madame Gibou. — Réjouissances et déguisements. — Un mariage aristocratique. — Le public et les coteries. — Céladon fripé. — Rubini. — L'église d'Isaac et la peinture décorative. — Voyage sur mer en traîneau. Carême et jeûnes. — Les fêtes de Pâques. — L'hospice des enfants trouvés. — Bal à la cour. — Adieux à la Russie.

« Pétersbourg, 12 février 1843.

« Tu ne recevras de moi que quelques lignes, chère amie; voilà ce que c'est que la vie d'un homme qui court le monde! Lorsque je ne pouvais travailler, que les jours et les nuits ne faisaient qu'un, que le carnaval n'était pas venu réveiller chez moi un retour de succès, je t'écrivais de longues lettres. Aujourd'hui je n'ai plus le temps. La Saint-Martin de la palette a ramené celle de mon été passé. Le matin, les couleurs les plus brillantes à l'empire du génie; le soir, les lis et les roses des visages les plus éclatants sont le jouet des faveurs que je veux bien distribuer. Je ne rentre jamais sans chanter : « Enfant chéri des dames, etc.; » mais sois sans inquiétude, il y a à côté cinquante-trois ans qui chantent aussi sur un air moins audacieux avec des paroles conjugales; bref, je reste vertueux ; tu me reconnais là.

« Pour changer de conversation, je te dirai qu'enfin nous avons l'hiver ici depuis dix jours. Enfin les traîneaux, chose délicieuse! filent comme le vent sur la mer. Le soleil fait briller dans l'air des parcelles de glace qui semblent de la poudre de diamant, et les rues sont encombrées de traîneaux portant d'énormes blocs de glace. On dirait que, comme les Juifs enlevaient le bronze du colosse de Rhodes, les moujiks détruisent le palais d'une fée. Ce sont des masses de cristal de roche qu'on charrie dans tous les sens. Il faut vraiment se bien persuader que tout ce qu'on voit dans ce pays n'est que de l'eau claire, pour ne pas se laisser aller à de trop belles illusions. Heureusement, j'ai vu tant de choses dans ma vie, que, quoiqu'un peu emporté par le tourbillon pour le moment, mon œil reste fixé sur le point où rien ne tourne, où tout est réel, sur le pivot de la rue Saint-Lazare, où mon cœur est planté ; la tête peut emporter le reste ; mais c'est toujours là le centre, et, dans trois mois, je le reprendrai avec sa gravité; car, tout en te disant des bêtises pour te faire rire, je deviens plus sérieux que tu ne penses, et je lutterai avec Delaroche pour le calme et le sang-froid. En attendant, je jouis de mon reste pour ne rapporter à nos petits-enfants que le fruit mûri de mes observations. Chers petits!... que j'aurai de plaisir à faire parler l'un, et à me faire écouter par l'autre ; car, d'après ce que tu me dis, ils ont chacun des facultés tout à fait distinctes. Je m'en réjouis; il vaut mieux qu'Horace dise : « Mon frère « est muet, » que de dire ce que Piron disait du sien.

« Je vais te quitter jusqu'à demain matin, chère amie, car il me faut me vêtir pour aller au bal chez le comte de Woronzof, où toute la famille impériale se trouvera. Ah!

lorsque je me souviens de la soirée de Jérusalem, où je
t'écrivais sur la table du couvent, après un repas de *bacallao*[1] : j'étais maigre, fatigué ; mais la raison était bien
différente de celle qui me blêmit. Avec la Bible et tout ce
que je voyais, je remplissais mon sac comme la fourmi qui
fait provision de nourriture pour l'avenir. Ici, c'est le contraire : c'est le vide qui m'entoure que je remplis à mes dépens. Heureusement, la bourse ne suit pas le mouvement,
et je la rapporterai plus ronde que mes joues. Je travaille
ferme, et je suis très-content de mon ouvrage. Je sens que
le long repos auquel j'ai été condamné n'a pas été totalement perdu ; je repars avec mon énergie d'il y a vingt ans
et l'expérience d'une longue existence laborieuse. Je me
sens plus capable que jamais de produire encore de grands
ouvrages, et l'occasion ne me manquera pas, car j'en ai à
faire pour le reste de ma vie, si je veux. »

« Ce 13.

« J'ai passé une soirée comme tant d'autres, fort agréable
et brillante comme le soleil. Rien n'est si beau que ces
réunions ; mais que j'aimerais mieux notre petit coin ! Ce
que je gagne à tout ceci, c'est de l'apprécier et de songer au
bonheur de ne plus le quitter. Je te donnerai bientôt des
détails sur un mariage à la cour, dont j'ai été le témoin et
où je figurais comme tel.

« Ce que tu me dis relativement à ma correspondance
n'est sans doute que pour m'encourager à bavarder avec
toi ; tu n'avais pas besoin de ça. C'est la seule véritable joie
que j'éprouve. Quand je me vois un grand papier devant

---

1. Mot espagnol qui signifie merluche. Nos marins désignent la morue
sèche sous le nom de *bacaliau*.

moi, je commence à jouir ; je laisse ma plume courir au hasard : elle vide mon cœur comme on met son argent sur sa cheminée en rentrant chez soi. J'écris sans compter. Que je te fasse rire de pitié ou par mes bêtises, je pense que je te fais passer quelques bons instants. Je suis content, et mon amour-propre n'en souffre pas.

« Adieu. »

« Nous sommes ici dans les joies du carnaval : on ne pense à rien autre chose qu'à transformer sa nature dans toute l'extension du terme. Ah! mesdames les Russes, vous n'y allez pas mal! les mascarades vous émoustillent ; comme les femmes arabes, vous couvrez votre visage avec le devant de votre chemise, et un masque noir sur le nez remplace pour ainsi dire celui de votre blême et indolente froideur. Allons, mes belles, amusez-vous, trémoussez-vous ; voici le carême qui va commencer ; jouissez de votre reste, au risque de marcher pendant neuf mois comme des oies !

« Rien n'est si curieux, chère amie, que ces réunions nocturnes à l'instar de nos anciens bals de l'Opéra. Il y en a deux par semaine : l'une au Grand-Théâtre, l'autre dans la salle de la noblesse. Pour le même prix, tout le monde peut y entrer ; c'est le même monde qui s'y trouve, et tous les rangs son intervertis. Une musique militaire à fendre une tête fossile vous tient dans la nécessité de parler à l'oreille les uns des autres comme à confesse. Chacun est là pour soi, depuis l'empereur jusqu'au dernier cabotin ; il n'existe aucune distance ; on se frotte les uns contre les autres sans la moindre considération de rang, le chapeau sur la tête. Les officiers ont sur leur uniforme un petit mantelet de soie ou de dentelle noire. Dans cette cohue, rien n'est si singulier, pour nous autres Français, que de rencontrer à chaque pas les princes de la famille impériale comme de simples bourgeois qui s'amusent. Sa Majesté, qui porte avec une grâce remarquable son petit manteau retroussé sous le bras, et dont l'air affable et gai accompagne si bien la noblesse de la taille, est continuellement assaillie par une foule de dominos de toute extraction, s'accrochant à son bras pour lui dire tout ce qui leur passe par la tête. Il doit quelquefois en entendre de belles, si j'en juge par certaines tournures qui l'accostent. Pour moi, je suis toujours dans l'admiration de voir un souverain absolu plus libre et plus familier avec ses sujets qu'un roi ou une reine constitutionnels, qui ne peuvent se montrer au travers des vitres de leur palais sans qu'on leur tire sus. De tels exemples, je l'avoue, bouleversent les idées, et je n'ai pas la tête assez forte pour me rendre raison de semblables contradictions. Les choses me sembleraient devoir être dans le sens inverse. Ce n'est pas le moment de faire ici de la philosophie. Il s'agit d'un fait qui est certainement unique dans le monde.

« Les bals particuliers se succèdent : il y en a un tous les jours. Il y en a eu un d'une splendeur inconcevable chez le comte Woronzof. Au souper, la table de l'impératrice était couverte d'un surtout arrivant d'Angleterre, valant près d'un million de France. Il y avait plus de cent domestiques poudrés, pommadés, galonnés, etc. Le salon d'Apollon chez Lucullus ne devait être, en comparaison, qu'un thé chez madame Gibou. Il est impossible d'étaler plus de luxe et d'entasser plus de frivolités, sans cependant perdre l'harmonie et le bon goût. Enfin, je puis t'assurer n'avoir rien vu de semblable dans aucun des coins du monde que j'ai parcourus.

« Hier, chez Demidof, il y a eu un bal costumé. L'empereur et les princes y assistaient. Il n'y avait de princesses que la grande-duchesse Michel et ses filles. Il était aussi très-beau. Les femmes en poudre abondaient, les permissions de dix heures pleuvaient comme les gardes-françaises, les régiments d'Aubeterre et de Vermandois; il y avait un seul quadrille d'Indiens ayant un peu trop l'air du pays; puis des costumes variés, parmi lesquels se distinguait un chasseur d'Afrique au visage cuivré, au regard menaçant, à l'aspect grêle, mais non dépourvu d'une grâce particulière; tu le reconnais : c'est ton mari que ce dernier succès ne rend pas plus fier. Oui, oui, tendre épouse, ton époux a fait fureur, sans rien perdre de la simplicité de ses mœurs, et portant partout les insignes de sa nationalité. Vendredi, il se trouvera à semblable fête à la cour. Alors il reparaîtra en vainqueur de Constantine, en simple zouave, paqueté, armé comme un jour de victoire, chantant : « Voilà, voilà, voilà le vrai soldat *francé!* » Je te donnerai les détails après l'action.

« Je pense que je t'en dois sur le mariage de la comtesse Apolline Wielhorski, maintenant madame Vinivitinof.

« La cérémonie a eu lieu à la cour, à sept heures du soir. 1° La mariée est partie la première pour se rendre chez l'impératrice, qui est dans l'usage en pareille circonstance de la coiffer avec les diamants de la couronne; 2° Nous sommes arrivés, comme témoins, avec le marié et le reste de la famille. L'empereur, donnant la main à la jeune personne, va processionnellement à la chapelle, où le clergé les reçoit avec les cérémonies d'usage; puis la musique commence, c'est-à-dire les chants, les prières, etc. On étale par terre une bande d'étoffe couleur de rose, sur laquelle les époux doivent se placer. Soi-disant, celui qui s'y place le premier doit mener le ménage; c'était à qui des deux ferait la politesse à l'autre. Superstitieusement, ils ont levé le pied ensemble, et maintenant ils se disputent à qui l'a posé le premier. Deux garçons de noce leur tiennent tout le temps deux couronnes fermées sur la tête. Le prêtre leur fait boire du vin dans une même coupe, puis leur fait faire le tour d'un pupitre sur lequel est l'Évangile. La cérémonie dure une heure. Après la bénédiction, on passe dans les appartements; là, on donne à chacun un grand verre de vin de Champagne, qu'homme et femme doivent boire en entier. Il faut que plus de deux bouteilles soient vidées pour que le mariage soit heureux. Après, l'empereur, qui joue le rôle de *père assis* (c'est le terme), part d'avance pour le logement des époux; il y porte les images. La noce le suit; il attend à la porte de l'appartement l'arrivée des mariés, qui, avant d'entrer, se prosternent jusqu'à terre. Ensuite le vin de Champagne reparaît encore, et on distribue à chacun des cornets remplis de bonbons, de glaces, etc. Voilà pour le matériel de la cérémonie; quant à la partie morale, une circonstance inattendue est venue me donner la mesure de l'importance religieuse que la mariée attachait au serment solennel qu'elle allait prêter devant Dieu. Un de ses bracelets s'étant détaché, elle le tenait dans sa main gauche; l'empereur, avec sa galanterie chevaleresque, traversa toute la chapelle pour l'en débarrasser. Elle le lui remit sans le regarder et sans lui faire le plus petit signe de remerciment. Ce manque de courtoisie a été apprécié dans son véritable sens par tous les assistants, et tu es trop religieuse pour ne pas le comprendre. Voilà tout ce que j'avais à te dire sur ce petit épisode de mon séjour ici, si ce n'est qu'en raison de l'acte, qui était entièrement civil, je m'étais revêtu de l'honorable habit de l'Institut. »

« Ce 3 mars.

« Chère amie, tu me remercies de mon exactitude à t'écrire, comme si c'était un devoir, et non un bonheur pour moi de bavarder avec toi et d'échanger mutuellement les expressions des sentiments qui nous unissent si fort; nous n'avons qu'un même cœur, puisque nous aimons les mêmes choses; nous ne nous apprenons rien de nouveau: mais ce transvidement d'idées est comme du vin qu'on dépote : il s'éclaircit et devient meilleur. Tu me payes en or pur, moi, je te rembourse avec ma grosse monnaie de cuivre, et, au bout du compte, la somme est égale de part et d'autre. Il n'y a de fâcheux que la distance qui nous sépare: mais bientôt nous traiterons de nos affaires de la main à la main. Comme toi, je chante : « Joli mois de mai... » Cependant, je ne puis dire que maintenant le temps me paraisse aussi long que dans ces jours de nuit qui me pesaient sur l'âme, cet hiver. Depuis que je travaille, le temps semble avoir déployé ses ailes; il vole comme un épervier qui poursuit une colombe. Je m'explique ce ragaillardissement par l'idée que chaque coup de brosse est un pas fait vers vous. Je suis comme un homme qui tourne le coin de sa rue et qui voit sa maison. Il se croit déjà arrivé: mais, trêve de figures métaphoriques : parlons peu et parlons bien.

« Tu dis donc que tu as envoyé *Thamar* au Salon. Delaroche a raison de dire que, l'année dernière, je l'avais retenue, mais la salle de Constantine était là. Cette année, je cours les risques des observations qu'on pourra faire sur le sujet, et je me soumets d'avance aux critiques. Fais ce que dois, advienne que pourra! Je veux être critiqué, moi; si je ne l'avais été, je ne me connaîtrais pas. Juste, la critique m'a donné des leçons; injuste, elle m'a donné des forces. Ne suis-je donc plus assez robuste pour me défendre contre elle? Quand je ne le pourrai plus, alors je me cacherai tout à fait. Je sais que de fermer boutique à temps est ce qu'il y a de plus difficile pour l'homme dont la réputation est à la merci du public. Son orgueil bouche ses oreilles; c'est dans cette circonstance que les amis doivent paraître; leur désapprobation est plus utile quand on baisse que leurs compliments lorsqu'on monte. Dans ce dernier cas, il n'y a de profitable que le jugement de la multitude; n'ayant d'affection que pour l'objet qui lui procure des jouissances, elle parle juste parce qu'elle n'est jamais dominée par un sentiment individuel. La multitude, au jugement de laquelle on en a appelé, conserve, plus longtemps que les coteries, la reconnaissance qu'elle nous doit pour le soin que vous avez mis à lui plaire. Le mot *coterie* vient de m'échapper, mais je ne saurais qualifier autrement un certain nombre d'individus qui vous entourent, uniquement parce que vous leur plaisez et qu'ils vous trouvent supérieur. Ce n'est donc qu'une fraction de ce qui fait l'opinion publique. J'appelle ça une coterie; le genre de succès qu'on peut obtenir par ce moyen peut suffire par exemple, et même être utile à des hommes qui ne remplissent qu'une spécialité dans l'art qu'ils professent; ils n'ont besoin que d'un certain nombre de *braillards* pour faire grand bruit dans leur coin... Mais je m'aperçois que j'entre dans des divagations... Halte-là!

« Tout sera pour le mieux quand j'aurai repelotonné, pour rentrer dans mon nid, le bout du fil auquel je pends comme une araignée depuis si longtemps. Je ne sais si c'est l'âge ou la raison qui chemine; peut-être sont-ce tous les deux à la fois; mais ce qui est certain, c'est que je pense plus sérieusement que je ne me croyais susceptible de le faire, et que je fais de grands progrès du côté de la gravité. C'est à tel point que j'ai la crainte qu'à mon retour tu ne me trouves ennuyeux par l'air solennel que je prends. Dans ce cas, je compte sur les bouffonneries d'Horace et sur la pantomime de Philippe pour dérider mon pédantisme.

« Adieu. Je vous embrasse tous du meilleur de mon cœur.

« Ton Céladon fripé. »

« Ce 6 mars.

« Enfin, voilà le carnaval terminé! Le carême va renaître. D'aujourd'hui, nous rentrons dans la voie du Seigneur; il en est temps, car je suis certain que, encore quelques jours, et la moitié de la société de Saint-Pétersbourg enfilait la grande route de l'autre monde.

« Rubini est ici. Il a donné un premier concert qui lui a rapporté, tous frais faits, plus de 50,000 roubles. Les sauvages de ce pays ne l'ont pas tous goûté, mais les vrais amateurs ont su l'apprécier. »

A MONSIEUR PAUL DELAROCHE.

« Saint-Pétersbourg, 16 mars 1843.

« Enfin le moment est venu; j'ai le pied dans l'étrier, et je puis vous entretenir de la grande affaire d'Isaac. L'empereur vient d'accepter les plans de M. de Montferrand. Il ne s'agit plus que des moyens d'exécution. Sur ce point, tout est à faire. Voici la chose, et où elle en est : il y aura pour deux millions de peinture; les peintres russes demandent à

en être chargés : on leur donne quatre ans pour avoir terminé, condition qu'ils peuvent accepter, mais que je les défie de remplir, sans compter qu'il leur est impossible de rien faire de bon. Hier, j'ai dîné en petit comité chez Sa Majesté. Naturellement, la conversation est tombée sur la décoration de l'église; j'ai donné mon avis, et le voici : un seul homme doit être chargé des diverses compositions qui forment le tout de la décoration, faire les cartons coloriés; puis suivre l'exécution qui serait confiée à quelques peintres russes ou autres, ainsi qu'à des faiseurs d'images, qui ont une intelligence particulière pour ce genre de peinture grecque dont ils conservent la tradition. Je pense que ces espèces d'ouvriers seraient très-utiles comme imitateurs fidèles. La plus grande partie des peintures de la partie supérieure du monument sont sur fond d'or; en bas, règne une sorte de frise qui en fait le tour; elle est entièrement consacrée aux sujets de l'Évangile, les cinq dômes l'étant uniquement à l'apothéose des saints. Voilà, mon cher ami, *grosso modo*, de quoi il est question; dans quelques jours, je vous donnerai les détails. Pour faire valoir mon opinion, je n'ai pas manqué d'exemples, et je pense avoir été compris. Je n'ai pas dit encore qu'un seul homme, de nos jours, était capable de mener à bonne fin une semblable entreprise, mais j'ai dit que vous pourriez bien venir me chercher par la première navigation. L'empereur a répondu :
« Je serais heureux de faire la connaissance de M. Dela-
« roche. »

« Maintenant, relativement à vous, je pense que jamais artiste n'aurait eu une semblable occasion de développer son talent et de faire fortune en peu d'années. Vous connaissez ma façon d'agir sous ce dernier rapport; je ne vous parlerai donc ici que de gloire et de réputation nationale et individuelle. Venez voir la chose elle-même : il est impossible que votre âme d'artiste ne bondisse pas de joie devant un si bel et si grand champ de bataille, dont vous pouvez vous rendre maître. Quant à moi, je voudrais vous le voir parcourir.

« Comme je vous l'ai dit, l'empereur désire faire votre connaissance. En vous rendant à ce désir, vous ne contractez aucun engagement, vous restez libre. Dans tous les cas, vous aurez fait un petit voyage intéressant ; et, par le fait, vous vous trouverez en relation avec un souverain que vous serez heureux de connaître. Plus je le vois, plus je l'apprécie comme homme. Personne ne comprend mieux que lui l'exaltation d'une âme honnête. Depuis une année bientôt que je l'observe de très-près, jamais je ne l'ai vu se démentir ; et, croyez-moi, l'approcher est une époque dans la vie. Vous serez bien reçu, et qu'est-ce qu'un mois quand ce mois de repos vous laisse des souvenirs ?

« Ferzen est de retour d'Italie. Il vient de me confirmer tout ce que m'avait dit ma femme sur votre *admirable Sainte Famille*. C'est un homme d'un goût très-fin, et que je ne peux supposer, vis-à-vis de vous, sous l'influence d'aucune affection exclusive. Son jugement est celui du public. Je m'en rapporte donc à lui, et votre tableau lui semble un chef-d'œuvre. Je le croyais bien déjà ; mais j'ai éprouvé un vrai plaisir à me l'entendre dire. J'espère arriver à temps pour en juger et en jouir par moi-même. »

AU MÊME.

« Pétersbourg, 27 mars 1813.

« Cher ami, je suis au fait de tout ce qui regarde le fameux monument. En voici les détails, afin que vous sachiez à quoi vous en tenir, si vous entreprenez la petite course que je vous conseille de faire, malgré tout.

« Il y a 222 tableaux à exécuter en deux ans; le tout, pour environ deux millions de roubles. L'opinion que j'ai émise est qu'on pourrait charger un seul homme de toute la direction, afin qu'une seule pensée dominât, et qu'un seul style régnât dans l'exécution de tant de sujets religieux, dont les compositions doivent être homogènes comme la religion elle-même. Il ne s'agirait donc que de dessiner des cartons, espèces de patrons que des faiseurs d'images rempliraient à la façon byzantine, comme il a été d'usage de le faire, jusqu'à nos jours, dans les églises grecques. J'appuie mon opinion sur ce qu'un lieu consacré à la prière et au recueillement ne doit offrir aucun sujet de distraction en dehors de la pensée qui vous y attire. Cet avis a été très-goûté ; mais un homme pourrait-il suffire ? Voilà la question. Alors, une autre combinaison se présente.

« L'église se divise en six parties indépendantes les unes des autres : cinq coupoles avec leurs accessoires qu'on ne peut voir que successivement, et ce qu'on appelle l'iconostase, espèce de séparation qui renferme le sanctuaire et l'autel. Cette dernière partie est un monument dans le monument : tout y est métal et pierres précieuses; il y a dix colonnes de malachite de 48 pieds de hauteur, et valant chacune trois cent quarante mille roubles; trois portes en argent massif, et quarante et un tableaux qui représentent des images de saints sur fond d'or, des groupes d'anges soutenant la Religion, vêtue de lames d'or émaillé, etc., etc. Je ne puis vous donner ici une description entière; il faudrait voir par vous-même. Bref, dans cette seconde combinaison, cet iconostase vous serait réservé pour la somme de trois à quatre cent mille roubles. On bâtirait un atelier, où vous seriez chauffé, éclairé, etc. Voyez si le cœur vous en dit.

« Quant à moi, je pense avoir raison de trouver ces deux moyens également bons et remplissant le même but, l'un comme principe, l'autre comme simplifiant les moyens d'exécution ; car, dans le premier cas, composer, tracer et faire exécuter 222 tableaux, dont plusieurs ont 60 pieds, et les plus petits 12 et 14, me semblerait au-dessus des forces humaines ; dans le second, chacun aurait son monument à part, et le vôtre primerait le tout, étant pour ainsi dire l'âme de la chose.

« Je ne vous répète pas ici tout ce que je vous ai déjà dit sur la possibilité pour vous de faire le voyage et sur les avantages que vous pourriez y trouver.

« Ma femme m'écrit que vous n'avez pas exposé : vous avez sans doute de bonnes raisons pour agir ainsi. Si j'ai fait le contraire, je pense que vous ne verrez dans ce fait autre chose que la suite d'une vieille habitude, à laquelle je ne me crois pas le droit de renoncer, avant de faiblir tout à fait.

« J'attends avec impatience une réponse [1]. »

A MADAME HORACE VERNET.

« Pétersbourg, 27 mars 1843.

« Je me souviens très-bien, chère amie, du petit dessin qui vient d'être vendu quatre mille francs. Tu vas dire que je suis plus bête que jamais de me réjouir de n'en avoir reçu que quatre cents ; que veux-tu ? je suis fait comme ça. Rubini gagne ici cinquante mille francs par soirée ; mais il

---

1. Paul Delaroche n'accepta point les propositions de son beau-père. Il recula devant l'idée d'un aussi long exil.

n'a pas le plaisir de voir courir après un petit morceau de papier qui porte son nom. Quand il a fermé la bouche, votre serviteur de tout mon cœur! Il ne laisse qu'un souvenir bien fugitif dans l'esprit de ceux qui l'ont entendu et rien qui lui survive.

« J'écris à Delaroche de nouveaux détails sur Isaac. Voilà un champ de bataille pour passer à la postérité! Je sais bien qu'à sa place je ne refuserais pas l'occasion, puisque son talent, ses goûts et la tendance de son esprit le portent vers ce noble genre de peinture. On voulait que je me chargeasse de ces travaux : ne me sentant pas fait pour cela, j'a cru devoir refuser. Je pense avoir bien agi pour les autres et pour moi.

« Nous sommes en carême, chère amie; le carnaval n'a changé que de forme. Le maigre, qui a remplacé le gras, n'est qu'un prétexte pour manger plus qu'à l'ordinaire, et pour boire *idem*. Les lions se grisent et les lionnes leur donnent du thé. Les concerts remplacent les bals. Les jambes se reposent, mais l'ouragan qui a entraîné tant de cœurs dans son tourbillon continue jusqu'à ce qu'ils se soient échappés deux à deux par la tangente pour jouir du calme d'un amour heureux. Quant à moi, je travaille, je vais à la parade et je cours avec l'empereur passer des revues. Nous sommes allés ces jours derniers à Cronstadt. Ce voyage, qui a duré deux jours, m'a ravi; s'en aller à dix lieues en mer en traîneau, c'est la chose du monde la plus originale. C'est le perruquier du désert en habit de poudre. Pendant les différents dégels qui se sont succédé, des coups de vent ont sans doute refoulé la mer, qui, en superposant les blocs de glace les uns sur les autres, a produit des chaînes de collines de plusieurs lieues de longueur et ayant les formes les plus singulières. Les chevaux vont ventre à terre; le vent vous coupe le visage, qui se couvre de glace par les larmes qui malgré votre admiration s'échappent de vos yeux, tandis que votre corps est bouillant sous les tapis et les peaux d'ours dont vous êtes affublé. L'aspect de ce qu'on voit, les contrastes et le mouvement font qu'au bout de dix minutes on croit rêver, et qu'en arrivant on croit avoir perdu la tête. Figure-toi des gens qui courent la poste entre des vaisseaux de ligne, comme sur des routes plantées d'arbres verts; si je n'avais pas recommencé, le soir, la même promenade, je croirais avoir été fou pendant quelques heures. L'empereur a fait manœuvrer des troupes de marine qui ne le cèdent en rien aux troupes de terre; on a tiré le canon à boulets, etc. Puis, nous avons visité l'hôpital, où il y a deux mille lits. Celui-là vient d'être construit avec tout le luxe d'un palais. Jusqu'aux malades, qui y sont magnifiques! ils doivent avoir du plaisir à mourir si proprement. Tout est si bien fourbi, si clair, si paqueté, qu'il ne doit pas leur être permis de passer dans l'autre monde avant que le tambour n'ait battu la retraite.

« Nous n'étions que quatre pour cette petite excursion. Nous sommes revenus dîner à Péterhof, en traversant le golfe de Finlande; et, dans la nuit, nous étions à Saint-Pétersbourg, où j'ai repris mes travaux.

« Voilà, chère amie, tout ce que j'ai à te conter pour aujourd'hui. Dans quelques jours, j'entamerai la question religieuse. Il se passe ici des choses si singulières que madame de Genlis, avec sa bizarrerie, n'a pu rien inventer d'aussi fort. Je te citerai un seul exemple : la tante du comte Wielhorski a fait vœu en 1812, que, si les Français étaient repoussés, tout le reste de sa vie elle ne mangerait que sept fois pendant le carême, et, jusqu'à présent, elle a tenu parole. Je vois souvent cette brave dame ; elle se porte comme un charme. Ce qui m'étonne, c'est que tous les jeudis, jour de *bâfre,* elle s'en fiche une dose telle qu'à sa place un Limousin en crèverait. La baleine qui avala Jonas ne *déglutait* pas mieux ; c'est-à-dire que la gaillarde serait capable d'engloutir le cétacé avec son prisonnier. Il n'en est pas de même des pauvres moujiks, qui ne mangent pendant sept semaines rien qui ait vécu ni rien de cuit ; ils n'ont, pour toute nourriture, que des champignons conservés dans de l'eau de sel, et encore ont-ils plusieurs jeûnes par semaine ; aussi l'époque de la grande mortalité est-elle à Pâques. Il paraît qu'alors ce sont des ripailles à faire trembler. Ce sera le moment où je ferai mes observations. Gare à vous tous qui m'écouterez ! je vous le dis en vérité : l'homme sage se montrera à l'orient et la parabole de l'Évangile recevra son exécution...

« Donne-moi des détails sur le Salon. Tu sais que tu peux me parler franchement de ce qu'on dit sur mon compte. Je tâte le pouls à l'opinion. Nous verrons ce qui en résultera. »

« 9 avril.

« J'ai reçu ta longue lettre, elle est un peu flatteuse : elle me dit que les miennes t'amusent. J'en suis content, et de mon côté j'éprouve du plaisir à t'écrire. Quand j'ai la plume à la main, je me crois plus près de vous. Je suis comme un homme qui a faim et qui sent l'odeur d'un gigot qui tourne à la broche... Bientôt, je le mangerai ce fameux gigot !...

« Ce que tu me dis des succès de Robert Fleury me fait grand plaisir.

« Je travaille ferme ; mon tableau avance, mais il me faut encore bien vingt-cinq jours pour le terminer ; et après, en route !...

« Je t'apporterai une fameuse *catsereïka*[1]. En attendant, tu recevras sans doute un jambon d'ours par le premier courrier qui partira d'ici. Je ne l'ai pas tué, mais j'étais à la chasse.

« Adieu. »

« Pétersbourg, 17 avril.

« Voici bientôt le temps, chère amie, où je n'aurai plus besoin de voltiger du pinceau à la plume pour vous dire que je vous aime : le pinceau et la langue, grand bavardage de part et d'autre. Les journées de travail passent comme des secondes ; mais, une fois la nuit venue, l'impatience me prend, et les heures ne finissent pas ; d'autant plus que nous sommes dans la dernière semaine du carême et que chacun vit dans la retraite. Les ailes d'un moulin ne s'amusent pas à tourner, mais je suis certain qu'elles s'ennuient quand il n'y a pas de vent. J'en suis là ; quand je n'agis pas, il me semble que je n'avance plus vers le moment où je vous rejoindrai. Heureusement, toutes ces bêtes d'idées ne changent rien au fait qui s'accomplira malgré tout.

« Mon grand portrait commence à prendre une tournure. J'en suis content. Le repos que j'ai eu m'a redonné un peu de jeunesse dans les idées, et je ne pense pas être dans une route trop battue ; faiblesse de vieillard peut-être ! cependant, je ne crois pas me tromper.

« Dès mon arrivée ici, Montferrand est venu me proposer l'exécution des peintures de l'église d'Isaac ; chose que je devais refuser. Mes pieds ne sont pas faits pour le pavé que parcourent les dieux ; je marche avec les soldats sur les bas côtés ; je m'en trouve bien. Je suis dans l'âge des

---

1. Espèce de mante ou de camisole que portent les paysannes russes.

fiascos : il faut se contenter de tendre le jarret, sans courir le risque de montrer qu'on n'a plus que ça de bon. J'appelle cette façon d'agir, de la raison; ai-je tort?

« Il faut accoucher d'une grande affaire; c'est celle de mes chevaux. Dois-je les donner avant de partir? (quant à les vendre, impossible) ou dois-je les emmener? Si ce dernier parti est celui que je prends, attends-toi à ne te promener qu'avec des coquins qui vont comme le vent, mais pas longtemps, et qui ne peuvent être conduits qu'à la russe par un Tartare à grosses pommettes, à barbe rare, à épaules carrées et ne mangeant que de la viande de cheval. A cette proposition, je vois monsieur ton nez se retrousser, blanchir, rougir, etc...; mais, comment faire? Il ne me reste d'autre parti à prendre pour te calmer que de te peindre les jouissances que tu auras à user de tes nouveaux amis. Mon Tatar ne sait pas un mot de français; moi, pas un mot de russe. Nous serons condamnés à parler par signes; ça te rappellera l'enfance de Philippe. Sauf la jeunesse, Nicolave pourra te faire illusion; il est pétri d'une grâce stupide qui t'invitera à le battre de temps à autre. Pour le *droschki*, c'est une petite voiture à quatre roues, basse comme un tabouret, mais très-propre à la digestion par la roideur de ses ressorts. Ah! une fois que tu auras goûté de la vélocité de ce traînage, tu mépriseras la citadine. Et le ramage du cocher : *Padi, padi, padi, dourak*[1]. Alors tu lui diras : *tiche, stoï; na prava, na lieva*[2], etc... Je me réserve de t'apprendre le reste de vive voix : car en russe, je suis fort comme un Turc. Seulement, je n'ai pas encore pu apprendre à dire bonjour; mais ça viendra, quand j'aurai dit bonsoir. »

1. Va, va, va, imbécile!
2. Doucement, arrête; à droite, à gauche.

« 20 avril 1843.

« L'empereur vient de me combler. Tu sais que, pour sa fête, je lui avais donné un petit *Napoléon à cheval*, pour lequel il m'avait envoyé le traîneau. Figure-toi que le jour de Pâques on m'a appelé à l'exposition des présents que Sa Majesté fait à cette époque, et que j'ai trouvé là la copie de ce même tableau sur un magnifique vase de trois pieds de haut, forme Médicis, imitation de Sèvres, et, sur l'autre face, dans un cartel orné des armes de Sa Majesté : « A M. Horace Vernet, en témoignage d'estime pour son « admirable talent. » Tu juges de l'effet qu'a dû produire sur moi un hommage si délicat et si flatteur. Ce sont de ces présents qui ne se font qu'à des souverains. J'étais confus. Je suis allé tout de suite chez le prince Wolkonsky, le prier d'être mon interprète auprès de l'empereur et de lui témoigner toute ma reconnaissance. Il m'a dit de me trouver le soir au Palais pour assister à la cérémonie de l'église, que ce serait la meilleure manière de montrer à l'empereur combien j'appréciais la haute distinction qu'il daignait m'accorder. Ceci était encore une faveur, car l'ambassadeur d'Autriche et moi étions les seuls étrangers présents. Cette cérémonie est une des plus curieuses que j'aie vues. Il ne s'y trouve que les personnes attachées à la cour et une députation de tous les officiers de la garde, ce qui cependant forme un tout de deux à trois mille personnes. A minuit, la famille impériale entre dans la chapelle. Après l'Évangile, chaque individu se présente devant l'empereur, qui vous dit : « Jésus-Christ est ressuscité ! » On lui répond : « Oui, « il est ressuscité ! » Et on l'embrasse sur les deux joues. L'impératrice donne sa main à baiser; tu juges combien de bave il y a à recevoir pour l'une, et combien il y en a à essuyer pour les autres. Malgré tout, il y a quelque chose de singulier dans cet usage. Mais ce qui est le plus curieux, c'est qu'après la messe dite l'empereur embrasse la première personne qu'il rencontre. Ordinairement, il s'adresse à la sentinelle qu'il trouve à la porte. Il y a quelques années, il s'adressa à un grenadier du régiment Préobragenski[1], le baisa et lui dit : « Jésus-Christ est ressuscité! » Le soldat lui répondit : « Non! » — C'était un Juif. Depuis ce jour, tous les Juifs ont été mis dans la marine; il n'y en a plus un dans l'armée de terre. Voilà à quoi tient ici la destinée des hommes!

« A propos de destinée des hommes, les femmes, en ce moment, mettent tout le monde administratif en l'air. Je t'ai parlé de l'établissement des enfants trouvés, composé de 25,000 individus pour Saint-Pétersbourg. Dans la section des nourrices, qui compte 3,000 individus (700 employés compris), un cas de mortalité s'est subitement présenté, le jeudi saint. Le comte Wielhorski en étant l'administrateur a été averti sur-le-champ, et nous y sommes allés tout de suite, moi comme curieux, tu penses bien. Voici le fait : sept nourrices ont été prises, dans l'espace d'une heure, par une légère affection de larynx, une grande prostration de forces, des vomissements, de la lourdeur dans les paupières, une grande dilatation des pupilles, l'engourdissement des extrémités, puis l'étouffement et la mort. Tandis que les cinq premières exécutaient cette manœuvre, onze autres étaient à l'exercice, et, à minuit, le poste de l'infirmerie était au complet de seize. L'empereur, qu'on avertit de tout, en fut instruit, et un de ses médecins arriva sur-le-champ. Il s'agissait de savoir ce que c'était qu'un acci-

---

1. C'est-à-dire le régiment de la Transfiguration.

dent aussi effrayant. Les médecins, les premiers, ont commencé à perdre la tête et à se disputer sur le caractère de la maladie. Chacun prit une malade, la traita à sa façon, et toutes moururent; là-dessus, ils sont tombés d'accord. Le lendemain, au petit jour, vingt médecins se trouvèrent rassemblés. Ils firent de beaux discours pour soutenir que c'était une maladie inconnue. Pendant cela, deux autres nourrices mouraient couvertes de sinapismes, ou l'émétique dans le ventre. Seul, un jeune médecin polonais disait dans son coin : « Ces femmes sont empoisonnées par un végétal nar-« cotique! » J'étais de son bord : le nez pincé, la tête lourde, la pupille dilatée, l'abdomen dans son état normal en disaient assez. Impossible de se faire entendre au milieu des personnalités qui se débitaient. On fit cependant un procès-verbal qui déclarait que tous les moyens connus avaient été employés contre la maladie, mais que la maladie était inconnue. L'empereur, furieux, ordonna l'ouverture immédiate des cadavres, et voulut que la science donnât une solution. Alors on fit l'autopsie : on trouva les poumons, le foie, le cœur désorganisés, il y avait inflammation du larynx, etc. Il fallut en revenir au poison, mais pour changer on l'a supposé animal.

« Voilà où en sont ici les savants. En pareille circonstance, chez nous, toute la Faculté serait restée là à observer, à questionner les malades, à écouter pour ainsi dire les avis de la nature; mais ici, rien qu'une dispute d'amours-propres. Pourvu que les lits soient alignés et que l'hôpital soit beau, les malades sont faits pour y mourir comme les criminels pour la guillotine. Figure-toi que c'était à peine si on regardait les organes de ces pauvres cadavres qu'on ouvrait; on n'a pas seulement pensé à analyser les matières et le sang, qui présentaient cependant des caractères particuliers par leur noirceur d'une part, et leur décomposition de l'autre. Maintenant, on va écrire des volumes; je ne les lirai pas, comme bien tu penses; je me contente d'avoir suivi cette petite clinique, qui m'a donné occasion de bien voir dans ses plus petits détails un hôpital intéressant, et j'ai appris qu'en 38 jours il y avait eu, à la blanchisseuse, 33,000 couches, sans compter les langes, les bonnets, etc... Je désirerais que tu visses une maison semblable; tu ne voudrais plus en sortir; c'est d'un luxe, d'une coquetterie et d'une propreté admirables; toutes les nourrices sont en uniformes galonnés, les rideaux sont de gaze, les cuisines plus simples, et la nourriture grossière. Voilà, ma chère amie, ce que c'est que l'hospice des enfants trouvés, dans la section du bas âge.

« Je me suis laissé aller à te parler de choses qui te sont indifférentes, tandis que j'aurais pu te faire des reproches de ne me rien dire du Salon. Est-ce que tu craindrais de m'avertir que je n'y joue pas un beau rôle? Madame, je ne vous ai pas donné le droit de me croire incapable d'entendre la critique. S'il en est autrement, passe-moi donc ta menotte sous le menton, et dis-moi, avec une petite plume flûtée : « Mon petit mari, vous êtes un fameux homme! » Quant à ce que je fais ici, je ne m'en dédis pas, ce sera bon; mais je suis plus long que je ne le pensais.

« Nous n'avons plus de neige; les traîneaux sont sous la remise; mais, pour cela, nous n'en avons pas moins une fameuse gelée de 8 degrés; la Néva ne débâclera pas avant les premiers jours de mai.

« Adieu, chère amie. »

« Pétersbourg, 3 mai 1843.

« Nous avons chômé la fête du roi. Tout s'est borné à une petite messe chantée par quatre dominicains. Personne n'y est venu, sauf quelques Français. Véritablement, il est honteux d'être représenté de la sorte dans un pays comme celui-ci; mon orgueil national en était humilié. Aujourd'hui, j'arrive de la même église, où j'ai assisté aux obsèques du comte Salahoë. Pour un simple seigneur, la pompe était imposante, la musique magnifique, tandis que, pour la fête d'un roi, on n'a fait aucuns frais, pas même un dîner entre compatriotes, car j'ai dîné seul à l'ambassade. Il y a sans doute là-dessous des raisons que je ne puis juger, mais, chaque jour, j'ai la preuve que c'est de notre part qu'il y a mauvaise volonté, et surtout bêtise dans la façon d'agir.

« Quant aux critiques dont tu me parles, tu sais le cas que j'en fais. Dans la circonstance actuelle, je ne vois aucune attaque contre l'art. Que m'importe le choix du sujet? que M. *** ou une gourgandine tombe sur son immoralité, je me trouve en assez bonne société parmi les gens qui, avant moi, en ont traité de bien plus libidineux. Je ne te ferai pas ici la nomenclature de tout ce que la Bible a fourni d'occasions aux peintres de représenter des scènes analogues sans offusquer la conscience timorée des folliculaires. Le but que je veux remplir est placé tout autre part qu'on ne semble le chercher. Il est fâcheux seulement pour l'avenir que je me propose de n'être encore compris que par un Schopin ou des gaillards de sa force. Mais le temps viendra où les gros bonnets, persuadés de la vérité de mes observations, me prêteront le secours de leur talent. Alors, j'aurai raison; en attendant, je regarde en riant ce qui se passe, et vais tout droit mon bonhomme de chemin.

« Adieu pour aujourd'hui. »

« Pétersbourg, 8 mai 1843.

« Rubini chante, j'ai une bonne place dans une loge, et de grands yeux bleus me regarderaient peut-être avec intérêt, ô Ecclésiaste! Mais sois sans inquiétude; j'ai bientôt cinquante-quatre ans : c'est la Russie des passions. J'aime bien mieux la part que je me fais de rester ce soir seul dans ma chambre, à t'écrire.

« Je ne puis partir aussitôt que je le désirais. Mon tableau semble reculer à mesure que j'y travaille. J'ai dû y faire des changements, et les têtes surtout me donnent beaucoup de peine. Tu penses que, ne devant laisser après mon départ qu'un seul ouvrage important, je dois mettre le fil en quatre, d'autant plus que ma position exceptionnelle me met dans l'obligation de faire de mon mieux. Mais ce retard ne peut être que d'une quinzaine de jours; ainsi, quinze jours de plus sur trois cents et tant ne font pas une grande différence. J'arrêterai le battement de mon cœur, si je le puis; fais comme moi, et, lorsque nous nous rejoindrons, ce sera la même chose que si j'étais arrivé à jour fixe. Seulement, nous mourrons deux semaines plus tôt. Voilà un compte fait.

« Il paraît que l'immoralité de mon sujet de *Thamar* fait l'objet des critiques. J'en ris, et ça me donne de l'orgueil. Quand chacun dévore les *Mystères de Paris*, que puis-je penser d'une semblable pudibonderie? Voici ce dont je suis persuadé : depuis plusieurs années, les artistes d'une certaine réputation n'exposent plus; on leur conserve rancune; on ne veut pas les dégoûter d'y revenir en attaquant le talent. On se rue donc sur le sujet; on épanche sa bile. Moi, Horace Vernet, je suis heureux d'avoir osé présenter ma poitrine, en remplissant un devoir et en payant une dette de reconnaissance au public, devant lequel on n'ose pas encore attaquer ma peinture. Tant que ce même public voudra de moi, je serai sur la brèche. Quand je serai vieux, pourquoi me respecterait-il moins qu'un Invalide? Seulement, ce sera à moi de juger si je dois ou non sortir de l'hôtel; mais, tant que je pourrai me tenir ferme dans la foule, j'y marcherai.

« Tu vas dire que je fais le rodomont, et d'autres le diraient sans doute, s'ils lisaient cette lettre. Cependant à qui confierais-je tout ce qui me passe par la tête et dans le cœur, si ce n'est à toi? Je te permets de rire, mais à toi seule; garde ceci, d'autant plus que je serais désolé d'avoir l'air de faire la critique d'Ingres et de notre gendre, qui ont sans doute aussi de bonnes raisons pour penser autrement. Je respecte leur conviction : fais ce que dois, advienne que pourra!

« Tu me demandes où j'en suis comme peinture; voici ce qu'il en est : d'ici à dix ou douze jours, j'aurai terminé mon grand portrait; je retoucherai un *Saint Antoine* qu'a fait pour son pays une vieille dame polonaise; je terminerai, en quelques heures, le petit tableau syrien que j'ai commencé cet hiver; puis, en huit jours, je veux faire un portrait de l'empereur, qui ne lui sera montré qu'après mon départ et que j'exécuterai en secret. Ce sera le remerciment du vase. J'emporte en France plusieurs tableaux à faire d'après les esquisses approuvées, et l'étude de madame la comtessse de Woronzof, qui viendra elle-même, au mois d'août, à Paris.

« Je vais donc quitter bientôt la Russie, où je suis resté

longtemps, sans faire grand'chose comme travailleur, mais où j'ai fait (peut-être un peu tardivement) l'expérience de mes propres forces, puisque là, pour la première fois de ma vie, j'ai vécu sans tuteur, ou, pour mieux dire, sans être sous l'influence de l'opinion des autres et sans leur secours. Les voyages forment la jeunesse et ne déforment pas la vieillesse, heureusement, car je ne crois pas revenir plus mauvais qu'avant mon départ. Je me suis fait de véritables amis dans la classe la plus grave du pays, et j'emporterai leur estime, j'en suis certain. Ma gaieté naturelle ne m'a pas empêché de me créer une petite réputation de gravité que je dois aux soins que j'ai mis à suivre plusieurs observations que j'ai pu faire sur le pays. Tu vas me dire que ce ne sont pas là mes affaires; mais, chère amie, il fallait bien employer le temps que j'ai dû passer à tâtons.

« Dis à Louise que je me suis lié avec Listz, qui a le plus vif désir de lui être présenté.

« Si vous avez du beau temps, nous sommes encore ici avec la neige et plusieurs degrés de froid, la nuit. Comme d'ordinaire après le carême, la mortalité est énorme; les hôpitaux regorgent de malades, et le médecin les expédie pour faire place aux autres.

« Adieu. »

« 18 mai 1813.

« Jour de Dieu! quelle tartine à propos de mes chevaux! Je suis heureux, chère Louise, de t'avoir fourni l'occasion de suivre, de développer une idée, et de faire usage de cette belle éducation reçue chez madame Campan. Tes phrases arrondies distillent la raison la plus économique, quelquefois le sarcasme, la plaisanterie la plus piquante, et toujours le bon sens. Nous voilà donc d'accord; mais, ô malédiction! il te faudra recevoir en riant le groupe septentrional. Je ne te permets qu'une seule chose : ce sera de dire au Tartare toutes les invectives qui te passeront par la tête; tu pourras même le battre comme plâtre. Il ne comprendra rien, d'une part, et, de l'autre, il se croira dans son pays. D'ailleurs, tes coups tomberont sur son *touloupe* (ce qui veut dire en français peau de mouton), et, malgré tes fureurs, tu ne lui feras pas grand mal.

« J'avais bien pensé à faire présent à mon cocher de toute la pacotille ; mais réduire un cheval impérial à la triste condition d'*isvochtchik* [1] à 25 kopecks [2] la course! Non, non, jamais. J'aime mieux porter le tout à Paris, pour le vendre. J'emmène en France le plus bel équipage qu'on puisse trouver en Russie; j'embête une bête aussi bête que moi de mes bêtes. Reste le cocher. Si nous en sommes embarrassés, nous le mangerons; il est jeune, et personne ne viendra le réclamer, vu que sa mère est dans le fond de la Tartarie, sur la frontière de Chine, et que la petite poste n'y arrive que rarement. Du reste, le malheureux sera condamné au mutisme pendant longtemps, car il ne sait pas un mot de français, et, malgré ma facilité bien connue pour les langues étrangères, je n'ai pu apprendre un mot de russe. Philippe, qui parle si bien par signes, me servira d'interprète.

« Je ne voulais te dire qu'un mot sur ma cavalerie. Un peu de sérieux, morbleu!

« Je travaille comme un cheval (pardon de la comparaison qui vient sans doute encore te fendre le cœur). Mon tableau va bien, mais je me donne du mal. La faveur de

---

1. Cheval de fiacre.
2. Centième partie du rouble ; cette petite pièce de monnaie vaut environ 4 centimes.

l'empereur me crée des ennemis jusque dans sa famille. Il me faut donc faire mieux que je n'ai jamais fait, et rien ne me coûte pour y arriver.

« La Néva charrie. Nous sommes sous la neige. Pour me consoler, chacun dit que ça ne s'est jamais vu. Quant à moi, je voudrais ne pas le voir. Du reste, je me porte comme un charme. Tu connais mon énergie; j'en ai plus que jamais. Je ne sais quand l'âge se fera sentir. Jusqu'à présent, il en est de mes cinquante-quatre ans comme si les autres les comptaient pour moi !

« Le bal d'hier était magnifique. Il n'y a qu'ici que l'on puisse étaler tant de richesses; à la lettre, on faisait litière de diamants. Les hommes et les femmes en étaient couverts. Soit en dansant, soit en se frottant dans la foule, les parures se brisaient, et, à chaque pas, on marchait sur les perles et les rubis. Il faut avoir vu ça, pour le croire; mais, ce qui était plus admirable que tout, c'était la famille impériale. Rien n'était si beau que ces princes et princesses, brillants de jeunesse et de joie, dépassant de la tête tous ceux qui les entouraient et les écrasant par l'éclat de leur beauté individuelle. Non, rien n'est comparable à cette famille. Sauf l'impératrice, qui est un peu maigre, le reste a un air de santé et de prospérité qui ajoute à la splendeur de leur rang. Quant à moi, pour ce qui est de l'extérieur, je suis sous le charme comme si j'étais un courtisan, et Dieu sait que ce n'est pas là mon faible.

« Je me défends contre le besoin que j'éprouve de commencer l'article des tendresses. Si je vous disais à tous combien je vous aime et pourquoi je vous aime, ma feuille de papier serait aussi longue que d'ici à Paris. Je me confie, pour vous le faire sentir, au fluide magnétique. Nous nous touchons, sans nous voir et sans nous sentir. Nous nous comprenons à chaque minute, et malgré la distance. Cependant, je ne me contente pas de ces jouissances à la Cagliostro. Ce sont de bons baisers en nature que je veux vous donner, et bientôt je vous les porterai. »

« 30 mai 1843.

« Voici sans doute la dernière lettre sérieuse que je t'écrirai ; ce sera le résumé de ma campagne. Dès mon arrivée ici, j'ai été pris par les manœuvres, puis par le voyage en France, par la tournée dans le midi de la Russie, etc... J'avais donné assez de temps aux devoirs ainsi qu'à la curiosité ! Je me suis mis en demeure de commencer mes travaux. L'empereur est tombé malade, l'impératrice a été souffrante. Bref un mois s'est passé sans pouvoir rien entamer ; puis, la nuit est venue, et j'ai perdu mon temps pendant plus de six mois. Depuis trois mois seulement il m'est possible de peindre. Voilà près d'une année perdue : c'est un malheur, mais il faut songer à le réparer. Je fais de mon mieux : je reste à mon atelier douze et quatorze heures.

« Je ne te parle pas de la partie morale : ce n'est pas mon métier de courir après les mœurs qui ne se peignent pas. Je suis loin d'être un économiste, un statisticien, et cependant, voilà de quoi je me serai le plus occupé. Vois ce que c'est que le désœuvrement ; pour moi, c'est peindre à l'eau claire, mais enfin c'est encore de la peinture. Le Poussin n'aurait pas été si grand, s'il n'avait pas connu l'homme et le fond de son âme. Tout ce que j'ai pu apprendre n'est donc peut-être pas perdu. Je considère mon séjour ici comme un événement fâcheux, indépendant des prévisions humaines, comme un duel qui vous tombe, là où vous cherchiez autre chose. Enfin, le vin était tiré, il a fallu le boire. Je l'ai bu ; j'en suis gris ; mais, comme dans l'ivresse, plus tard je ne me souviendrai que de mes rêves sans penser à ce qu'ils m'auront coûté; car, chère amie, tout ce *brouhaha* de gloriole est bien triste sans affections, et comment en trouver à l'âge où elles ne sont bonnes qu'en raison de leur vieillesse ? Je le sais maintenant, il vient un temps où, lorsque le corps se transporte, le cœur reste où il se trouve bien, et le mien ne vous a pas quittés.

« Je n'ai rien à te dire sur ce qui se passe ici. La famille impériale est à Tsarskoë-Selo. Tout le monde a quitté la ville. Il n'y a pas encore une feuille aux arbres, et, depuis deux jours seulement, la Néva ne charrie plus. Oh ! combien je regrette de ne pas être ours ! voilà des êtres qui connaissent le pays et la manière de s'en servir : ils dorment six mois en suçant leur patte, et vivent six autres sans arrêter. Mais nous, race humaine, que venons-nous faire ici ? Non, non, mille fois non, jamais la civilisation ne pourra s'établir dans ce vilain coin de la terre ; c'est tout au plus si elle pourra faire semblant d'y être pendant quelque temps.

« Je termine ma lettre, chère amie. Je l'avais commencée pour te parler sérieusement, pédantesquement, et voilà qu'elle n'est remplie que de bavardages ; du moins je le crains, car tu sais que je ne relis jamais ce que j'écris, et je ne me rappelle plus par où j'ai commencé. N'importe, je suis certain du fond ; trouve-le, si tu peux. »

« 12 juin 1843.

« Je travaille comme un cheval, et je ne puis arracher la queue de mon tableau. Je me suis lancé dans les changements, je me suis embrouillé. J'ai des instants de désespoir. La maladie du pays me prend avec une telle violence, que, dans certains moments, j'ai envie de tout planter là et de partir. Je sens que je suis bien vieux ; les distractions ne peuvent plus m'étourdir sur les affections dont mon cœur a besoin. Les honneurs dont je suis comblé ici, les bontés de l'empereur, je dirai même son amitié, ne sont pas une compensation à mes regrets d'être encore retenu. Chaque jour qui s'écoule me semble être anticipé sur ce qu'il me reste de temps à vivre, et perdu à jamais. C'est l'amour-propre de laisser en Russie une bonne chose qui ne me permet pas de secouer le collier de misère. J'ai contre moi tous les peintres, je ne crains pas leur peinture ; mes armes sont de meilleure trempe que les leurs, mais je ne veux leur laisser que le moins de place possible pour me mordre.

« Tout le monde est parti pour la campagne, la famille impériale étant elle-même à Péterhof. Je suis donc retombé dans cette solitude qui, il y a six mois, m'avait tellement noirci les idées. Maintenant, ce ne sont plus les nuits perpétuelles qui me désolent, ce sont ces jours sans fin que la faiblesse de la machine humaine ne permet pas d'employer. L'excès d'un travail de quatorze à quinze heures est peut-être cause de l'embrouillamini de mon tableau. Je n'ai pas le courage de me reposer. Chaque matin, quand j'arrive à mon atelier, j'ai l'espoir de raccommoder ce que j'ai fait la veille, et les semaines s'écoulent.

« Je n'aspire plus qu'à un seul bonheur, celui de me retrouver dans mes vieilles habitudes, avec de vieux amis, dans une vieille veste, donnant un soufflet à un vieux verre de vin, avec notre vieux cousin [1] et nos vieux petits-enfants, qui doivent avoir de la barbe depuis le temps que je

---

1. M. Huguet, actuellement trésorier de l'École des arts et métiers. Profitons de l'occasion qui nous est offerte pour remercier M. Huguet des précieux renseignements qu'il a bien voulu nous fournir.

ne les ai vus. Quant à Louise et à son mari, ils ne portent encore que la canne ; plus tard, nous leur laisserons nos béquilles. »

« 23 juin 1843.

« Chère Louise, que le temps me semble long maintenant ! J'ai beau me raisonner, je sens que j'ai dépensé tout mon courage, ou qu'il est déjà à bord du bateau à m'attendre. Oui, c'est là que je le retrouverai ; une fois embarqué, il me semblera voir le clocher de mon village.

« Mon tableau est pour ainsi dire fini ; il s'est assez raccommodé, mais j'ai eu du mal. Quand je commence à faire des changements, je m'embarbouille et je ne sais plus comment en sortir. Voilà ce qui m'est arrivé. Un bon conseil m'aurait sans doute arrêté ; mais de qui le recevoir ici ? N'importe ; ce qui est fait est fait. Je suis libre ; je puis secouer mes plumes ; je quitte ma cage pour sauter sur une branche où je pourrai gazouiller à mon aise avec ma bonne perruche qui m'y attend, et que maintenant je ne veux pas plus quitter que si j'étais empaillé.

« J'avais déjà lu avec un vif intérêt les détails de la prise de la *Smâlah*. Oui, oui, voilà un tableau à faire ; mais, pour représenter un tel fait d'armes, il faudrait l'avoir vu, car ça devait avoir un caractère tout particulier. Cependant, avec un bon récit, on pourrait s'en tirer.

« Adieu ! »

« 25 juin 1843.

« Il y a deux jours que je t'écrivais, et me voici encore la plume à la main ; mais je n'y tiens plus, chère amie ; un passage de ta lettre me tourmente ; celui où tu me parles de la santé de Louise. Elle-même semble vouloir me prévenir contre une impression fâcheuse que je devrais éprouver en la revoyant; et toi, depuis quelques mois, tu arrives doucement à me dire : « Quand je la considère, mes yeux « se remplissent de larmes. » Je rapproche toutes vos paroles, et il en résulte pour moi une vive inquiétude. Me cachez-vous quelque chose, ou n'est-ce qu'une petite coquetterie afin de me préparer à un fait qui n'a d'autre importance qu'un peu plus ou moins de beauté? Dans ce dernier cas, je ne vous le pardonnerais ni à l'une ni à l'autre. Il faut donc craindre. Ah! Louise, comment ne juges-tu pas de mon cœur par le tien? Si notre chère fille est frappée d'une maladie quelconque, pourquoi me le cacher? Son âge, son bon tempérament ne sont-ils pas des gages de guérison? Je me perds en conjectures. Pourquoi des larmes parce que notre fille a perdu de sa beauté? Est-ce un si grand malheur, pour qu'il soit nécessaire de prévenir un petit désappointement par les tortures d'une vague inquiétude, d'autant plus affreuse que, ne reposant sur rien de précis, la pensée ne peut s'arrêter sur une idée consolante? et je suis à huit cents lieues!... Tiens, chère amie, j'aime mieux t'en vouloir, t'accabler de reproches. Je viens de relire vos lettres, surtout celle de Delaroche : il ne me dit rien qui ait l'air de se rapporter à mes appréhensions. Je ne suis peut-être qu'une bête qui aura mal compris la chose, mais la pauvre bête n'en souffre pas moins. En t'écrivant tout ceci, je te fais peut-être de la peine. Pardonne-le-moi. Dans un bon ménage, tout doit être commun : tu pleures à Paris; mes yeux se remplissent de larmes à Pétersbourg. Quinze jours après, elles couleront peut-être de joie. Oh! oui, de joie; car, au bout du compte, ne rien savoir de positif n'est pas une raison pour désespérer de tout. Allons, du courage! mais, chère amie, ne me laisse pas m'embarquer sans m'écrire ce que je dois craindre ou espérer... Ta lettre m'apportera du calme, je l'espère, car j'y chercherai la vérité. Toi qui la sais, si elle est conforme aux vœux de mon cœur, regarde tout ce que je dis ici comme non avenu, et comme l'aberration d'une imagination frappée. »

« 30 juin 1843.

« J'arrive des manœuvres, où je viens de passer trois jours. J'avais besoin de repos et surtout de distraction. J'arrive moins tourmenté. L'empereur, auquel je dis tout, a bien compris mes inquiétudes; mais il m'a fait de si bons raisonnements avec tant d'affection, qu'au bout du compte je ne vois pas pourquoi je chercherais plus loin que ce que tu me dis. Heureusement, dans quinze jours, je serai en route. Ouf!

« J'ai cinquante-quatre ans aujourd'hui, chère amie; ça commence à sonner mal à l'oreille. Cependant, je n'en suis pas plus infirme aujourd'hui qu'hier. Loin de là; je voudrais être plus vieux de quelques jours, pour avoir enfin terminé cette longue séparation.

« Je te quitte, chère amie, pour aller à mon atelier. Je n'ai plus à faire que quelques retouches, et mon tableau sera fini. Ce petit repos m'a fait voir que j'ai moins à y *piocher* que je ne le pensais. C'est tout simple; j'étais tellement fatigué, que je ne jugeais plus.

« Adieu. Je commence mes emballages... Pourvu que je vous trouve tous en bonne santé!... Tiens, chère amie, malgré tous mes raisonnements, je ne suis pas tranquille. »

« 3 juillet 1843.

« Me revoilà encore à ma table, écrivant, chère amie. Je jouis de la pensée que bientôt je n'aurai plus besoin de plume ni d'encre. Ah! depuis plus d'une année, la poste m'a-t-elle occupé! Je n'aurais pas l'assurance d'un bonheur intérieur, qui est le vrai, que je me réjouirais encore de n'avoir plus à penser à ma correspondance. Cependant, c'est le soutien du voyageur. Que serais-je devenu sans tes bonnes lettres? Ce qu'il y a de plus simple, c'est de rester avec les siens. Aussi, je ne vous quitte plus, je serai peut-être pour vous comme ces mouches qui vous poursuivent; vous voudriez me chasser que je m'entêterais à me promener sur le bout de votre nez. Je vous serai insupportable; tant pis! je veux me rattraper de tous mes ennuis. L'incertitude où m'a plongé ta dernière lettre me corrigerait pour toujours de me mettre dans la position de ne pouvoir juger tout de suite et par moi-même, de la santé de ceux que j'aime si bien. Non, non, je ne veux plus être à la merci d'une phrase plus ou moins ambiguë; ça fait trop de mal. La raison vient après, j'en ai la preuve, mais la première émotion est si pénible! n'en parlons plus. Dans douze jours, chaque minute me rapprochera du poulailler. Quoique je ne sois plus qu'un pauvre coq, faute de mieux, j'y chanterai tout comme un autre. Je ne veux plus quitter ma veste, ni me laver les mains; la couleur n'est pas malpropre. Je veux peindre, et après, vous considérer tous, vous bien regarder, et, quand tu me couperas la parole, j'aurai au moins le plaisir de vous dévorer des yeux. Allons, voilà ma tête qui se monte: et mes douze jours vont me sembler plus longs. Halte-là!...

« Pour la dernière fois, j'ai encore quelque chose de caractéristique à te conter sur le pays. Le jour de la Pentecôte, dans la plus grande partie de la vieille Russie, il est d'usage que les gens de la classe marchande mènent leurs filles dans un lieu public pour les montrer, afin qu'il se présente des maris. A Saint-Pétersbourg, la chose ne se fait plus que pour la forme, c'est-à-dire comme nous allons à Longchamps; ce n'en est pas moins très-curieux. Il y a une foule énorme qui se porte au Jardin d'été; on fait de la musique, et toutes les femmes et filles de marchands viennent y étaler tout ce qu'elles possèdent de richesses. »

« Ce 12.

« Chère amie, je continue cette lettre pour te dire seulement que je pars et que je serai à Paris presque en même temps qu'elle... Je ne vous embrasse même pas... Ah! quel bonheur!...

« HORACE VERNET. »

XIV

La Smâlah. — *Phénicien.* David et la Passion de Notre-Seigneur Enfantin. — Voyage au Maroc. — Gibraltar. — Cadix. — Jugement paradoxal sur Murillo. — La critique et les critiques. — Tanger. — Les Français en Algérie. — La parenté d'un homme célèbre. — Mort de madame Paul Delaroche. — *Bataille d'Isly.*

La longue absence d'Horace Vernet ne l'avait pas fait oublier. Il semble parfois qu'il y ait avantage pour les hommes célèbres à s'exiler au plus fort de leurs succès. L'admiration est un sentiment de courte durée, et elle expose ceux qui en sont l'objet à de promptes et cruelles revanches. Il est donc habile de savoir se soustraire aux éloges qu'on a mérités, afin de se les faire pardonner et de pouvoir en recueillir de nouveaux.

Aussitôt après son retour, Horace fut chargé de décorer deux salles du palais de Versailles. Cette commande se composait de treize tableaux qui devaient être commencés sur-le-champ et terminés dans un bref délai.

De tous les travaux que Vernet exécuta pendant cette période de sa vie, le plus important sans contredit est la *Prise de la Smâlah*. Notre artiste, on se le rappelle[1], avait tout de suite vu dans ce glorieux fait d'armes un sujet propre à mettre en relief les diverses qualités de son talent.

---

1 Voir la lettre qu'il écrivait de Russie, p. 275.

Il serait inutile de donner ici la description d'un tableau que tout le monde connaît. Nous nous bornerons donc à relever une critique qui a été souvent faite et qui nous paraît dénuée de fondement. On a dit qu'Horace Vernet avait eu tort de ne point ramener à l'unité cette vaste composition, en portant l'intérêt sur un point central auquel se seraient rattachés les différents épisodes du combat. Ce reproche semble juste quand on regarde la gravure ou une copie réduite du tableau, parce qu'alors l'œil embrasse à la fois l'ensemble de la scène; mais, si l'on se transporte devant l'original, on comprendra que l'auteur ne se trouvait pas dans les conditions habituelles de son art, et qu'il a obéi à des exigences d'une nature particulière. Cette toile aux proportions gigantesques serait bien vide, si elle n'était divisée en trois ou quatre parties, que l'on peut admirer tour à tour. C'est une sorte de panorama qui se déroule devant nous à mesure que nous avançons, et il faudrait prendre une trop grande reculée pour en embrasser tous les détails dans un même coup d'œil. Horace Vernet s'est sans doute rendu compte de ce qu'il faisait, et il a eu raison de transgresser des règles dont l'application, excellente en général, eût été une faute en pareil cas.

On a raconté que l'artiste avait légèrement pâli, lorsqu'il s'était trouvé pour la première fois devant cette immense toile blanche. En tout cas, son émotion ne dura qu'une minute, et aussitôt il se mit bravement à l'œuvre.

Il avait une singulière manière de travailler; jamais il ne se servait d'une esquisse préparatoire : tous ses tableaux de nos batailles algériennes sont faits d'après un dessin qu'il mettait au carreau. Cette opération terminée, il peignait au premier coup, sans se servir de *dessous* comme la plupart des peintres. Convaincu que l'on doit attaquer le taureau par les cornes, il commençait souvent une composition par le milieu ou par un coin, puis il allait toujours en suivant son pinceau jusqu'à ce que sa toile se trouvât couverte.

La Smâlah fut terminée avec une promptitude incroyable. Le ciel, qui est si vaste, a été peint en un seul jour par le maître et par huit de ses élèves : on étalait le bleu avec des sabres. Les petits nuages blancs qui rompent un peu la monotonie de cet océan d'azur ont été ajoutés après coup. Horace Vernet avait du reste l'habitude de peindre ses *ciels* avec cette rapidité, afin de leur donner plus de fondu. Il avait vu Géricault procéder de la sorte pour son *Naufrage de la Méduse*, et cet exemple était de nature à l'encourager.

A peine Horace Vernet avait-il terminé *la Smâlah*, que la bataille d'Isly vint à point lui fournir un superbe pendant. Il partit au mois de mars 1845 pour l'Algérie. Il voulait se pénétrer de la couleur locale, et visiter le champ de bataille tout fumant encore du sang qui venait d'y être versé. Les lettres qu'il écrivit à sa femme permettent de le suivre durant ce voyage.

« Lyon, 20 mars 1845.

« Rien n'est changé, chère amie, dans mon étoile. Nous sommes arrivés à Lyon comme des amours.

« Au débotté, les lettres d'invitation nous sont tombées comme la grêle. Nous avons dîné chez Sainte-Aldegonde, qui commande ici. Ce qui m'a le plus amusé, c'est d'être allé, le soir, entendre la musique de *Phénicien* David dans la loge du très-révérend père Enfantin, qui m'a fait des mamours comme si je devais, un jour, lui servir la messe. J'ai soutenu avec fermeté la puissance de son regard, vu qu'il m'a fait l'effet de celui d'un gros perroquet. Du reste, il porte des gants jaunes, et met de gros pieds dans de petits souliers, car il se plaignait de ses oignons. Voilà tout ce que je peux te dire sur les souffrances de la Passion de Notre-Seigneur Enfantin, qui n'a plus d'autres rapports avec son nom que la frisure de ses longs cheveux.

« Adieu, ma bonne et chère femme. Je serai demain à Marseille. »

« Marseille, 21 mars.

« Toujours ma belle étoile en avant! Le *Lavoisier* mouillait dans le port comme nous entrions en ville. Je l'ai pour moi tout seul, et, lundi matin, en route pour Oran. L'équinoxe, qui se fait sentir depuis quatre jours, semble se dépêcher pour nous laisser beau temps. Le baromètre remonte et le soleil brille. »

« Ce 22.

« Je n'ai pu continuer hier, ayant été dérangé par des visites. Ce matin, un temps ravissant : pas un souffle de vent, et la mer comme une glace. Il y a là-dessous une bienveillance particulière du Très-Haut, que je dois sans doute à tes prières.

« Adieu. Je t'embrasse en vieux mari. »

« Oran, 27 mars.

« Nous voilà mouillés à Mers-el-Kebir après soixante-quatorze heures de route, et par un temps comme jamais je n'en ai vu à la mer.

« J'ai trouvé le général de la Rüe revenant de la frontière, où tout est arrangé comme la France le désirait. Le pays est tranquille et les hommes voyagent seuls comme dans la plaine de Gonesse. Tout le monde est enchanté. Nous partirons demain ou après pour Isly, où j'irai faire mes affaires. Ce sera le général Cavaignac qui se chargera de me piloter. Tu juges que je suis en bonnes mains.

« M. Lambinet est un vrai *recrue*, qui semble voir pour la première fois; il est heureux; il semble avoir tout ouvert pour respirer : ses yeux, ses narines, sa bouche, tout semble pomper pour absorber ce qui l'entoure : c'est une véritable joie pour moi d'avoir contribué à procurer de si vives émotions à un jeune homme si susceptible d'enthousiasme; je lui crois du talent, et je pense que la petite promenade qu'il fait aura une bonne influence sur son avenir. »

« Oran, 28.

« Je suis venu m'installer ici, car, pour terminer nos affaires, il fallait être sur les lieux.

« Le général Lamoricière vient d'arriver; je le quitte à la minute et, en un instant, mulets, chevaux, chasseurs, escorte, tout a été à ma disposition. Ainsi, demain matin, je me mets en route comme un pacha.

« Jusqu'à présent, je n'ai rien de bien intéressant à te dire sur ce que j'ai vu, si ce n'est que la ville d'Oran a encore perdu plus qu'Alger sous le rapport du pittoresque. Tout y est moderne.

« Adieu. »

« Tlemcen, 1er avril.

« Ce n'est pas un poisson que je t'envoie aujourd'hui, chère amie, mais une lettre qui te dira, *pour vrai*, que je me porte à merveille, que le soleil m'a déjà culotté comme une vieille pipe, et que tout va du reste sur des roulettes comme au temps de la Terre Promise. On m'a bien reçu partout, et j'ai parcouru un pays admirable. Nous sommes arrivés hier soir. Je n'ai point encore vu la ville, mais son aspect semble me promettre de belles émotions pittoresques ; car tout ici a un caractère particulier.

« Je pars demain pour Isly, afin de tâcher de voir le champ de bataille, ce qui est encore une question. Tu penses que j'ai trop envie de t'embrasser, ainsi que nos petits-enfants, pour faire la moindre imprudence. D'ailleurs je le voudrais, que l'armée d'Afrique m'en empêcherait. L'amour-propre qui la domine lui ferait conserver son peintre, même malgré lui, s'il avait la faiblesse de trouver la vie indifférente.

« Adieu, chère Louise ; il y aura, le 15 du courant, trente-quatre ans que nous serons mariés. Il nous faut doubler, n'est-ce pas ? »

« 6 avril. A bord du *Lavoisier*.

« Je viens de terminer ma première course dans l'intérieur. J'ai rempli, autant que possible, ma mission avec prudence et je rapporte les documents nécessaires pour faire la bataille d'Isly avec toute la vérité que je tiens à mettre dans la représentation de nos faits de guerre. Je parle de prudence ; ce n'est pas qu'il aurait pu y avoir un danger personnel à pousser mes investigations fort avant dans le Maroc, mais la moindre petite inconséquence pourrait amener une collision entre nous et les agents d'Abd-el-Kader, que nous avions en avant et en arrière ; chose qui aurait mis à l'aise la diplomatie de M. le général de la Rüe, qui n'est venu faire ici qu'une démonstration de comédie avec des limites impossibles à poser. Le fait est que, de toutes ces belles démonstrations, il n'en restera qu'une tartine qu'on fera avaler à la Chambre des députés pour l'empêcher de parler, ayant la bouche pleine, et on aurait mis sur mon compte la rupture de la paix.

« De l'Alla-Magrinia, extrême avant-poste, nous sommes revenus vers la mer, à Djemmâu-el-Ghrazaouer, où j'avais donné rendez-vous à mon bateau pour hier matin, samedi. Nous y sommes arrivés vendredi soir, c'est-à-dire un jour plus tard que nous ne l'espérions. Bien m'en a pris, car j'ai évité un grand embarras, celui d'une réception mirobolante. L'arc de triomphe sous lequel je devais passer n'était encore qu'en planches, et la garnison n'était pas sous les armes. Je suis donc entré dans le camp comme un simple particulier, au grand désappointement du commandant supérieur. Mais hier, au moment de mon embarquement, je n'ai pu éviter les honneurs rendus par l'armée à son peintre : j'ai été forcé de passer devant la troupe au port d'armes et de recevoir quatre coups de canon auxquels le *Lavoisier* a répondu. Du reste, je t'envoie l'ordre du jour : s'il ne te flatte pas, il te fera rire [1].

---

1. ARMÉE D'AFRIQUE. — ORDRE SUPÉRIEUR.

M. Horace Vernet, notre grand peintre de batailles, arrive demain à Djemmâu-el-Ghrazaouer.

L'armée ne peut rester froide en présence de l'homme de génie qui a fait revivre, sous son pinceau magique, les fastes de notre gloire militaire. M. Horace Vernet recevra donc les honneurs de la guerre.

Toutes les troupes de la garnison prendront les armes et se formeront en bataille sur la place, en avant du pavillon ; elles porteront les armes et les tambours rappelleront. Les postes sortiront et porteront les armes.

Une compagnie de garde d'honneur lui sera fournie.

MM. les officiers de tous les corps se tiendront prêts à faire à M. Horace Vernet une visite de corps.

Des ordres seront donnés ultérieurement pour l'heure de la prise d'armes.

Djemmâu-el-Ghrazaouer, le 4 avril 1845.

Le lieutenant-colonel, commandant supérieur,
DE MONTAGNAC.

« Je ne te parle pas des chances heureuses de mon voyage ; elles sont telles que tu croirais que je veux te tromper en les embellissant. Nous avons eu cependant à supporter de terribles fatigues, si j'en juge par mes compagnons qui sont échinés ; quant à moi, la lame de fleuret est toujours droite et ne se rouille pas.

« Comme il est probable que le voyage actuel est le dernier que j'entreprendrai, je tâche de pomper le plus possible et de ramasser les miettes, afin de n'avoir aucun regret par la suite et d'avoir dans mon sac tout le butin nécessaire pour achever le bout d'existence qui nous reste dans notre solitude de Versailles. Cette solitude augmentera tous les jours ; car, à nos âges, les jeunes se séparent de nous et les vieux disparaissent dans un grand trou, où chacun va se faire oublier. Tâchons cependant, chère amie, de vivre le plus longtemps possible, et songe qu'il te faut aller aux eaux, afin que, lorsque la terre nous manquera sous les pieds, nous fassions la culbute ensemble. »

« Gibraltar, ce 8.

« Nous sommes ici depuis hier. Sir Robert Wilson, le sauveur de notre ami Lavalette, est gouverneur. Il m'a reçu en raison du passé. Ses chevaux sont à ma disposition pour voir le rocher, car ce n'est point autre chose ; mais quelle importance n'a-t-il pas !... Hier, je ne l'ai vu que sous un sombre aspect ; le temps était affreux. Aujourd'hui le soleil brille, comme pour se préparer à éclairer demain notre départ. Nous ferons route sur Cadix, d'où je t'écrirai.

« Adieu. »

« Cadix, 12 avril.

« Si la Méditerranée s'est montrée gracieuse à notre égard, l'Océan est un bien grossier personnage. Le coquin nous a fait une réception que je n'oublierai de ma vie. Figure-toi, chère amie, que nous nous étions embarqués le 9, au petit jour, par un bon temps et une bonne brise qui devait nous porter à Mogador; mais tout à coup le vent a sauté, est venu nous prendre debout, et nous voilà à *bourlinguer* dans le détroit par une brume épaisse, sans pouvoir reconnaître la terre à droite ni à gauche, entraînés par les courants, et battus par la mer, qui semblait prendre plaisir à venir sur le pont regarder ce que nous y faisions. Enfin, embêtés de la cachucha que nous dansions, au risque de nous casser le nez contre les rochers marocains, nous sommes venus relâcher ici pour attendre le beau temps. Je fais contre fortune bon cœur, et je jouis du nouveau pays que je vois.

« Cadix est une ville toute blanche, d'une propreté remarquable. Les maisons ont de grands balcons, peints en rouge, jaune et vert, sur lesquels se trouvent des figures noires, laissant voir, du visage, seulement de grands yeux qui regardent les étrangers avec curiosité. On peut croire qu'il ne serait pas difficile de les faire changer d'expression. Il y aurait danger, même pour les vieux cuirs comme moi, à regarder en l'air, si la quantité ne venait vous mettre à l'abri de toute séduction de ce genre. Le mauvais temps empêche ces belles Andalouses de se promener aujourd'hui. En attendant, je viens d'en voir quelques-unes au spectacle, d'où je sors. On jouait un mauvais mélodrame traduit du français. Tu juges que, n'y comprenant rien, je suis resté bien froid, lorsque, au contraire, tous les Espagnols se tordaient de joie. Mais, quand les danses ont commencé, les rôles ont changé. Rien de plus joli, de plus gracieux, de plus animé ; j'étais dans le ravissement. Les Napolitains et les Romains ne sont que des paysans lourdauds auprès de ces gazelles bondissantes. Ah ! chère amie, pourquoi suis-je si vieux ? je n'y tiendrais pas ; je bondirais comme elles et avec elles. Ne va pas t'alarmer : cinquante-six ans mettent de la glu sous les pieds, et je n'ai pu user pour ma jouissance personnelle à ce spectacle que de la faculté de fumer tout le temps dans ma loge. Ce haut degré de civilisation n'a peut-être pas peu contribué à me faire trouver les choses plus belles qu'elles ne le sont véritablement. N'importe ; je n'en suis pas moins fou du *boléro*. »

« Ce 13.

« L'Andalousie a un vrai caractère ; les épiciers n'y dominent pas encore, heureusement pour les peintres. C'est ici que Murillo est mort. J'ai vu son dernier ouvrage, qui n'est pas son plus beau. Il a bien fait de se rompre les os en tombant de son échafaudage. Je ne connais pas l'histoire de ce grand artiste, mais à juger de sa vie privée par ses œuvres il ne devait pas avoir les goûts fort élevés. Le choix de la nature qu'il se plaisait à représenter m'en donne l'assurance ; car ici, en général, l'espèce est belle et élégante ; l'exception se trouve au coin des rues, et c'est là qu'il cherchait sans doute ses modèles ; ils sont encore identiques aux pouilleux, aux galeux, aux teigneux dont fourmillent nos galeries. Dis-moi qui tu hantes, je te dirai qui tu es en peinture. Ici, tout le monde est pauvre, mais, vu la similitude des costumes, chacun se ressemble et a un air d'aisance que la chemise sale qu'on ne voit pas pourrait seule démentir. Quant aux femmes, je ne dis pas qu'elles aient dû ni qu'elles puissent inspirer des têtes de vierges, comme on pourrait en trouver dans d'autres pays; elles sont trop brunes, leur regard est trop brillant pour cela ; mais elles ont tant de fermeté dans l'expression, une démarche si distinguée, une taille si souple, qu'il devait suffire de comprendre la nature dans ce qu'elle a d'élevé pour la traduire en peinture de manière à laisser dans la pensée du *regardeur* quelque chose de noble et de généreux. Tout ici respire la fierté ou se roule dans la vermine. Pourquoi Murillo a-t-il choisi le coin de la borne ?

« Dans le seul petit mot que j'aie reçu de toi, tu fulminais contre les journaux qui me travaillaient ferme, — disais-tu. Que m'importent leurs injures, s'ils ont tort ? et, s'ils ont raison, qu'y a-t-il de mieux à faire que de baisser la tête ? Quant à moi, je fais de mon mieux. Lorsque je quitte mon atelier pour me reposer, je le fais la conscience pure, comme la plus belle fille du monde qui n'a pu donner que ce qu'elle avait. J'ai le bonheur de n'être sur la route de personne, et les lauriers de Miltiade ne m'empêchent pas de dormir. Que les cris des rabaisseurs de réputation ne t'émeuvent donc pas ! laisse-les dire et ne troublons pas notre quiétude intérieure en faisant attention à ces braillards; ils me font l'effet de chiens qui cherchent à mordre les roues d'un cabriolet qui passe dans la rue.

« Adieu, chère amie. Après-demain, il y aura trente-quatre ans que nous sommes mariés; dans seize, nous fêterons la cinquantaine ! Serons-nous gentils !... »

« A bord du *Lavoisier*, 17 avril 1845.

« Nous voici en route pour Alger, chère amie, après avoir fait tout ce que nous devions faire, sauf Mogador, que nous n'avons aperçu qu'à travers les brumes.

« Tanger est une assez vilaine ville, à peu près dans la

position d'Alger, mais cependant plus pittoresque. Mon premier soin a été de remplir la mission dont j'étais chargé. J'ai donc relevé les différents points du combat, et j'ai tous mes documents. Si tu vois le général Atthalin, dis-lui qu'il peut informer le roi que rien ne me manque pour commencer et terminer mes tableaux, mais que ça n'a pas été sans peine.

« Pour en revenir à Tanger, j'y ai passé deux jours et demi, — les plus intéressants peut-être de ma vie par leur originalité et la variété des épisodes. D'abord, nous avons été reçus à terre par M. Château, notre consul. Il nous a fait le meilleur accueil et nous a mis tout de suite au fait de la manière dont nous devions nous conduire avec les Marocains, qui sont excessivement soupçonneux. Je voulais voir manœuvrer les pièces de l'intérieur de la forteresse, qui devaient rendre le salut. Pour ce faire, il nous a fallu prendre toute sorte de précautions. Enfin, grâce à des juifs et à un bon pourboire, il y en a un qui nous a permis de passer la tête par-dessus sa terrasse pour regarder, au risque de recevoir pour sa complaisance une centaine de coups de bâton ; mais, pour de l'argent, que ne ferait un juif ? Nous avions mis de sales paletots et de mauvaises casquettes, pour avoir bien l'air de méchants marchands de lorgnettes. Enfin, j'ai obtenu de voir ce qu'il m'importait de connaître.

« En sortant de notre bouge, je suis allé visiter une petite batterie à une demi-lieue de la ville sur le bord de la mer, d'où je prendrai mon point de vue, et nous sommes revenus sans encombre au consulat. Le commandant du bateau m'y attendait avec impatience. Une fois bien renseignés, nous avons repris nos uniformes, et nous nous sommes promenés ostensiblement partout, sans que personne nous fît d'avanies.

« Le pacha qui commande en chef est à Larache, et le sous-gouverneur était en course pour châtier des tribus voisines. Comme il m'importait cependant de voir les troupes, et surtout un camp, le consul lui a, sur-le-champ, expédié un courrier, pour lui demander de la part de voyageurs de distinction la faveur de lui être présentés. Dans ce pays, les chevaux n'ont pas des jambes, mais des ailes. Huit heures après, nous avions une réponse qui nous annonçait que le sous-gouverneur, ayant fini sa razzia, viendrait lui-même, le lendemain, nous recevoir. Nous sommes donc restés à l'attendre, et nous avons passé notre temps à une noce juive qui nous a fort intéressés. Je n'ai jamais rien vu de plus beau que le type des femmes ; elles sont plus fortes qu'à Alger, et bien plus jolies. Leur costume est magnifique. J'en ai fait un croquis, il t'en dira plus que toutes mes explications. D'ailleurs il me tarde de te raconter ce que j'ai vu le lendemain.

« Le sous-gouverneur devait donc rentrer avec son armée. Nous sommes partis le matin de bonne heure, pour nous trouver comme par hasard sur son passage, ce qui nous a parfaitement réussi. Nous avons vu venir de loin, sur le sable, des fantassins et quelques cavaliers, suivis de troupeaux, de prisonniers et d'une arrière-garde. Nous nous sommes mis à courir, et nous sommes arrivés à temps pour voir entrer en ville ce cortège singulier.

« Ben-Abou est un homme superbe. Il était monté sur une mule blanche, et environné d'une vingtaine de jeunes pages de l'empereur, le fusil haut, la tête découverte, une longue tresse de cheveux leur pendant sur l'oreille gauche, et vêtus de robes de toutes couleurs ; les chevaux richement équipés. Le tout formait un groupe éclatant. Le reste de la troupe était occupé à conduire un troupeau de bœufs, qui semblaient se révolter d'être faits prisonniers, tandis que les hommes qui se trouvaient dans le même cas marchaient tristement, la tête baissée, comme attendant et se préparant aux coups qui devaient bientôt les faire rouler dans la poussière. Il y avait quelque chose de fort imposant dans ce cortège, qui marchait avec une grande rapidité, et comme s'il craignait d'être rattrapé par un ennemi.

« Aussitôt rentré en ville, Ben-Abou nous fit dire qu'il nous recevrait le lendemain, à neuf heures du matin.

« Après avoir dîné chez le consul, nous sommes revenus à bord, passer une bonne nuit. A cinq heures du matin, la propreté est venue nous réveiller : on *bringeait* le pont, pour le rendre clair comme la table de notre cuisine. C'est bien joli, la propreté, j'en conviens, mais lorsqu'elle n'empêche pas de dormir. Enfin, nous nous sommes habillés, faits beaux comme des soleils et rendus chez M. Château, qui, de son côté, s'était paré de sa grande tenue.

« A neuf heures moins un quart, notre cortège s'est mis en marche vers la Kasbah, chaous en tête. Arrivés dans l'intérieur, nous avons trouvé la garnison sous les armes, faisant la haie, mais chaque soldat était accroupi le long du mur. Cette position militaire, inconnue pour moi jusqu'à ce jour, me semblait toute bizarre. A un commandement fait par un gros Marocain, toute la troupe s'est relevée, a porté les armes, et nous avons continué notre marche jusqu'à un péristyle où nous attendait Ben-Abou, dont le visage noir prenait une nouvelle intensité de couleur au milieu des haïcks blancs dans lesquels il était entortillé des pieds à la tête.

« Après les poignées de main d'usage, il nous a introduits dans l'enceinte de son palais. Là, nous avons trouvé des chaises européennes, et lui-même, assis comme nous, a commencé des félicitations auxquelles nous avons répondu par l'intermédiaire d'un grand juif borgne, ayant sur les épaules le mauvais paletot avec lequel je m'étais déguisé le jour précédent, pour ressembler à une canaille sans importance. Puis la conversation a tourné et est arrivée à nous faire savoir que les prisonniers de Mogador n'avaient point été rendus comme le traité le stipulait, et que, faute de son accomplissement immédiat, l'empereur pourrait regarder toutes les conventions comme non avenues. Tu penses que personne n'a songé à répondre sur une matière semblable; nous nous sommes levés de la manière la moins embarrassée possible pour reprendre la route de chez nous. En sortant, même cérémonial : troupe accroupie, puis au port d'armes. Nous sommes remontés à bord immédiatement, et trois heures après nous étions en Europe, à Gibraltar, au moment où les Anglais faisaient des courses de chevaux comme à Epsom. On nous a fait les honneurs de cette fête, et, le soir, nous avons assisté à un très-grand bal, où une multitude de jolies femmes nous ont fait des *mamours*. A minuit, comme Cendrillon, nous nous sommes évadés, et à une heure du matin nous étions en route pour Alger, où, vu le beau temps, nous serons sans doute le 20 au matin. »

« Ce 20.

« Nous arrivons. Je trouve de tes nouvelles. Sache que je me porte bien. Dans quelques jours je t'en dirai davantage. Nous ne partons pour l'expédition que le 1er mai. Adieu. »

« Alger, 22 avril.

« Me voici débarqué, chère amie.

« Nous ne partons d'ici que le 2 ; nous ferons une petite campagne de demoiselle pour promener le prince, qui ne peut être venu pour rien. Nous ferons ménage avec Jusuf, qui vient avec nous sans troupe, et comme attaché à l'état-major. Notre excursion ne durera pas plus de quinze jours.

« Ce que tu me dis du Salon me fait plaisir; jusqu'ici je n'en avais pas entendu parler, ayant toujours marché plus vite que les journaux, qui, du reste, ne m'auraient intéressé que médiocrement; car tu sais combien tout ce qu'ils peuvent dire m'est parfaitement indifférent. J'estime seulement le succès que le bon sens vous accorde, et non celui qu'on doit à des coteries. Il en est de même des critiques, qui n'atteignent pas le but lorsqu'elles le dépassent. Quant à l'éloge de Thiers, il est fort aimable; j'apprécie le sentiment qui l'a provoqué, et je le prends comme un retour à des idées moins absolues en peinture que celles qui lui ont fait produire sa monstrueuse *Madeleine*. »

« Ce 24.

« Les affaires s'embrouillent dans l'ouest. Le maréchal va demain à Cherchell; moi, je reste. Avant la semaine prochaine, nous saurons à quoi nous en tenir. Si on n'entre pas en campagne tout de suite, tu seras exposée à me voir arriver bien plus tôt que tu ne le penses; car je n'ai pas envie de perdre mon temps pour ne rien voir de ce qui m'intéresse, et à *berlander* comme un gant jaune sur la place du gouvernement. En vérité, il est difficile de se rendre compte de ce qu'on veut faire de l'Algérie. Je vais tâcher de fixer mes idées sur ce point.

« Le gouvernement anglais, lorsqu'il a pris une résolution, mène ses affaires jusqu'au bout franchement, sans tergiverser vis-à-vis de la nation, et, une fois un parti arrêté, chaque Anglais contribue, même contre son intérêt personnel, à faire réussir les projets du gouvernement; mais aussi, le gouvernement joue cartes sur table et ne se laisse pas aller à sacrifier, pour de puériles questions d'amour-propre individuel, l'intérêt de la nation.

« Quant aux choses telles qu'elles sont ici, jusqu'à présent du moins, je ne vois d'autres moyens d'en sortir que la conquête entière ou l'abandon total. Les Espagnols, dira-t-on, conservent quelques points sur la côte; mais de l'Espagne à ces points il n'y a que quatre heures de navigation, et toute communication avec l'intérieur est tellement interdite que même les fenêtres des maisons sont murées du côté de la campagne. Pourrions-nous occuper, à de semblables conditions, Alger et les autres ports d'un littoral aussi prolongé que celui qui va des frontières de Tunis au Maroc? La France veut de l'Algérie parce qu'elle peut lui être utile. On ne l'évacuerait pas sans qu'elle se soulevât tout entière, et les ministres, qui refusent sous-main, qui n'agissent pas franchement vis-à-vis d'une armée aussi dévouée que celle au milieu de laquelle je me trouve, sont, à mon avis, de grands coupables. La France, par exemple, doit-elle être le jouet des mauvaises nuits du maréchal Soult?...

« Adieu, chère amie. »

« Alger, 30 avril.

« Je n'ai que le temps de t'écrire un seul mot.

« Abd-el-Kader est entré chez nous par l'ouest, ce qui fera sans doute de la promenade du maréchal une affaire importante, car, tout se lève sur le passage de l'émir.

« Si cet événement prend de la consistance, je ferai la campagne; sinon, je pars pour Paris. »

« Marseille, 6 mai.

« Figure-toi, chère amie, que jamais le bonheur qui m'accompagne n'a été plus aimable que dans les derniers jours de notre navigation. Partis, le 1er, d'Alger, nous sommes arrivés à Palma le lendemain; rembarqués quelques heures après, nous avons longé la côte d'Espagne, visitant depuis Malaga jusqu'à Barcelone par un temps admirable, et voyant une multitude de choses du plus haut intérêt. Une fois arrivés au Cap Rose, le *mistral* nous a empoignés comme un furieux qu'il est. En un instant nous sommes enlevés, et nous voilà partis comme ce coquin de vent qui nous prenait si traîtreusement, sans pouvoir attraper Marseille, et trop heureux de *crocher* par Toulon, où nous sommes entrés bourlinguant, au milieu des rafales qui semblaient jouer au volant avec notre gros bâtiment qui leur présentait toujours son nez pointu. C'était beau de voir le génie de l'homme aux prises avec deux terribles éléments, les dominer, et d'entendre gronder sous nos pieds les entrailles de feu du *Lavoisier*. Dans ces circonstances, comme le corps de l'homme est petit en raison de sa tête !

« Bref, me voici en route pour Paris par la vieille méthode, par la malle-poste.

« A bientôt. »

« Avignon, ce 9 mai 1845.

« Depuis hier je suis ici, et déjà le temps me semble bien long; car notre bonne ville n'est pas plus amusante que par le passé. Il me tombe de tous les côtés des Vernet. Les uns sont boulangers, les autres tout ce que tu voudras. Bref, ils veulent tous me faire leur héritier, et me demandent, en attendant, de leur procurer une petite place pour vivre. Ainsi, tu vois qu'un jour nous devons être riches.

« Listz est mon voisin. Il a donné un concert hier soir ; il n'a eu qu'un médiocre succès. Voilà ce qui s'appelle semer des perles devant les pourceaux.

« Enfin, demain, je prends la route de Paris. Je vais donc vous embrasser tous ; quel bonheur !

« Horace Vernet. »

Un grand et irréparable deuil attendait l'artiste à son retour. Sa fille, depuis longtemps affaiblie par de vives souffrances, n'avait pu retrouver ses forces à la douce chaleur du soleil de Rome. On se rappelle les tristes pressentiments que les lettres de madame Horace Vernet avaient inspirés à son mari, durant les derniers mois de son séjour en Russie ; ils ne devaient être, hélas ! que trop promptement justifiés. La pauvre malade s'éteignit le 18 décembre 1845. Les regrets unanimes laissés par madame Paul Delaroche, tant dans le monde d'élite qui perdait en elle une des femmes les plus charmantes de ce siècle, que parmi les pauvres, dont elle était la tendre et infatigable bienfaitrice, donnèrent à sa famille les seules consolations qui puissent adoucir de telles douleurs.

Horace Vernet se réfugia dans le travail, pour se soustraire un peu aux pensées trop cruelles qui obsédaient son cœur. Il exécuta sa vaste composition de la *Bataille d'Isly*, qui fut exposée en 1846. Le Salon terminé, il partit avec son ami Soliman-Pacha pour la Belgique et la Hollande, où ils firent une tournée de quelques jours ; puis il revint s'installer à Versailles, la tête pleine de projets nouveaux qu'il avait hâte d'exécuter ; car l'inaction était pour ce talent fécond une véritable souffrance.

XV

Illusions de Louis-Philippe. — 24 Février. — Un garde national convaincu. — Journées de Juin. — Siége de Rome. — Lettres diverses. — Expédition de Kabylie. — Le frère Hermann. — Guerre de Crimée. — Exposition universelle. — Creux et bosse. — Philosophie chrétienne. — Une vieille maîtresse. — Quatorze lustres dans une tête. — Vieillesse d'Horace Vernet. — Sa mort. — Ses dernières volontés.

Le 24 février 1848, Horace Vernet écrivait ces lignes, qui ont un grand intérêt historique :

« Le roi s'abusait tellement sur sa position, sur la force de son gouvernement, qu'il était évident qu'il courait à sa perte. Ma dernière entrevue avec lui, mardi matin, m'avait confirmé dans cette opinion, sans cependant que j'eusse l'idée que la catastrophe fût aussi immédiate. Il était midi ; les Chambres étaient assemblées, et l'accusation des ministres devait être présentée. Le peuple chantait *la Marseillaise* sous les fenêtres mêmes des Tuileries. Le roi m'avait fait venir pour m'envoyer à Toulon faire le portrait d'Abd-el-Kader. Dès en arrivant, le roi me dit : « Partez demain ;
« le portrait n'est qu'un prétexte. Dans la conversation,
« dites à Abd-el-Kader que je ferai honneur à la promesse
« de mon cher fils. Mes ministres sont des poltrons : ils ont
« peur des Chambres. Quant à moi, je suis trop fort pour
« qu'Abd-el-Kader puisse me donner la moindre crainte,

« lors même qu'il serait à Saint-Jean-d'Acre. Les Anglais
« ne pourraient le ramener dans nos possessions d'Afrique
« sans que ce ne fût une déclaration de guerre, et per-
« sonne, sans ma permission, ne peut en venir là. Je do-
« mine le mauvais vouloir de Palmerston : Guizot le joue
« comme un enfant. Cependant, il faut faire une concession
« à la majorité de nos Chambres. Il faut donc dire à l'émir
« que je l'embarquerai, qu'il fera le tour par le cap de
« Bonne-Espérance, et qu'il sera débarqué à Djeddah, qu'il
« ira de là à la Mecque et qu'il sera libre. » Le roi me fit
répéter ma leçon, et ajouta : « Si vous voulez voir com-
« ment les choses vont se passer ici, ne partez que jeudi. »
Horace Vernet attendit, et tout le monde sait pourquoi son
voyage n'eut pas lieu.

Dès que la République eut été proclamée, il retourna à
Versailles et se fit réélire colonel de la garde nationale. Il
avait toujours eu un faible pour cette institution. On a vu,
par ses lettres, qu'il était allé montrer son glorieux uniforme à la cour des souverains étrangers, jusque dans les
pays les plus lointains. Il semblait convaincu de l'importance de son rôle, et prenait au sérieux les moindres détails
du service. Il aimait à s'occuper du maniement des armes
et de l'équipement des troupes, à parader sur un cheval
fringant et à passer des revues. Il n'aurait peut-être pas
récité l'*Annuaire* d'un bout à l'autre (encore n'en jurerions-
nous point), mais à coup sûr il était de première force sur
la grande question du bouton de guêtre, et il savait mieux
que pas un officier quelle est la nuance exacte de la tunique
ou du pantalon d'ordonnance dans tel ou tel régiment. Il
a eu plus d'une fois à ce sujet de graves discussions avec
des hommes spéciaux, et c'était toujours lui qui, vérifica-
tion faite, se trouvait avoir raison. Bref, il y avait dans so

caractère tout un côté *troupier* qui demandait à se manifester d'une façon ou d'une autre, et, ne pouvant être soldat, il se fit... garde national.

Il faut dire, pour être juste, qu'alors cette institution avait sa raison d'être; en plus d'une circonstance douloureuse, elle a donné des preuves de son utilité.

Tous les Parisiens ont vu Horace Vernet à la tête de sa légion, en grand uniforme et couvert de décorations qui, à chaque mouvement un peu trop saccadé de son cheval, sautaient sur sa poitrine avec un bruit de ferraille.

Quelques jours avant l'insurrection du mois de juin, voici ce qu'il écrivait à son gendre, Paul Delaroche :

« Versailles, 18 juin 1848.

« ... Les affaires se compliquent d'une furieuse manière, tout le monde est prêt à combattre, et je ne sais pas s'il restera même les deux queues sur le champ de bataille, tant les partis sont animés. Depuis trois jours l'effervescence est à son comble. Faites donc de la peinture !... Cependant, j'ai repris mon tableau [1], et je pense qu'en un mois je pourrai le terminer assez pour le porter à l'empereur. Je l'ai déjà écrit à Saint-Pétersbourg, et, une fois dans le pays, je verrai si je m'y trouve encore bien. Alors comme alors, Dieu fera le reste.

« Diane, qui me regarde, semble deviner que je vais dire à vos enfants que je les aime de toute mon âme, et me prier de placer un petit mot d'elle; mais elle n'a que ses yeux et sa queue pour s'exprimer, et dans une lettre il n'y a pas moyen d'introduire ce genre d'éloquence. Embrassez bien tendrement pour moi ces chers petits, et léchez leurs mains pour ma bête...

1. La *Bataille de Wola*, commencée en 1847.

« Adieu, mon cher ami. Soyez certain que personne plus que moi n'a envie de tranquillité. A mon âge, toutes les facultés se recourbent les unes sur les autres, et, lorsqu'il faut tendre le jarret pour les redresser, on ne doit pas perdre ses forces et les dépenser en inutilités.

« HORACE VERNET. »

Aussitôt que l'insurrection eut éclaté, la légion de Versailles accourut à Paris. Si elle ne prit pas une très-grande part à la répression de l'émeute, ce fut la faute des circonstances, et non celle de son chef : il avait échelonné ses hommes depuis l'Institut jusqu'au pont Saint-Michel, et il resta prêt à marcher jusqu'à ce qu'on eût tiré le dernier coup de fusil.

Revenu à Versailles, Horace Vernet organisa un service militaire des plus actifs pour la sécurité de la ville, et il envoya de nombreuses patrouilles explorer la campagne. Les émeutiers qui avaient pu se sauver de Paris se cachaient dans les bois et dans les blés. Pendant un mois, la garde nationale de Versailles opéra ainsi bon nombre d'arrestations.

Tandis que Vernet s'occupait de ses devoirs civiques, son atelier chômait. Il trouva pourtant moyen de finir son grand tableau de la *Bataille de Wola*, et il l'envoya à l'empereur de Russie, qui lui fit remettre en échange 25,000 roubles (99,000 francs).

Le siége de Rome devait fournir au talent d'Horace Vernet des éléments nouveaux. Le souvenir de ce glorieux fait d'armes, pendant lequel on vit, suivant un illustre témoignage, l'armée suspendre les coups qui pouvaient porter la dévastation au milieu des chefs-d'œuvre de tous les temps et de tous les peuples [1], ce souvenir méritait plus encore

---

1. Voir le discours prononcé par le maréchal Vaillant à la séance solen-

que d'autres d'être perpétué par de savants pinceaux ; c'était en quelque sorte un tribut de reconnaissance que les artistes avaient à payer aux soldats, et personne ne pouvait mieux s'en charger qu'Horace Vernet, un des maréchaux de la peinture. Aussi cette importante commande lui fut-elle confiée, et il partit au mois de janvier 1850, pour aller prendre sur place les croquis et les notes qui lui étaient nécessaires.

A peine de retour, il écrivait à Paul Delaroche le résumé de ses impressions :

« ... Mon voyage à Rome a été fort heureux ; mais j'en ai rapporté un fonds de tristesse qui se trouve en rapport avec les douloureux souvenirs que j'y ai retrouvés. Cette ville, où j'ai été si heureux, semble avoir suivi mon sort ! Tout s'y écroule à la fois. La conduite plus que faible du saint-père, le gouvernement inerte qui le remplace pendant son absence, portent un coup fatal au prestige de la religion. L'Église, désertée par ceux qui devaient savoir mériter la palme du martyre comme l'archevêque de Paris, attend pour se relever qu'un juif lui en fournisse le moyen, quand nous avons une belle et noble armée qui vient de verser son sang pour lui rendre la liberté, et qui offre de la lui maintenir au prix de nouveaux sacrifices que la France s'imposera. Il y a de la part des Romains une ingratitude telle, qu'on ferait bien de les abandonner à leur propre corruption ; tôt ou tard ils n'en tomberont pas moins, et ce serait un exemple donné au monde, au moment où les peuples, pour se régénérer, ont tant besoin de patriotisme et de vertu.

« Malgré les menaces de destruction de mon œuvre que je trouve dans quelques journaux, je n'en ferai pas moins

nelle de la distribution des récompenses, après l'exposition de 1863. (*Moniteur* du 7 juillet.)

mon tableau. Jamais l'armée n'a été plus digne d'être représentée que dans cette dernière circonstance, où, ayant à se venger d'une abominable trahison, elle a consenti à s'imposer les dangers, les fatigues d'un long siége, plutôt que d'entrer de vive force et en quelques heures, pour éviter les représailles légitimes qui s'exercent dans une ville prise d'assaut ; et, après la victoire, quel calme a succédé à l'élan de son intrépide valeur ! Nos soldats, la plupart venant d'Afrique, où certainement ils n'ont pas reçu une éducation toute philanthropique, ont un respect religieux pour le moindre objet qui touche au culte ou aux arts ; et, malgré le mauvais vouloir de la population qui leur reproche d'être venus pour l'asservir de nouveau au régime clérical, rien ne les fait sortir de ce calme qu'on pourrait prendre pour du mépris, s'il ne valait mieux y trouver le caractère de la force.

« Le premier tableau dont je m'occuperai sera la *Prise du bastion n° 8*. Rien n'est plus beau que le fond où l'on verra le dôme de Saint-Pierre, dont l'illumination s'éteignant en partie semblera prophétiser la ruine vers laquelle il marche à grands pas, et, sur le devant, je mettrai tout ce qu'une mêlée de combattants acharnés, joint au sang-froid des travailleurs du génie, peut donner d'épisodes intéressants... »

Cette fois, Horace Vernet ne se mit pas à l'œuvre avec cet entrain qui l'avait toujours distingué dans l'exécution de ses précédents travaux. La politique quotidienne, ses fonctions de colonel, etc.., le préoccupaient et lui prenaient la meilleure partie de son temps. Pendant les journées de décembre 1851, il fut obligé de cacher sa toile pour qu'elle ne fût pas lacérée, et il la fit transporter à Versailles, où l'on mit à sa disposition la salle du Jeu de Paume, qui lui avait déjà servi d'atelier à diverses reprises. Il n'avançait donc que très-lentement dans l'accomplissement de sa tâche. C'est sans doute moins à la vieillesse qu'à ces hésitations de pinceau qu'il faut attribuer l'infériorité de cet ouvrage, si on le compare à tous ceux qui l'avaient précédé.

La couleur de ce tableau est ce qui choque le plus en lui, car la composition en est habile, mais elle se trouve noyée dans une tonalité bleuâtre, désagréable à voir. Vers cette époque, M. X***, chargé de peindre un plafond aux Tuileries, était accusé par le ministre de n'avoir pas fait son ciel assez bleu : « Excellence, répondit-il, il n'y a plus de bleu; M. Horace Vernet a tout employé pour son bastion n° 8. » Cette critique plaisante était juste. Le *Siége de Rome*, exposé au salon de 1852, n'obtint qu'un demi-succès. Horace Vernet ne se laissa point abattre par cet échec relatif, ainsi que le prouve cette belle lettre qu'il écrivait à son gendre, pris, de son côté, d'une de ces défaillances si fréquentes dans la vie des artistes.

« 15 avril 1852.

« Ce que vous me dites de votre découragement, mon cher Delaroche, est trop en rapport avec ce que j'éprouve moi-même, pour que ce ne soit pas la première chose à laquelle je réponde. L'exemple que vous me citez de Gros et de Gérard n'a rien à faire avec nous : l'envie, la jalousie les a épuisés; nous n'en sommes pas là, du moins je ne le crois pas. La peinture est une maîtresse qui passe de main en main sans jamais vieillir; avec un peu de jugement, on doit s'en éloigner avant qu'elle ne vous joue de mauvais tours; du reste, c'est le secret de la vie tout entière. Il ne s'agit donc que d'en faire l'application en son temps. Pour mon compte, je viens de subir une rude épreuve contre laquelle je me roidissais depuis bien longtemps ; elle m'a confirmé dans la pensée que rien n'est plus fatal à un artiste que son éloignement de la multitude et du froissement du monde : l'isolement ne laisse prendre aucun repos à sa pensée dominante; son sommeil même ne lui procure plus le moindre délassement; une seule idée le domine sans cesse; il l'use et l'énerve à force d'y songer, et, au bout du compte, il finit par ne plus savoir où il en est, faute d'objets de comparaison d'une part, et de l'autre parce qu'il ne rencontre plus sur sa route cet imprévu qui donne à chacun de nous la connaissance de sa force.

« Je suis convaincu, mon cher ami, que l'affaiblissement dans lequel je suis tombé est prématuré, et qu'il m'aurait été possible de soutenir plus longtemps le rang que mes travaux m'avaient assigné. Qu'un si triste exemple vous serve d'avis, mon cher Delaroche! vous avez bien des années de moins que moi, vous êtes dans la force de l'âge; les succès *vous abondent;* l'air qui nourrit l'imagination n'est pas dans un fromage, au fond d'une cave, c'est à ciel ouvert, et parmi les hommes, qu'on le respire. Vous avez des enfants qui vous rattachent au monde, puisque vous avez à y guider leurs premiers pas; comme père, vous ne pouvez renoncer à remplir ce devoir. C'est donc avec un profond regret que j'ai vu encore cette année le Salon veuf de vos ouvrages. Mais, me direz-vous, le public peut les voir autre part. Où doit-il aller les chercher? Chez un marchand? Là, le charlatanisme du négociant vous est imputé par ceux qui se nourrissent du grain que vous avez semé; ils ne manquent pas de répandre le bruit que la crainte de croiser le fer vous retient, tandis que des étrangers viennent se pavaner à notre exposition, sur la route que vous leur avez tracée. Mon ami, venez donc les écraser d'un seul coup. Aujourd'hui, l'école est une armée qui manque de chef... Une main comme la vôtre peut seule arracher au socialisme du haillon ou à la mignardise du *pompadourisme* un art qui se débat contre ses ennemis mortels...

« Grâce à l'aspect boueux et plombé du Salon, mon tableau, qui remplit lui-même pas mal de ces conditions, est sans doute celui qui attire le plus les regards ; en le considérant, il n'éborgne pas, et on le quitte sans émotion fâcheuse. Je sens que bientôt il faudra en finir, avant que, flétri par la vieillesse, ou d'ennui et par anticipation, la triste solitude ne vienne *fermer la boutique*. J'ai promis encore quelques tableaux, je vais les faire. La montre marche toujours, mais les aiguilles ne marquent plus rien : autrement dit, ma vieille triture est encore là, mais le cadran n'indique plus ce que je voudrais faire comprendre. »

Horace Vernet devait être le peintre du nouvel Empire comme il avait été celui du premier. Ses pinceaux n'avaient pas d'opinion, et, pourvu que la France se battît quelque part, peu lui importait le nom du général en chef. Il commença cette nouvelle série de tableaux par un portrait équestre du Président de la République et par un portrait du maréchal Vaillant.

L'expédition de Kabylie lui fournit ses premiers sujets militaires. Ce fut encore pour lui le prétexte d'un voyage en Afrique, et nous donnerons, pour terminer dignement sa correspondance, quelques fragments des lettres qu'il écrivit alors.

« Cette, 20 mai 1853.

« ... Il m'est arrivé une singulière rencontre sur le bateau de Valence à Avignon. Un jeune carme s'y trouvait ; son air inspiré attirait mon attention, lorsque tout à coup il est venu à moi en me disant : « Ne me reconnaissez-vous

« pas? Je suis allé bien des fois chez vous, lorsque j'étais
« juif. Je suis le frère Hermann, ci-devant le jeune Cahen,
« élève de Listz, ami de Thalberg. Permettez-moi de vous
« embrasser. » Et nous voilà dans les bras l'un de l'autre
comme deux pauvres. La conversation s'est bien vite engagée et elle a tourné à la religion. Jamais je n'ai entendu
une telle éloquence accompagnée d'une si noble inspiration! Comme il m'adressait la parole, il a parlé de l'influence
de la foi sur les arts; tout le monde l'écoutait, et pendant
cinq heures il n'a cessé d'exhorter son auditoire à former
les pensées les plus chrétiennes... Le frère Hermann disait
ceci, que je crois vrai, c'est que l'harmonie et la mélodie
en toutes choses disposent le cœur à aimer et n'inspirent
que de nobles pensées en *portant* l'âme vers le ciel... »

« Kabylie, 12 juin 1853.

« .... Le beau temps est revenu ; nous parcourons des
montagnes si belles et si variées qu'il est impossible de les
décrire sans rester au-dessous de la réalité. C'est d'un
grandiose et d'une sévérité qui dépassent tout ce que j'ai
vu dans mes voyages. Ces vastes solitudes inspirent le respect. Le peu de *gourbis* qu'on rencontre sont les seuls
témoins qui attestent le passage de l'homme dans ces immenses forêts; des oiseaux, des rossignols, etc., chantent
le jour, et les bêtes féroces rugissent la nuit; ces délicieux
concerts, remplacés par des hurlements qui font frémir les
échos, partagent l'âme en deux sections toutes les vingt-quatre heures, comme le jour et la nuit. Il appartient à
l'esprit de l'homme d'intervertir cet ordre de la nature;
car en vérité que faisons-nous ici? Tant que le jour dure,
ce ne sont que machines de guerre qui gravissent les montagnes pour les redescendre comme des ruisseaux de feu

brillant au soleil; et la nuit, chacun retrouve dans son cœur le souvenir de ses affections et l'espérance dans l'avenir. Voici donc ce que nous faisons ici : les Kabyles fuient devant nous pour se retirer chez les Beni-Affer; là, il y aura sans doute ce qu'ils appellent une journée de poudre, pour l'acquit de leur conscience; mais ce ne sera pas grand'chose; les soumissions sont faites d'avance. Nous regorgeons de vivres, et l'armée est magnifique de santé et d'entrain... »

Voici une lettre curieuse, parce qu'on y trouve la première pensée, et, en quelque sorte, le commentaire d'un des derniers tableaux exposés par Horace Vernet, la *Messe en Kabylie*.

« Juin 1853.

« ... La pluie tombe avec fureur; nous sommes dans l'eau jusqu'au ventre; nos tentes ne sont plus un abri; le bois ne brûle pas; heureusement, il ne fait pas froid, nous n'avons pas de malades, et tout est gai comme si le soleil brillait. Dans notre dernière marche, douze mulets ont roulé à plus de trois cents mètres; un seul homme a jugé à propos de les imiter. Les soldats du génie sont admirables d'énergie; ils travaillent à réparer les routes en corniche qui s'écroulent de toutes parts; il faut être plus que des hommes pour supporter de telles fatigues. Dimanche, nous avons eu un très-beau spectacle : après l'investiture des caïds, le R. P. de la Trappe a dit la messe en plein air sur un autel de tambours, surmonté d'une croix de bois rustique, le tout fabriqué à l'improviste par les soldats et orné d'une multitude de fleurs plus belles et plus variées les unes que les autres. A l'élévation, le vent rabattait la fumée de canon sur toute cette scène, ce qui lui donnait par instants l'air d'être portée sur des nuages. On ne peut se faire une idée de la poésie de cette réunion de choses hétérogènes, dans le plus beau pays de montagnes qu'on puisse imaginer, avec la mer pour horizon... »

L'année suivante, Horace Vernet partait pour l'Orient. Il passa les mois de juin, de juillet et d'août 1854, à Varna, avec notre armée; mais il n'avait plus cet entrain qui jadis lui faisait supporter gaiement les fatigues de la vie militaire. Les lenteurs forcées du siége de Sébastopol usèrent bientôt sa patience, et il revint en France.

Voici ce qu'il écrivait le lendemain de la bataille d'Inkermann :

« Ces pauvres Anglais se sont-ils fait *esquinter* (terme africain)! Il nous faut toujours venir à leur secours; sans cela, il n'en resterait peut-être pas un. La guerre ne consiste pas à se faire tuer courageusement; l'intelligence doit dominer pour gagner des batailles. Lorsque les officiers et les soldats ne se connaissent pas, les uns et les autres peuvent faire leur devoir individuellement, mais les résultats sont des pertes énormes sans autre succès que de rester sur la place. Dans l'armée française, les officiers sont l'esprit des soldats qu'ils commandent, avec lesquels ils vivent sans cesse, avec lesquels ils partagent les mêmes privations et les mêmes souffrances... »

L'Exposition universelle de 1855 fut pour Horace Vernet le couronnement de sa vie d'artiste. Il entra en lice avec tous ses meilleurs tableaux et obtint un succès digne de son nom. Il fut même désigné d'abord par ses rivaux comme le premier d'entre eux, et on voulait lui décerner la première récompense, comme au peintre qui représentait le mieux l'école française dans cette grande et noble lutte des nations entre elles. Mais on pensa avec raison qu'il y avait dans l'art contemporain des notoriétés égales à la sienne, et on finit par mettre sur la même ligne tous les hommes, qui, à des titres divers, avaient pris rang de maîtres.

Vernet écrivait alors à propos d'un de ses collègues ces quelques phrases, où l'on retrouve la tournure habituelle de son esprit :

« X*** vient d'avoir un coup de sang. Il a manqué mourir, tant il est inquiet de son exposition. Que ces pauvres gens sont à plaindre avec leur orgueil! Que gagnent-ils à leur charlatanisme? De se faire mettre des sinapismes et des petites bêtes je ne sais où. Pour moi, je ne suis pas si malin, et je puis m'asseoir sans douleur à la place qui m'a été faite... »

On aurait tort de prendre au pied de la lettre ces semblants de modestie. Comme tous les grands artistes, Horace Vernet se préoccupait beaucoup des impressions du public à son égard. Cependant, sur la fin de sa vie, il en était arrivé à une certaine philosophie chrétienne qui lui permettait de voir et de juger les choses de plus haut.

Il était revenu de loin. Nous n'avons pas l'intention de discuter ses opinions religieuses ; ce ne sont point là nos affaires ; la conscience d'un homme doit rester murée comme sa tombe. Mais nous ne saurions résister au désir de citer un mot de lui que rapporte une personne avec laquelle il s'entretenait, il y a bien longtemps, de ce grave sujet : « Que voulez-vous? disait-il, où les autres ont une bosse, moi, j'ai un creux. » C'était peut-être une fanfaronnade d'incrédulité qui le poussait à parler de la sorte. Quoi qu'il en soit, par la suite, le creux avait été rempli, et il était même poussé à sa place une bosse que n'eussent pas désavouée les chrétiens les plus fervents.

Ayant perdu sa première femme, qui n'était jamais parvenue à se consoler de la mort de leur charmante fille, il avait épousé en secondes noces une veuve jeune encore, madame de Boisricheux, qui l'a soigné avec un entier dévouement et une abnégation sans bornes pendant sa dernière maladie.

L'âge, et partant l'expérience, qui en est le triste fruit, avaient donné à son esprit une teinte plus sombre. Dans ses dernières lettres, on trouve souvent la preuve que ses pensées suivaient la pente des années. Il se plaisait à philosopher doucement, d'une façon plutôt résignée que douloureuse.

« A deux, écrivait-il, on est plus fort contre le mal et plus heureux dans la joie! Un ivrogne disait : «Celui qui « boit tout seul est indigne de vivre. » La vérité dans le vin, dit-on. Je suis de l'avis de l'ivrogne. L'égoïsme est la mort civile du cœur... »

« Les tiraillements entre amis ne laissent que des lambeaux qui ne profitent qu'aux chiffonniers... »

« Il est bien vrai qu'on aime plutôt les gens pour soi que pour eux. Voilà ce que c'est que de nous! Pauvre machine à sentiments qui marche devant elle comme une locomotive, sans songer que le convoi de toutes les misères de la vie est accroché derrière elle, jusqu'à ce qu'il n'y ait plus rien pour la faire mouvoir! Il faut donc se dire que faire le bien n'est autre chose que le sacrifice de ce qui nous est cher pour ce qui nous est plus cher encore. jusqu'à ce que la mort vienne arrêter les mouvements de notre cœur et que notre âme s'élève vers son Créateur... »

Il ne faudrait pas croire cependant qu'il eût tout à fait perdu ce vieux fonds de gaieté qui était l'un des traits distinctifs de son caractère. Non, mais il se reprochait parfois ses élans, et cherchait, comme il le disait plaisamment, à éviter tout ce qui aurait pu paraître « trop jeune dans une vieille tête illuminée par quatorze lustres. »

Il passait une grande partie de l'année à Bormettes, propriété charmante qu'il avait achetée aux environs d'Hyères. Là, il travaillait dès qu'il n'était pas malade.

Au mois de mars 1858, il écrivait à M. Yvon : « J'ai apporté dans mon sac ma vieille maîtresse, autrement dit, ma palette. Toute racornie et toute déjetée qu'elle soit, je lui fais sa toilette de temps en temps, le matin, comme souvenir du passé ; mais malheureusement, le soir, je vais me coucher sans avoir obtenu la moindre de ses faveurs... »

Deux ans après, il disait dans une lettre adressée à l'un de ses petits-fils, M Philippe Delaroche : « Depuis quelques jours, je me suis remis à peindre. Je fais des bœufs d'après nature, ce qui m'amuse comme un roi. En raison de mes yeux, je ne serai peut-être pas plus heureux que Louis XIV, quand il faisait des vers ; n'importe ! je jouis comme un enfant, lorsque je patauge dans de la couleur... »

Ses derniers ouvrages furent : la *Bataille de l'Alma*, le *Zouave trappiste*, les Portraits des maréchaux Pélissier, Canrobert, etc.

C'est ainsi qu'il arriva lentement, par des alternatives de repos forcé et de joyeux travail, au terme de sa glorieuse carrière. Il s'éteignit le 17 janvier 1863, après une terrible agonie, que surent du moins adoucir les tendres soins de ses petits-fils et de tout son entourage. Il ne regrettait de la vie qu'une seule chose, la manière dont il la quittait : « Mourir dans mon lit comme un épicier, disait-il, c'est bien la peine d'avoir tant aimé la marine et l'armée ! »

Ses dernières volontés étonnèrent tous ceux qui l'avaient connu. Peu de jours avant sa mort, il exigea de sa famille qu'on ne lui rendît aucun des honneurs funèbres auxquels il avait droit. Lui qui s'était toujours montré un amant si passionné de la gloire et de ses hochets, il avait fini par se sentir las de toutes les distinctions que les hommes peuvent accorder[1]. En outre, il avait assisté, dans le cours de sa vie, aux funérailles de bien des personnages illustres, et il avait vu que ces tristes cérémonies dégénèrent le plus souvent en une espèce de fête publique, où l'ostentation et la curiosité convient la plupart des assistants. Pour épargner à ses cendres les larmes hypocrites et les discours apprêtés, il ordonna qu'aucun signe extérieur ne pût révéler son nom aux passants qui croiseraient son convoi. Mais il n'aurait su empêcher la manifestation spontanée qui a eu lieu : ses amis et ses admirateurs ont formé autour de son cercueil un immense cortège, et ils ont tenu à accompagner jusqu'au champ du repos le dernier représentant d'un nom justement illustre, l'artiste le plus populaire du xix° siècle, le peintre national de la France.

1. Il était membre de trente académies, et il avait toutes les décorations connues. Pendant sa dernière maladie, il reçut la croix de grand-officier de la Légion d'honneur, que l'Empereur lui avait envoyée avec une lettre autographe.

APPENDICE

I

ESSAI DE CRITIQUE SUR L'OEUVRE DES TROIS VERNET.

Le lecteur a peut-être remarqué avec quel soin le long récit qui précède avait été dégagé de toute dissertation critique. Pour ne point entraver la marche des événements, nous avons mieux aimé consacrer un chapitre spécial à cette partie de notre sujet.

Si, d'un coup d'œil, on embrasse l'œuvre des trois Vernet, on y distingue tout d'abord certaines qualités qui sont de famille pour ainsi dire : une extrême souplesse de pinceau, une fécondité prodigieuse, une touche très-spirituelle et très-fine, une entente peu commune des accessoires et une grande science du détail. Dirigés par les mêmes principes, l'amour de la vérité et la haine de la routine, ils ont tous les trois atteint le même but : la reproduction fidèle de la nature.

La parenté qui les relie les uns aux autres existe donc aussi entre leurs talents; néanmoins, chacun d'eux a su conserver, sous cette apparente uniformité, son caractère individuel, et il est indispensable de les étudier séparément. C'est ce que nous allons essayer de faire.

De son vivant, Joseph Vernet a eu la rare fortune de ne trouver que des admirateurs. Les critiques du XVIIIe siècle lui rendirent pleine justice ; ils allèrent même parfois, avouons-le, jusqu'à outre-passer à son profit la mesure d'une appréciation saine et impartiale. Ainsi, Diderot mettait les paysages de Vernet au-dessus des chefs-d'œuvre du Lorrain, sans se douter qu'un pareil jugement équivalait à un véritable blasphème.

Les littérateurs aiment surtout la peinture littéraire ; quoi qu'on fasse, on reste orfèvre : c'est ce qui, joint à la valeur incontestable des œuvres de Joseph Vernet, explique leur succès exceptionnel. Les critiques y trouvaient des qualités d'esprit bien dignes de les charmer. De plus, les sujets choisis par l'artiste leur fournissaient d'excellents thèmes sur lesquels ils pouvaient disserter à loisir. Lisez les *Salons* de Diderot [1], qui sont restés les modèles du genre, vous verrez qu'à chaque exposition nouvelle l'écrivain réserve ses éloges les plus chaleureux et ses meilleures pages pour les *Tempêtes* de son ami. Il fait lui-même des tableaux d'après les tableaux qu'il a sous les yeux, et il les pousse au noir le plus possible ; il croit être témoin d'un sinistre réel ; il s'apitoie sur le sort des naufragés ; il s'agenouille à côté des vivantes épaves que la mer rejette sur le rivage, son imagination s'allume, sa pitié s'exalte ; il s'attendrit de phrase en phrase, et, à la fin de sa période, il pleure de vraies larmes, comme s'il assistait à une représentation du *Père de famille* ou du *Fils naturel*.

---

1. *Œuvres choisies de Diderot*, t. II, p. 135 et suiv. Paris, 1817.

De tous les objets d'art qui ornent sa chambre, celui auquel Diderot tient le plus, c'est la *Tempête* que son ami lui a donnée. Il faut l'entendre parler de ce chef-d'œuvre :
« O Dieu! je t'abandonne tout (ce que j'ai chez moi); reprends tout; oui, tout, excepté le Vernet. Ah! laisse-moi le Vernet! Ce n'est pas l'artiste, c'est toi qui l'as fait. Respecte l'ouvrage de l'amitié et le tien. Vois ce phare ; vois cette tour adjacente qui s'élève à droite; vois ce vieil arbre que les vents ont déchiré. Que cette masse est belle!... Vois cette terrasse inégale, qui descend du pied des rochers vers la mer : c'est l'image des dégradations que tu as permis au temps d'exercer sur les choses du monde les plus solides. Ton soleil l'aurait-il autrement éclairée ? Dieu! si tu anéantis cet ouvrage de l'art, on dira que tu es un Dieu jaloux. Prends en pitié les malheureux épars sur cette rive... Écoute la prière de celui-ci qui te remercie. Aide les efforts de celui-là, qui rassemble les tristes restes de sa fortune... Vois la terreur que tu as inspirée à cette femme. Elle te rend grâce du mal que tu ne lui as pas fait. Cependant, son enfant, trop jeune pour savoir à quel péril tu l'avais exposé, lui, son père et sa mère, s'occupe du fidèle compagnon de son voyage : il rattache le collier de son chien... O Dieu! reconnais les eaux que tu as créées!... Reconnais les sombres nuages que tu avais assemblés, et qu'il t'a plu de dissiper! Déjà ils se séparent, ils s'éloignent; déjà la lueur de l'astre du jour renaît sur la face des eaux; je présage le calme, à cet horizon rougeâtre. Qu'il est loin, cet horizon ! il ne confine pas avec le ciel : achève de rendre à la mer sa tranquillité. Permets à ces matelots de remettre à flot leur navire échoué; seconde leur travail; donne-leur des forces, et laisse-moi mon tableau! Laisse-le-moi comme la verge dont tu châtieras l'homme vain. Déjà, ce n'est plus

moi qu'on visite, qu'on vient entendre ; c'est Vernet qu'on vient admirer chez moi. Le peintre a humilié le philosophe [1]... »

Grimm, Bachaumont, d'autres encore suivirent l'impulsion donnée par le chef des encyclopédistes, et le public tout entier marcha derrière eux.

Aujourd'hui, la postérité a établi le niveau de son jugement. Sans avoir laissé notre artiste au rang suprême que lui avait assigné l'enthousiasme de ses contemporains, elle ne l'a cependant pas trop abaissé.

En somme, Joseph Vernet est le meilleur représentant de la peinture de marine dans l'école française. Il sut être original et distingué, tout en restant vrai. Ses *Couchers de soleil*, ses *Clairs de lune*, ses *Naufrages*, répandus aujourd'hui à profusion dans les différents musées de l'Europe, sont empreints d'une poésie douce et pénétrante.

Il dessinait bien, composait mieux encore, et, s'il n'est pas un coloriste dans toute la force du terme, sa couleur n'a du moins rien de choquant; elle est même très-harmonieuse, très-fondue et manque seulement un peu d'éclat.

Lorsque l'on veut trouver des rivaux à Joseph Vernet dans le genre où il est passé maître, il faut les demander aux écoles étrangères. Il n'est peut-être pas aussi correct que Van den Velde et Bakhuysen; mais il a embrassé un horizon plus vaste que celui des peintres hollandais ou flamands, et ses tableaux laissent plus à penser que les leurs. Il n'a pas la fantaisie merveilleuse de Turner, mais son talent est plus clair, plus gai, plus net, et, de même que l'un

---

1. *Regrets sur ma vieille robe de chambre*, Œuvres choisies, t. I, p. 247.

est l'expression fidèle du génie britannique, l'autre répond à merveille aux divers besoins du génie français.

Joseph savait, du reste, à quoi s'en tenir sur son propre mérite.

Diderot, qui a la naïveté ou la malice de louer sa modestie, cite ce jugement qu'il portait sur lui-même : « Me demandez-vous si je fais les ciels comme tel maître? Je vous répondrai que non; les figures comme tel autre? je vous répondrai que non; les arbres et le paysage comme celui-ci? même réponse: les eaux, les brouillards, les vapeurs comme celui-là? même réponse encore : inférieur à chacun d'eux dans une partie, je les surpasse dans toutes les autres. » Il avait, on le voit, conscience de sa valeur, et possédait cette dose d'orgueil qui est peut-être indispensable aux artistes pour se soutenir dans la lutte. Mais il faisait lui-même, avec tant de bonhomie, les honneurs de son péché mignon, qu'il faudrait être bien rigide pour ne l'en point absoudre. Écoutez-le plutôt répondre aux compliments d'un de ses correspondants : « Mon amour-propre, qui fait argent de tout, dit-il, fait aussi ses choux gras de tout ce que vous venez de me dire de flatteur. C'est donc pour égayer votre cabinet que vous avez placé mon tableau parmi les Paul Potter, les Ruysdaël, les Van den Velde, où il doit jouer le rôle de paillasse... Sans mon amour-propre, qui tourne tout en bien, j'aurois pris tout ce que vous me dites pour un persiflage [1]... »

A tout prendre, il s'admirait dans de certaines limites qu'à sa place beaucoup de ses confrères eussent dépassées : « Je pense, avouait-il un jour, et le public me force de le croire, que je suis le premier dans mon genre, que nul ne

---

1. Lettre publiée par M. Dumesnil dans son Étude sur Thomas Desfriches.

fait mieux que moi, mais il s'en faut que je sois persuadé qu'on ne puisse mieux faire [1]. »

On est encore plus surpris du grand nombre de tableaux remarquables qu'il a produits, quand on sait dans quelles conditions il travaillait. Il faut lire le registre sur lequel il inscrivait les commandes qui lui étaient faites [2], pour bien comprendre les difficultés qu'il a surmontées. Il avait rarement affaire à des amateurs assez intelligents pour le laisser maître du sujet qu'il devait traiter. On entrait dans les plus minutieux détails; on convenait d'avance des proportions. L'un voulait « une *tempête* avec une grande montagne dans le fond, obscurcie par l'ombre d'un nuage; » un autre était plus explicite encore; il demandait « un tableau de 3 pieds 7 pouces et demi de large sur 2 pieds 6 pouces de haut, devant représenter un soleil couchant dans un jour des plus chauds de l'été, avec un quai orné de superbes édifices, de toute sorte de bâtiments maritimes, et beaucoup de figures; et, de l'autre côté, de grands arbres touffus sur un terrain qui avance dans la mer où sont abordés quelques bateaux, et des baigneuses sous la fraîcheur desdits arbres, etc... » Celui-ci désirait « un couchant avec des effets de lumière singuliers, et l'arc-en-ciel dans le fond; » celui-là : « une tempête dans un lieu sauvage avec quelque bout de ruine dans le fond, *des figures sur le devant qui ont fait naufrage*, où il y ait une ou deux femmes qu'on retire de l'eau, un vieillard qui rend grâce au ciel d'être sauvé; un chien et autres choses convenables au sujet. » Un Anglais exige « un pays agreste avec rocher, hautes montagnes, torrents, cascades, troncs d'arbres, du mouvement dans les figures, etc... »

---

1. Voyez un article nécrologique publié le 6 décembre 1789, dans la *Gazette nationale ou Moniteur universel*, n° 106.
2. Ce registre fait partie des manuscrits publiés par M. Lagrange.

Nous n'en finirions pas, si nous voulions citer toutes les recommandations ridicules dont les amateurs accablent le pauvre peintre, qui paye bien cher leurs faveurs.

Une autre plaie de l'art à cette époque, c'est la manie des *pendants*. Vernet fut l'une des victimes de cette préoccupation bourgeoise qui consiste à faire d'un tableau un meuble plus ou moins joli et plus ou moins facile à placer le long d'une muraille. On ne lui commandait pas deux ou quatre paysages, on lui commandait une ou deux paires de paysages assortis. Il fallait livrer en même temps un *calme* et une *tempête,* un *soir* et un *matin,* un *midi* et un *clair de lune,* un *lever* et un *coucher de soleil.* Tant pis si celui-ci était bon et celui-là mauvais; séparés, ils n'avaient plus aucun prix pour ces féroces amateurs de vulgaires antithèses. On est saisi d'un sentiment de pitié profonde à l'endroit de l'artiste, lorsqu'on voit combien de fois il a dû peindre *les quatre parties du jour.*

Et cependant Joseph Vernet détestait les entraves; il s'en rapportait volontiers à l'inspiration du moment. Il y avait donc tout avantage à lui laisser carte blanche, lorsqu'on lui demandait un tableau. Si l'on veut savoir quelle était au juste sa manière de procéder, on n'a qu'à lire cette lettre écrite par lui à un amateur de ses amis:

M. GIRARDOT DE MARIGNY.

« Paris, ce 6 mai 1765.

« ... Je ne suis pas habitué à faire des esquisses pour mes tableaux, et je n'en ai jamais fait. Ma coutume est de composer sur la toile du tableau que je dois faire et de le peindre tout de suite pour profiter de la chaleur de mon imagination ; d'ailleurs, l'espace me fait voir tout d'un coup ce que je dois y faire et me fait composer en conséquence : mais je suis assuré que si je faisois une petite esquisse, non-seulement je n'y mettrois pas ce qui pourroit être dans le tableau, mais j'y jetterois tout mon feu, et, à coup sûr, le tableau en grand en deviendroit froid ; ce seroit aussi faire alors une espèce de copie qui me gêneroit. Je serois aussi gêné si j'avois donné une esquisse qu'on eût approuvée, puisqu'il n'est pas douteux que, lorsque je voudrois l'exécuter en grand, il me viendroit dans la tête d'y faire des changements que je n'oserois hasarder, crainte qu'ils ne fussent pas du goût des personnes pour qui je ferois le tableau... Il faut qu'on me laisse libre... L'expérience m'a appris que je fais toujours plus mal qu'à mon ordinaire, lorsque je suis gêné par la moindre chose [1]... »

Il détestait autant la routine que les entraves, et il reprochait aux jeunes gens qu'on envoyait à Rome d'apprendre à faire de vieux tableaux en copiant les maîtres.

Il connaissait à merveille les ressources de son art, et savait au juste où s'arrête le don de créer accordé à l'artiste. Lorsqu'on lui parlait de cet éclat de la lumière qu'il est impossible de rendre sur la toile, et qui force les peintres à s'incliner humblement devant leur divin modèle : « C'est alors, disait-il, qu'il faut savoir descendre, puisqu'on ne peut monter. »

Joseph Vernet n'a jamais été mieux jugé que par un peintre très-médiocre, devenu, comme cela se voit parfois, un très-bon critique d'art : « L'ordonnance de ses ouvrages, écrivait Taillasson [2], a une unité si parfaite, qu'on ne pour-

---

1. *Cabinet de l'amateur et de l'antiquaire*, t. II, 1813.
2. *Observations sur quelques grands peintres*, par Taillasson, de la ci-devant Académie de peinture. 1 vol. in-8°. Paris, 1807, v. p. 122 et suiv. Livre excellent et trop peu lu. On conserve au Louvre le tableau peint

rait en ôter la moindre partie sans leur nuire; il a si bien fait les figures, que par la manière dont elles sont composées et par celle dont elles sont peintes, elles contribuent toujours beaucoup à l'effet général de ses tableaux... Il a bien saisi l'ensemble des tons que la nature présente aux différentes heures du jour; il est admirable aussi dans un grand nombre de détails, et l'on peut en nommer beaucoup que personne n'a faits comme lui... Il a bien rendu l'imposante noblesse des vaisseaux; si d'autres leur ont donné tous leurs cordages, lui seul leur a donné toute leur âme. Quel autre touche autant que lui, en les peignant tourmentés par la fureur des vents et des flots? Leurs agrès, leurs mâts brisés, leurs voiles déchirées, leurs tristes débris ont l'intérêt le plus attachant... »

Ce qui fait surtout aujourd'hui la réputation de Joseph Vernet, et ce qui constitue peut-être son titre de gloire le plus sérieux pour la postérité, ce sont *les Ports de France*. Il est surprenant que dans une commande officielle il ait montré tant d'originalité [1]. Il a fait des portraits de villes exacts, et, en même temps, il a composé de beaux tableaux aux lignes harmonieuses et savantes. Il a toujours choisi son point de vue avec un goût très-sûr, et, lorsque le modèle qu'il devait représenter ne lui plaisait qu'à demi, il l'a relégué au second plan, pour placer au premier des accessoires, des navires, des groupes de personnages traités avec beaucoup d'esprit et de finesse. C'était un véritable tour de force que l'artiste avait à accomplir, et il s'en est tiré à son plus grand

---

par Taillasson pour sa réception à l'Académie : *Ulysse et Néoptolème enlevant à Philoctète les flèches d'Hercule.*

1. Il faut dire que jamais commande ne fut plus intelligemment faite. Les instructions que M. de Marigny avait données à Joseph Vernet avant son départ étaient précises sans être gênantes. On fournissait à l'artiste des cadres, mais on lui laissait le soin de les remplir.

honneur sans que rien dans son œuvre fasse sentir la fatigue, la gêne ou l'effort.

« A père prodigue, fils avare ! » — Carle Vernet s'est chargé de donner une fois de plus raison au proverbe. Autant Joseph était laborieux, autant Carle se montra économe de son travail, s'il est permis de parler ainsi. Il avait cependant, lui aussi, une très-grande facilité ; mais ses goûts l'éloignaient de son art, et il a peu produit. Il n'y a qu'un tableau de lui au Louvre ; encore n'est-il pas exposé depuis très-longtemps. Son nom ne figure que rarement sur le livret des principales galeries de l'Europe. Il faut aller au Musée de Versailles pour retrouver quelques-uns de ses ouvrages qui permettent d'apprécier l'ensemble de sa carrière. C'est ce qui explique comment il est surtout resté de lui un nom ; beaucoup de personnes savent qu'il fut un peintre distingué, sans connaître aucune de ses œuvres. Il a eu pourtant des qualités très-sérieuses et une influence incontestable sur les écoles nouvelles. Le premier il rompit en visière avec les traditions classiques, et sut tracer des sentiers où depuis lors d'autres ont marché glorieusement.

La principale innovation de Carle Vernet consiste dans la manière dont il traita les tableaux de batailles, à une époque où Gros composait ses magnifiques épopées. Il ne voulut copier ni les mêlées fougueuses et corps à corps du Bourguignon, d'Aniello Falcone ou de Salvator Rosa, ni ces portraits royaux de Van der Meulen qui servent de premiers plans à d'immenses cartes stratégiques. Il abandonna la convention pour ne chercher que la vérité, et il a bien commencé une réforme que son fils s'est chargé de terminer mieux encore. Grâce à leurs doubles efforts, nous assistons maintenant à des combats réels, où tous, chefs et soldats, jouent leurs rôles; nous voyons la représentation exacte de la guerre, telle qu'elle se fait depuis le commencement du siècle.

La manière dont Carle Vernet a compris et interprété les formes du cheval tranche très-nettement aussi sur celle de ses prédécesseurs Il a renoncé au *noble coursier* (cette expression prétentieuse peut seule donner une juste idée de l'animal qui a servi de type à certains peintres), et il a laissé à l'écurie les gros chevaux des maîtres hollandais ou flamands. Il consacra ses pinceaux à l'étude de la race qu'en habile écuyer il préférait, et il se fit le portraitiste juré des pur sang. Il poussa même un peu trop loin l'amour de ces bêtes fines et élégantes; car s'il a eu raison de les prendre pour modèles dans ses *steeple* ou dans ses *chasses à courre,* il eût mieux fait d'en choisir d'autres pour ses *batailles.* Dans l'étude du cheval, il devait être surpassé par le plus illustre de ses élèves, par Géricault; mais c'est déjà un mérite que d'ouvrir la vraie voie, quitte à léguer à ses successeurs le soin de l'élargir.

Si Carle Vernet a produit peu de tableaux, du moins il a laissé un nombre très-considérable de lithographies. Ce genre de travail convenait mieux à sa nature paresseuse; il utilisait ainsi sans peine les qualités prime-sautières de son esprit et improvisait en se jouant des scènes charmantes, qui n'exigeaient pas de lui la suite et le soin qu'eussent demandés les mille et un détails de la peinture. D'ailleurs, il n'était rien moins que coloriste, et la teinte grisâtre de la pierre ne choquait pas ses yeux. Il avait donc tout profit à se servir d'un procédé qui, en lui laissant ses qualités, lui enlevait le plus saillant de ses défauts[1].

---

1. L'œuvre lithographié de Carle Vernet se compose de neuf volumes in-folio. Cabinet des estampes. DC. 29-34.

A partir du moment où Horace Vernet eut obtenu ses premiers succès, Carle ne produisit plus que fort peu, et envoya seulement de loin en loin quelques tableaux au Salon. Il avait le sentiment de son infériorité, et même il se l'exagérait. C'est ce qui lui a fait dire, sur son lit de mort, ce mot touchant de tendresse paternelle et filiale : « Je ressemble au grand dauphin : fils de roi, père de roi, jamais roi! »

Horace Vernet avait pris cette fière devise : « Malgré tout! » Mais ce défi lancé au destin était inutile; jamais carrière d'artiste ne fut plus constamment heureuse.

Il serait injuste, disons plus, il serait puéril de vouloir juger d'après les principes éternels du Beau l'œuvre d'un homme qui, toute sa vie, a fait profession de ne rien comprendre aux spéculations plus ou moins profondes de l'esthétique. Ce qu'Horace Vernet recherchait avant tout dans les arts, c'était la vérité, non pas la reproduction brutale de ce qui est laid et repoussant, mais l'image d'objets choisis avec goût. Il a fait souvent sa déclaration de principes : « Moi, disait-il à qui voulait l'entendre, je peins comme je sens, comme je vois; que les autres peignent comme ils voient et comme ils sentent. » La meilleure leçon que, suivant lui, un artiste pût recevoir, devait lui être donnée par la nature. Il conseillait à ses élèves de se mettre à la fenêtre et de regarder.

On comprend qu'avec cette négation de toute espèce de systèmes, qui finissait, il est vrai, par constituer un système dans son genre, il ne devait s'enrôler sous aucune bannière et ne pouvait suivre les errements d'aucune école.

Aussi resta-t-il à peu près étranger à la grande lutte des classiques et des romantiques, pour devenir le chef d'un tiers-parti analogue à celui qu'on a appelé en politique le centre gauche. Plutôt porté par son tempérament vers les élans nouveaux que disposé à rester le servile imitateur du passé, mais ayant en même temps trop de bon sens et d'esprit pour imiter les extravagances de ceux-ci ou pour copier les vieux *poncifs* de ceux-là, il chercha à s'assimiler ce qu'il y avait de meilleur dans les deux camps. Son antipathie pour les idées préconçues en matière d'art le rendit très-heureux de voir son gendre, Paul Delaroche, rallier autour de lui les partisans du juste milieu, les éclectiques, et le décharger d'une responsabilité qu'il n'aurait jamais assumée de son plein gré, mais que sa position lui avait donnée. Il redevint avec joie ce qu'il devait être, c'est-à-dire un simple volontaire, marchant en dehors des sentiers battus et n'agissant qu'à sa guise.

Horace Vernet, comme la plupart des débutants, a d'abord fait des pastiches, et, en bon fils, il a emprunté ses modèles à son père.

Dans ses premiers tableaux on trouve déjà en germe ces qualités d'esprit et d'arrangement qui furent au nombre de ses dons les plus précieux ; il n'eut que peu d'efforts à faire pour les développer ; mais il avait beaucoup à progresser sous d'autres rapports : sa couleur était sèche, terne et mièvre. Un homme moins intelligent que lui se serait laissé engourdir par les éloges qu'on lui prodiguait, et aurait cru que la bienveillance du public le dispensait de chercher à se délivrer de ses défauts. Il sut éviter cet écueil. D'un bout à l'autre de sa carrière, son talent a toujours suivi une marche ascendante qui est l'indice certain d'une volonté ferme et d'un incessant labeur. Regardez à côté l'un de l'autre l'*Assaut de Constantine* et la *Bataille de Valmy,* ou deux portraits faits à vingt ans de distance (cette pierre de touche est encore plus sûre), celui du maréchal Suchet et celui du frère Philippe, vous serez étonné de la transformation qui s'est opérée dans la palette de l'artiste : sa peinture a acquis un certain éclat, et en même temps elle est devenue plus solide et plus ample.

D'après le catalogue des œuvres d'Horace Vernet, on serait tenté de croire que, comme beaucoup de peintres, il a eu plusieurs *manières*. On se tromperait. Il était né peintre de batailles, et tel il est resté jusqu'à la fin de sa vie. Les tentatives qu'il a faites à diverses reprises pour sortir de sa spécialité ne sont que des accidents qui n'ont en rien modifié la nature de son talent. Le gui n'est pas le fruit de l'arbre qui le porte; de même, dans les arts, certaines productions restent parfaitement indépendantes de leurs auteurs. Avant de formuler un jugement définitif sur Horace Vernet, la postérité commencera sans doute par émonder toutes les pousses parasites qui ne font point partie intégrante de son œuvre, et qui, faute de sève, commencent déjà à se dessécher.

Entraîné par le mouvement général, Horace s'est laissé d'abord séduire par les ardeurs du romantisme. En effet, *Édith au col de cygne cherchant le corps d'Harold, Ismaïl et Maryam,* la *Prêtresse druidique improvisant aux sons d'une harpe, le Giaour,* et même le *Massacre des Mameluks* sont autant de concessions faites aux tendances de la jeune école; mais ces essais ossianesques et byroniens ne furent pas assez heureux pour encourager l'artiste à persévérer dans une voie qui n'était pas la sienne.

Le séjour d'Horace Vernet en Italie, pendant son directorat de l'École de Rome, le poussa ensuite dans le sens du grand art proprement dit. Ses tableaux classiques qui datent de cette époque, par exemple *Michel-Ange et Raphaël au Vatican*, ne sauraient accroître la réputation qu'il s'est si justement acquise à d'autres titres.

Il y a encore, dans la vie de notre peintre, une troisième phase bien caractérisée et dont l'influence a duré plus longtemps que celle des deux périodes précédentes, sans produire des résultats plus satisfaisants.

Durant ses divers séjours en Orient, Horace Vernet, on se le rappelle [1], avait été très-frappé de ce fait, que depuis les époques les plus reculées le peuple arabe devait avoir été condamné à une immobilité absolue, à une sorte de pétrification matérielle et morale.

Cette idée germa dans l'esprit du peintre, y mûrit, se condensa et finit par lui fournir la base d'un système complet. Il rédigea un long mémoire *sur les rapports qui existent entre le costume des anciens Hébreux et celui des Arabes modernes,* et il plaida lui-même, dans une séance de l'Académie des beaux-arts, la cause qu'il avait prise en main.

Après avoir donné, comme preuves à l'appui de son opinion, les témoignages de Dom Calmet et de tous les savants qui font autorité en pareille matière, il apportait le fruit de son expérience personnelle : « Un jour, raconte-t-il, pendant une expédition contre certaines tribus des environs de Bone, je lisais dans le fond de ma tente le sujet de Rébecca à la fontaine, portant sa cruche sur son épaule gauche, et la laissant glisser sur son bras droit pour donner à boire à Éliezer. Ce mouvement me parut assez difficile à comprendre ; je levai les yeux, et que vis-je?... Une jeune femme donnant à boire à un soldat et reproduisant exactement l'acte dont je cherchais à me rendre compte. » Tel fut le point de départ d'observations qu'Horace Vernet voulut

---

1. Voyez ses lettres, pages 98, 132, 142, etc.

poursuivre jusque dans les plus minutieux détails du costume et des coutumes.

Les critiques s'émurent des idées nouvelles qui leur étaient soumises, et l'artiste rencontra un grand nombre de contradicteurs.

Horace Vernet avait cependant mille fois raison de chercher à réagir contre cette doctrine puérile et moutonnière qui tend à donner force de loi aux erreurs des maîtres. L'art doit suivre les progrès de la science. Que penserait-on aujourd'hui d'un artiste qui travestirait en personnages modernes les convives des noces de Cana? On finirait sans doute par rendre justice aux éminentes qualités du peintre, s'il s'appelait Paul Véronèse, mais on commencerait par rire de son idée bizarre, et, à la seconde épreuve de ce genre, il courrait risque d'être malmené par le public. Pourrait-on conserver son sérieux, si l'on voyait *Cinna* ou *Andromaque* joués par des acteurs en perruques à la Louis XIV? Le cas est le même.

Que l'on ne nous accuse pas de lèse-génie. Les grands hommes de la Renaissance ne savaient pas ce que tout le monde sait aujourd'hui, et leur ignorance ne les a pas empêchés de faire des chefs-d'œuvre. Mais si Raphaël ou le Titien étaient appelés à revivre, il est hors de doute qu'ils mettraient à profit les découvertes de leurs successeurs et qu'ils tiendraient compte de la vérité historique. Horace Vernet posait ainsi la question à propos du costume arabe : « Croit-on, demandait-il dans son *Mémoire*, croit-on que le Poussin eût repoussé ce nouvel auxiliaire? Pourquoi, de nos jours, n'en profiterions-nous pas, comme nous l'avons fait des vases étrusques, de la colonne Trajane, des médailles, et ne consulterions-nous pas les auteurs qui ont traité spécialement de l'histoire des Hébreux, comme nous le faisons, chaque jour, en compulsant Winckelmann, Montfaucon, etc., etc..? Mais la routine est là, cet être commode, au regard perdu, qui se repose dans les lits tout faits, qui absout la paresse, qui rend la médiocrité importante, qui gonfle les petites choses en étouffant les grandes; la routine qui n'accepte rien de nouveau pour rester sous son édredon, et qui ne voulait même pas que la terre tournât autour du soleil!... » Et, plus tard, il ajoutait : « Ceux qui cherchent à rétrograder, et qui renoncent à profiter des connaissances acquises, ne sont que des infirmes qui cachent sous une robe empruntée ce qu'ils ont d'incomplet. »

Le système proposé par Horace Vernet avait encore cet avantage inestimable de rajeunir des sujets tant de fois traités qu'il est presque impossible maintenant pour un peintre de les aborder, sans retomber aussitôt dans l'ornière creusée par ses devanciers.

Ces idées, si vivement attaquées d'abord, ont depuis fait leur chemin, et leur influence a fini par prévaloir. Decamps composait toutes ses scènes bibliques dans l'esprit de l'Orient actuel; la noblesse magistrale de son style et le merveilleux éclat de sa couleur ont empêché de remarquer ce qu'il y avait d'insolite dans le costume de ses personnages.

Les deux grands dessinateurs qui s'occupent en ce moment d'illustrer les saintes Écritures, MM. Gustave Doré et Bida, ont également laissé de côté les doctrines conventionnelles de leurs prédécesseurs pour ne chercher que la vérité.

D'où vient que ce qui a été blâmé chez un artiste tourne à l'avantage de certains autres? Le public aurait-il deux poids et deux mesures? Non, il faut bien l'avouer, Horace Vernet a été l'insuffisant apôtre d'une doctrine excellente.

Il savait pourtant mieux que personne ce qui manquait à son talent pour qu'il lui fût permis d'appliquer ses idées. Il le disait lui-même, avec son rare bon sens, dans une lettre qu'il adressait d'Orient à son élève et ami, M. Montfort :

« ... Dans l'intérêt de l'innovation ou, pour mieux dire, de la réforme que je voudrais introduire, je dois, à mon grand regret, m'abstenir d'essayer de prêcher par l'exemple. La direction que m'ont imprimée les premières impressions de ma jeunesse m'a entraîné dans une route qui se trouve peu en rapport avec celle qu'il me faudrait suivre pour convaincre par l'élévation du style et la pureté du dessin d'une vérité que la présence seule des choses a pu me révéler, sans qu'il me soit permis de la reproduire. Jeté par le hasard au milieu de circonstances qui faisaient gronder le canon dans Paris, soit pour briser ses monuments, soit pour les ébranler en annonçant des victoires, c'est l'image de la guerre avec ses tourbillons de fumée que j'ai dû peindre; et comment, à mon âge, tenterais-je de dominer ma spécialité?... »

Horace ne sut pas persévérer dans ses sages projets d'abstention, et les efforts qu'il fit pour moderniser la Bible n'ont pas été couronnés de succès. *Judith et Holopherne, Juda et Thamar, Rébecca à la fontaine, le Bon Samaritain*[1], etc., sont plutôt des vignettes que des tableaux. De pareils sujets exigent une pureté de style irréprochable. Éliézer, Holopherne et leurs compagnons, tels que nous les montre Horace Vernet, ressemblent par trop à de simples Bédouins pour qu'on puisse reconnaître et respecter en eux la dignité de l'histoire.

---

1. Le paysage de ce tableau est entièrement peint d'après nature ; il représente le chemin qui conduit de Jéricho à Jérusalem.

Le grand mérite d'Horace Vernet, sous ce rapport, est donc d'avoir le premier formulé un principe désormais acquis à la science et aux arts. Peu importe que ses tentatives personnelles aient échoué : il était trop artiste pour ne pas se réjouir du triomphe de ses rivaux sur son propre terrain, et il était assez riche pour pouvoir laisser à d'autres une partie de ses conquêtes. D'ailleurs, l'Orient même ne devait-il pas lui fournir les moyens de prendre plus d'une éclatante revanche?

Horace Vernet a admirablement compris la mission de l'art à notre époque, et il a su donner une forme vivante aux événements contemporains.

C'est dans la reproduction des glorieux faits d'armes de nos troupes en Algérie qu'il a surtout excellé. On retrouve au musée de Versailles tous les épisodes de cette expédition qui nous a valu une de nos plus précieuses conquêtes. On y voit aussi les portraits de la plupart des hommes qui, depuis une trentaine d'années, ont joué un rôle important dans l'histoire politique ou militaire de notre pays. Jamais Horace Vernet n'a montré plus de verve, plus de souplesse, plus d'esprit que pour remplir cette tâche; il a couvert au pas de course des kilomètres de toile, il a suivi nos soldats le pinceau à la main, et a fait aussitôt le portrait de chacune de leurs victoires, s'il est permis de parler ainsi. De ces épreuves multiples se dégage la physionomie la plus nette et la mieux caractérisée de son talent.

La critique n'a pas toujours été favorable à Horace Vernet : elle lui a souvent reproché de ne pas soigner assez le style de ses compositions, de ne pas se préoccuper davantage de l'harmonie des couleurs, etc...

Sans nous associer à ces reproches, nous ne saurions nous en étonner; mais où les critiques commencent, selon nous, à sortir des limites de leurs droits, c'est lorsque les imperfections du talent d'Horace les empêchent de rendre justice à ses qualités, et surtout lorsqu'ils blâment l'artiste d'avoir cultivé le genre pour lequel il était né. De ce qu'un pommier ne produit pas de pêches, il ne s'ensuit pas que ses fruits soient à dédaigner.

Il y a deux degrés dans l'appréciation des œuvres d'art : il faut commencer par rechercher si l'artiste a bien fait ce qu'il a voulu faire, puis, ce premier point éclairci, se demander si l'artiste a eu raison de faire ce qu'il a fait. On doit juger les genres après avoir jugé les hommes.

Occupez-vous donc d'abord de savoir si vous avez affaire à un pommier ou à un pêcher, et, lorsque vous serez fixé sur l'espèce de l'arbre, n'exigez pas de lui une production antinaturelle, mais contentez-vous de dire que vous préférez les pêches aux pommes, si tel est votre goût.

On n'a pas toujours suivi cette règle élémentaire en étudiant les œuvres d'Horace Vernet : on a quelquefois cherché ce qui ne s'y trouvait pas, et on n'a pas voulu voir les excellentes qualités qu'il y avait mises.

Les explorations que tenta Horace Vernet dans un domaine qui n'était pas le sien ne furent pas assez heureuses pour qu'on dût l'encourager à sortir de sa sphère. Il eût fait un très-mauvais élève des maîtres, et c'est parce qu'il a conservé intacte son originalité native, qu'il est devenu lui-même un maître.

Ce qui assurera sa gloire pendant très-longtemps encore, c'est la manière dont il a compris et rendu le sentiment national; il a su mieux que personne faire vibrer la corde patriotique. Tout le monde est plus ou moins chauvin dans notre pays, et la représentation de nos succès procurera toujours d'agréables émotions au public.

Horace Vernet a un autre mérite qui n'est pas à dédaigner : c'est un Français de la bonne souche avec une pointe de Gaulois. Son esprit et son talent sont restés fidèles à son origine. Le génie de notre patrie, dans les arts, se compose de clarté et de précision : il faut à notre esprit ou à nos yeux le mot net et bref, le trait fin et délié. — Horace Vernet s'entend mieux que personne à disposer une scène ou à grouper des personnages ; il est audacieux, adroit, plein de crânerie, d'esprit, de naturel et de gaieté. Que veut-on de plus pour justifier son immense réputation ?

S'il a pu quelquefois se sentir attristé par la malveillance ou par l'injustice de certains critiques, il a eu, en revanche, de douces et glorieuses compensations. Nous ne savons pas un peintre de valeur, parmi les contemporains, qui ne tienne grand compte de son œuvre et ne considère l'artiste comme une des organisations les plus étonnantes de ce siècle.

Entre tous les jugements flatteurs dont il a été l'objet de la part des écrivains, nous nous bornerons à en rapporter trois, ceux de trois maîtres.

Voici ce qu'Alfred de Musset disait de lui en 1836, c'est-à-dire lorsqu'il n'avait encore fourni que la moitié de sa carrière, à une époque où *la Smâlah* et le *Siége de Constantine* n'étaient pas encore peints : « Je critiquerai M. Vernet, lorsque je ne trouverai plus dans ses œuvres les qualités qui le distinguent et que je ne comprends pas qu'on puisse lui disputer ; mais tant que je verrai cette verve, cette adresse et cette vigueur, je ne chercherai pas les ombres de ces précieux rayons de lumière. »

M. Théophile Gautier, dont l'opinion emprunte une double autorité au talent de l'écrivain et à la science du critique, lui a rendu plus d'un témoignage analogue :

« Bien qu'il n'attire l'œil par aucune bizarrerie, personne, dit-il, n'est plus original qu'Horace Vernet. Il ne doit rien à l'antiquité; les Grecs et les Romains semblent ne pas avoir existé pour lui...

« Il possédait une qualité bien rare dont les pédants font peu de cas : la vision des choses modernes. Rien ne semble plus aisé que de peindre ce qu'on a perpétuellement sous les yeux. Eh bien! c'est là une erreur que démontre une simple promenade dans une galerie de tableaux... »

Enfin, la cause d'Horace Vernet n'a jamais été plus chaleureusement plaidée que dans cette belle péroraison des articles de M. Sainte-Beuve : « France, tant que tu resteras France, un pays distinct et une patrie, ne répudie jamais tes enfants sincères, les plus naturels, les plus légitimes; ne te laisse pas aller à en décourager la race en la dédaignant. De ce que tu te reconnais en eux à première vue, de ce que tu les aimes d'instinct, de ce que, toi et eux, vous vous entendez sans apprentissage et sans effort, de ce qu'ils sont de la maison enfin, ce n'est pas du tout une raison pour les moins considérer et les faire descendre dans ton estime. Fortifie-toi sans doute, orne-toi, s'il se peut, des dons qui te manquent; aspire à toute l'imagination que tu n'as pas; acquiers, acquiers : fais-toi des seconds ciels, des ciels d'Homère ou des ciels de Dante, des lueurs étranges à l'horizon, des visions et des visées plus hautes, des profondeurs en tous sens : si tu peux y atteindre, tant mieux! tu n'en seras que plus forte et plus honorée. Peuple léger, flatte-toi même d'être devenu un peuple grave; tu as pris assez de peine pour y réussir. Mais, de grâce, ne te dénature pas; ne sacrifie jamais ta fibre première, essentielle, fondamentale, ta corde sensible, celle qui vibrait chez Voltaire quand il écrivait ses charmants vers sur le siége de Philisbourg. Qu'il ne vienne jamais ce temps présagé par de tristes prophètes, où l'on chercherait vainement des talents français en France. Pas trop de poëtes ou de peintres métaphysiques, je t'en conjure; pas trop de messieurs de l'empyrée, ni d'abstracteurs de quintessence : deux ou trois, par génération, suffisent; mets-les à part et en haut lieu pour la rareté et pour la montre, garde-les pour tes grands dimanches; mais, les jours ouvrables, sois heureuse encore et contente de retrouver de tes favoris et de tes semblables, de ces talents ou de ces génies faciles qui, de tout temps, t'ont défrayée et charmée, qui te parlent ton langage et t'y entretiennent, qui te font passer tes plus agréables heures, et non pas les moins salutaires, en t'offrant à toi-même en spectacle sous tes mille aspects vivants, avec tes qualités et défauts divers : crânerie, héroïsme, gaieté, sentiment, humeur légère, audace brillante, coup d'œil net et bon sens pratique. »

Après une page d'une éloquence aussi fine, on ne saurait rien ajouter, et le lecteur restera convaincu que l'artiste qui a signé des œuvres comme l'*Assaut de Constantine*, la *Défense de la barrière Clichy*, le *Portrait du frère Philippe*, la *Bataille de Montmirail*, l'*Atelier du peintre* et les vignettes de l'*Histoire de Napoléon*, pour ne citer que ses titres les plus incontestables, doit être mis sans hésitation au nombre des grands maîtres de l'école française.

En résumé, les trois Vernet appartiennent non-seulement à l'histoire de l'art, mais encore à l'histoire de notre pays. Chacun d'eux est le représentant d'une époque, et a su nous en conserver le reflet sur la toile. Aussi leur nom, consacré bientôt par deux siècles de gloire, n'a-t-il rien à redouter des rigueurs de l'avenir.

II

VERNETIANA.

La physionomie de nos trois modèles resterait incomplète, si nous ne consacrions quelques pages aux bons mots qu'ils ont dits ou qu'on leur prête, et aux anecdotes dont ils sont les héros. Nous ne promettons pas au lecteur d'épuiser cette matière; un volume entier n'y suffirait pas et pourrait sembler ou fastidieux ou frivole. Nous ne voulons que poser une simple pierre d'attente pour les nouvellistes qui se chargeront, plus tard, de rédiger les *anas* du XIXe siècle.

Les Vernet ne sont pas seulement de grands peintres : chez eux l'esprit était à la hauteur du talent, et, comme lui, il fut une sorte de patrimoine qu'ils se transmirent les uns aux autres en l'accroissant.

Joseph vivait à Paris dans une société choisie; il était l'hôte assidu des meilleurs salons, de ces salons du XVIIIe siècle, dont le souvenir seul est resté en France. Il y tenait parfaitement sa place et avait sa grosse somme de cette monnaie courante qui fait la fortune d'un causeur dans le monde. Chaque époque change l'effigie de ces pièces de convention selon son caprice; aussitôt que cette substitution a eu lieu, ce qui avait du prix hier ne vaut plus rien aujourd'hui, et est remplacé par quelque chose qui ne vaudra plus rien demain. Il n'y a donc point trop lieu de s'étonner si Joseph Vernet, tout en ayant laissé une réputation d'esprit, ne semble plus très-spirituel aux hommes de notre temps.

Le calembour jouissait d'une grande faveur à la fin du siècle dernier. Joseph excellait dans cette jonglerie de la phrase; mais les traits de lui que les biographes ont pris la peine de conserver donnent une piètre idée de son talent en ce genre, et il faut le témoignage de ses contemporains pour permettre de croire qu'ils obtenaient quelque succès, à une époque où l'on pouvait entendre causer Voltaire, Chamfort ou Rivarol.

Voici ce que Bachaumont écrivait dans ses Mémoires à la date du 31 mars 1779 : « Les calembours sont toujours à la mode; nos beaux esprits y font même des découvertes singulières. Le grand faiseur, le marquis de Bièvre, soupant l'autre jour avec le peintre Vernet, lui présente un morceau de pain et lui dit : « Monsieur Vernet, voilà qui est bien « *peint*. — Cela, répond le peintre, ce n'est qu'une *croûte*. »

C'était, on le voit, l'enfance de l'art. Nous nous dispenserons de citer d'autres exemples; car si le calembour peut être drôle dans une conversation intime, lorsqu'il est improvisé, il devient insupportable de prétention dès qu'on l'écrit, et surtout quand on l'imprime.

Joseph Vernet était d'autant moins excusable, qu'il agissait avec préméditation. Il préparait dans la journée ses *effets* du soir, et, non content de ce qu'il pouvait fournir de son cru, il achetait des mots. Son fils, qui était son confectionneur habituel, recevait un écu de six livres pour chaque calembour nouveau qu'il apportait. Souvent Carle, en proie à une double disette d'esprit et d'argent, profita de ce que son père, qui se faisait vieux, n'avait plus grande mémoire, pour lui revendre les mêmes plaisanteries. Le bon Joseph leur donnait de confiance une seconde édition qui, naturellement, réussissait moins que la première ; il s'apercevait, à la froideur du public, de la supercherie dont il avait été victime, et faisait, au retour, des scènes comiques à son fils ; mais celui-ci n'en conservait pas moins les beaux deniers paternels.

Joseph, qui était la bienveillance même, avait cependant bec et ongles pour se défendre lorsqu'on l'y contraignait. C'est ainsi qu'il accola au nom de certains personnages dont il croyait avoir à se plaindre des qualificatifs sous lesquels ils restèrent connus dans le monde où ils vivaient. Pour ne citer que deux exemples, il appelait Marmontel « l'eunuque du sérail, » et le peintre Pierre « la bûche pétrifiée. » Ces sobriquets faisaient rire les habitués du salon de madame Geoffrin, qui pouvaient en apprécier la justesse.

Le plus joli trait que l'on cite de Joseph Vernet, et celui-là n'a du moins rien perdu en vieillissant, c'est sa fameuse réponse au roi Louis XV qui lui proposait de l'anoblir : « Sire, les hommes n'ont déjà que trop d'occasions de devenir des sots ; il ne faut pas leur en fournir de nouvelles. »

Ce n'est point impunément que Carle était né à Bordeaux ; sa verve trahissait son origine. Il poussait la manie du calembour jusqu'à sa plus extrême limite ; aussi l'a-t-on regardé longtemps comme l'héritier et comme le digne émule du marquis de Bièvre, mais il arriva pour lui ce qui est arrivé pour son père. Ses *mots,* que l'on répétait à l'envi à l'époque où ils furent dits, sont presque tous démonétisés, parce qu'ils étaient frappés au coin de la mode ; et, s'ils ne sont pas devenus inintelligibles par eux-mêmes, on a du moins grand' peine à comprendre maintenant le succès qu'ils obtenaient jadis.

Les contemporains de Carle Vernet se rappellent encore avec bonheur les joyeuses soirées qu'ils ont passées à l'écouter au café de Foy ; ils racontent qu'il faisait de longues préfaces à ses bouffonneries : il commençait par noyer ses auditeurs dans un déluge de phrases, puis il lançait le trait final, qui d'ordinaire amenait une explosion de rires.

Choisissons, parmi ses calembours, quelques échantillons ; s'ils ne semblent pas très-drôles, ils serviront du moins à justifier ce que nous avons dit plus haut.

Carle, étant allé voir au Panthéon les peintures que Gros venait d'y exécuter, regardait sans rien dire la coupole du temple. Gros, étonné et mortifié de son silence, se décide à lui demander s'il n'est pas satisfait : « C'est très-bien, très-bien, répond Vernet, mais c'est plus *gros* que nature. »

Une autre fois, Carle donnant à Horace encore enfant son premier parapluie, accompagna cet utile présent d'un petit discours qui a trop l'air d'avoir été ou préparé, ou arrangé après coup : « Prends ce parapluie, dit-il, et porte-le toujours avec toi. S'il pleut, ce sera en cadeau ; s'il y a du soleil, ce sera en cadastre ; s'il ne fait ni beau ni laid, ce sera en can... » Nous laisserons, si vous le voulez bien, au docteur Véron la peine et le plaisir de deviner le reste.

Hâtons-nous de le dire, il serait injuste de juger l'esprit de Carle d'après de semblables spécimens. Sa réputation était beaucoup mieux méritée à d'autres titres.

Il avait commencé un tableau pour le duc de Berry ; seulement, comme il était très-paresseux, il y travaillait peu. Le prince venait le voir de temps en temps dans son atelier, et s'étonnait que la toile ne se couvrît pas davantage. Il y avait seulement une petite maison dans le coin de droite :

et, à chaque visite, le duc de Berry la retrouvait dans le même état. Au bout de longs mois d'attente, il finit par s'impatienter, et pria l'artiste de vouloir bien fixer le terme auquel il comptait livrer son tableau :

« J'y travaille, répondit Carle.

— Mais vous en êtes toujours au même point, et vous n'avez encore fait que cette bicoque!

— Oh! Votre Altesse ne sait pas tout le mal que m'a donné cette maison qui n'a l'air de rien. J'ai cru que je ne viendrais jamais à bout de la cheminée.

— Comment cela ?

— Elle fumait, Monseigneur. »

On connaît aussi son compliment à Alexandre Duval, après la première représentation de *Maison à vendre*. Le célèbre librettiste, ravi du beau succès qu'il venait d'obtenir de compte à demi avec Dalayrac, rencontre Carle dans la loge du chanteur Chenard, et lui dit : « Tu n'es donc point satisfait ? tu es le seul de mes amis qui ne m'ait pas encore félicité.

— Que veux-tu! répond Carle, tu fais mettre sur l'affiche : *Maison à vendre*, et je ne trouve qu'une pièce à louer. »

Le jour où l'on venait d'apprendre à Paris la mort du maréchal Lannes, qui, comme on le sait, avait eu une jambe emportée à la bataille d'Essling, un chansonnier célèbre, rencontrant Carle, lui dit : « Eh bien, monsieur Vernet, vous allez, je suppose, nous faire de jolis calembours sur l'événement du moment. Tenez, je vous donne l'exemple : si *Lannes* avait survécu à sa blessure, il n'aurait porté qu'un *bas*.

— Monsieur, répliqua le peintre, si j'aime à jouer sur les mots de la langue, je ne joue jamais avec les maux de mon pays. »

Un des plus grands bonheurs de Carle consistait à mystifier les gens en face desquels le hasard le plaçait.

Un jour, étant à dîner chez le banquier Perregaux, il fit une sortie violente contre le théâtre contemporain. Picard se trouvait là. Picard, auteur dramatique et acteur, remplissait en même temps les fonctions de directeur de l'Odéon. Il était donc assez en droit de prendre cette diatribe pour une personnalité blessante, d'autant que sa vanité, inséparable compagne de l'artiste, ne lui permettait pas de supposer que personne ignorât son nom. Il allait se fâcher, lorsque son hôte se pencha vers lui, et lui dit : « Ne faites pas attention aux radotages de ce vieillard ; c'est un grand-oncle à moi ; il arrive de province ; il est à peu près en enfance. » Carle entend ces mots, prend aussitôt son rôle au sérieux et le joue jusqu'à la fin de la soirée avec un sang-froid imperturbable.

A quelque temps de là, Picard rencontre Vernet sur le boulevard : « Tiens, pense-t-il, l'oncle de M. Perregaux se sera sans doute échappé de chez lui, sans qu'on s'en soit aperçu ; ses parents doivent être très-inquiets, il faut que je le leur ramène. »

En même temps, il s'approche de Carle qui, l'ayant reconnu, se fait un malin plaisir de continuer la mystification.

« Vous vous promenez ? lui demande l'auteur de *la Petite Ville*.

— Non, répond le peintre du ton le plus sérieux, je cherche un polichinelle.

— Alors, retournez chez votre neveu ; je sais qu'il en a acheté un bien beau à votre intention.

— Je veux mon polichinelle tout de suite, reprend l'artiste en frappant du pied comme un enfant mutin.

— Venez avec moi, nous allons entrer chez le premier

marchand de jouets, » continue Picard avec douceur...

Cependant, à Paris, les badauds ne pouvaient perdre une aussi belle occasion de s'arrêter; un attroupement s'était déjà formé autour de ces deux hommes d'un âge mûr, qui parlaient gravement de pantins. Un ami de Carle le reconnaît : « Allons, Vernet, lui crie-t-il, voilà encore une de tes charges ! »

Ces mots furent, bien entendu, une révélation pour le pauvre Picard, qui prit fort mal la plaisanterie. A ses reproches, Carle répondit : « Brisons là ! j'ai eu tort, c'est vrai ! je n'aurais pas dû me moquer ainsi d'un homme de votre talent : je vous dois une réparation. Je suis donc à vos ordres. Vous êtes l'offensé : choisissez vos armes, votre terrain, votre heure... »

Picard s'en tira en homme d'esprit.

« Mes armes, si vous le voulez bien, dit-il, seront des fourchettes; mon terrain, un cabinet du *Rocher de Cancale,* et mon heure... tout de suite. »

Il est inutile d'ajouter que cette proposition fut acceptée, et que les deux adversaires s'en furent, bras dessus bras dessous, déjeuner le plus amicalement du monde.

Patinant un jour sur le canal Saint-Martin, Carle s'approche d'un bon bourgeois qui s'essayait timidement à marcher sur la glace, et lui dit avec beaucoup de gravité : « Ne trouvez-vous pas, monsieur, qu'il y a ici un affreux courant d'air ? Soyez donc assez aimable pour vouloir bien fermer la porte Saint-Denis ! » Et, d'une glissade, il est déjà très-loin avant que le pauvre diable ainsi pris à partie ait deviné le sens de la phrase qui vient de lui être adressée.

Les *charges* qu'il voulait faire ne réussissaient pas toujours selon ses désirs, et quelquefois de mystificateur il devint mystifié. En voici la preuve :

On sait qu'il était très-fier de son agilité à la course, et que, pour lui, les exercices du corps primaient tous les autres.

Comme il revenait de Marseille à Paris en diligence, il avise parmi ses compagnons de route un monsieur dont l'extrême corpulence n'annonçait pas une grande légèreté, et, à la première montée, lorsque tous les voyageurs sont descendus, il dit à ce gros homme : « Parions, monsieur, que vous ne sautez pas ce fossé, et que moi je le saute !

— Que parions-nous ? demande l'autre sans se déconcerter.

— Notre déjeuner.

— Soit. »

Et voilà ce colosse qui s'élance et qui franchit l'obstacle proposé.

Arrivé à l'auberge la plus voisine, Carle s'exécute et paye la carte ; mais il ne se tient pas pour battu, et n'attend que le moment de prendre sa revanche. Dans la journée, il trouve un fossé plus large et recommence son défi. Cette fois, c'est le dîner qui sert d'enjeu. Même succès.

Cette plaisanterie dura cinq jours, autant que le voyage de Marseille à Paris à cette époque, et Vernet eut la douleur d'offrir dix repas à son très-gros, mais très-leste compagnon. Ils en étaient arrivés à sauter, tous deux, un nombre de pieds invraisemblable. Carle était essoufflé, époumonné, sur les dents.

Avant de se séparer, celui qui avait été ainsi hébergé tout le long de la route sans bourse délier remercia courtoisement Vernet d'avoir bien voulu le nourrir *pour si peu de chose*. On s'expliqua. Le peintre avait eu affaire à un clown de profession, qui venait exercer ses petits talents dans « la capitale. » Carle fut ravi : il avait du moins la consolation d'avoir été vaincu par un acrobate, et l'honneur était sauf.

Lorsqu'un tableau se vend très-cher, le gros du public ne manque jamais de se récrier sur le peu de temps qu'il a fallu à l'artiste pour gagner une aussi forte somme : on ne compte pour rien les longues études préparatoires et toute la période d'incubation qui a précédé l'éclosion de l'œuvre dont il s'agit. Voici une petite histoire à l'adresse des bonnes gens qui s'imaginent que l'art est une amusette.

Une dame très-riche tourmentait Carle depuis longtemps pour avoir un petit tableau de lui. Enfin, après une dernière sommation, il se décide à exaucer ce désir; se sentant en verve, il se met à l'œuvre sur le champ, et, dans sa séance, il improvise sous les yeux de sa visiteuse une scène charmante. La dame paraît enchantée :

« De combien vous suis-je redevable? demande-t-elle.

— De trois mille francs.

— Comment! vous voulez trois mille francs pour une pochade qui vous a pris à peine deux ou trois heures? Vous devez faire de bonnes journées!

— Eh! mon Dieu, madame, répliqua le peintre, il y a trente ans que je travaille à votre tableau. »

Carle possédait à un haut degré l'esprit d'à-propos. Il est, dit-on, l'auteur de cette réponse à l'invitation classique des voleurs : la bourse ou la vie !

« La Bourse est ce grand monument qui se trouve au bout de la rue ; et quant à la vie, celui que je vous donne, c'est de filer au plus vite, si vous ne voulez pas que je vous casse les reins. »

Nous n'en finirions pas, s'il nous fallait citer tous les mots que l'on prête à Carle, en sa qualité de riche.

L'esprit du dernier Vernet a sur celui de son père et de son grand-père cet avantage d'être resté compréhensible pour les gens de notre temps. Soit qu'il fût de meilleur aloi, soit que la mode n'ait pas beaucoup varié, sous ce rapport, depuis une cinquantaine d'années, les traits que l'on cite d'Horace ont conservé tout leur prix.

Horace Vernet aimait les histoires rabelaisiennes et se plaisait à en raconter. Il serait assez difficile de le suivre sur ce terrain et d'écrire tout ce qu'il disait. Plusieurs de ses lettres ont pu donner une idée de son talent en ce genre; mais, la plume à la main, il atténuait et trouvait moyen de faire passer les situations et les paroles les plus scabreuses, tandis que, dans ses discours, il appelait un chat — un chat, puisqu'il est convenu, depuis Boileau, que cette manière de s'exprimer est le comble de l'héroïsme.

Parmi ses très-nombreuses anecdotes tant soit peu gauloises, voici la plus racontable :

Dans son enfance, Horace était un *baby* d'une beauté merveilleuse, et sa bonne était fière de le montrer aux promeneurs des Tuileries; elle allait même, dans son orgueil quasi maternel, jusqu'à ne rien cacher de son intéressante petite personne. A l'âge de quatorze ans environ, Horace, certain de se faire plaisir à lui-même, crut en outre faire honneur à cette brave femme qui était devenue pâtissière, en allant manger des gâteaux dans sa boutique; mais il reçut un accueil assez froid de la marchande, dont la vanité avait changé d'objet, et qui avait alors pris en horreur tout ce qui pouvait rappeler sa condition plus modeste d'autrefois. Horace, piqué au vif, se vengea par cette épigramme : « Vous ne me reconnaissez peut-être pas, lui dit-il, parce que je ne vous montre que ma figure? »

A côté de sa verve joyeuse, Horace Vernet possédait aussi, à un haut degré, ce tact et cette délicatesse qui sont l'esprit du cœur.

Souvent de jeunes artistes lui apportaient leurs esquisses

et le priaient de leur donner quelques conseils. En général, il prenait ses pinceaux et se mettait à faire des retouches, trouvant que la pratique était la meilleure démonstration de la théorie. Il lui arriva ainsi, en mainte occurrence, de repeindre entièrement les ébauches informes de ces rapins, et, en s'en allant, ils emportaient un véritable objet d'art qui avait sa valeur. Il paya leur premier ouvrage à plusieurs de ses élèves pour les encourager à travailler et les aider à vivre. L'un d'eux, ayant tiré un mauvais numéro à la conscription, il peignit en secret un tableau, qu'il lui donna dès qu'il fut terminé, pour le vendre et lui permettre de se racheter.

Horace était très-lié avec Lagrenée, le descendant du célèbre peintre de ce nom. Lagrenée, artiste distingué lui-même, dessinait, pour gagner sa vie, des modèles d'étoffes et de tapis qu'il plaçait dans les grandes manufactures. Il a livré aux fabricants de Lyon et d'Aubusson des chefs-d'œuvre en ce genre. On le compte au nombre des hommes qui ont le plus contribué à élever le niveau du goût public par l'art appliqué à l'industrie, ce qui n'est point une tâche insignifiante. — Un jour, Horace Vernet, revenant de voyage, va frapper à la porte de son ami; on lui répond que Lagrenée vient de partir pour Lyon, où patrons et ouvriers donnent le surlendemain une grande fête dont il doit être le héros. Vernet a aussitôt une bonne inspiration ; il court chez un personnage influent, sollicite une croix de la Légion d'honneur, l'obtient, monte en chaise de poste, part et arrive à Lyon juste à temps pour assister au banquet de son ami. Au dessert, il tira de sa poche son petit cadeau, qui fut accueilli comme vous pensez. Il est, en effet, difficile de savoir allier plus de délicatesse à plus de bonté.

Durant l'un de ses nombreux séjours à Versailles, un

troupier vient un matin le trouver, et lui demande de faire son *image ;* seulement, il ne veut pas, ajoute-t-il, donner plus de trente sous. « Ça va ! » répond l'artiste, et il se met aussitôt à l'œuvre. La séance finie, notre *pioupiou* emporte une charmante pochade, prestement et spirituellement enlevée; arrivé au quartier, il la montre aux camarades, en leur disant : « J'ai payé ça un franc cinquante ; mais j'ai fait une bêtise, je suis sûr que si j'avais un peu marchandé, j'aurais pu l'avoir pour vingt sous. » Horace se repentit bientôt de s'être laissé séduire par la naïveté de son modèle ; pendant quelques jours, ce fut chez lui une véritable procession de troupiers, qui, alléchés par le bon marché, voulaient faire faire leurs portraits, et, s'il n'y avait mis bon ordre, toute la garnison de Versailles aurait passé par son atelier.

Une autre fois, un chasseur d'Afrique, étant venu poser pour *la Smâlah*, se mit à raconter à Horace Vernet ses infortunes : il méritait la croix, mais un passe-droit l'en avait privé. Le malheur de ce brave homme suggéra au peintre une idée ingénieuse. Comme il devait justement recevoir, le lendemain, la visite de Louis-Philippe, il peignit une superbe décoration bien voyante sur la poitrine de son modèle; puis, lorsque le roi fut là, il s'approcha de sa toile en disant avec une expression de regret : « Tiens, j'ai commis une erreur ; je croyais que ce pauvre soldat, qui a des états de service magnifiques, était décoré ; il paraît qu'il n'en est rien. C'est dommage, cette tache rouge faisait joliment bien à cet endroit-là. » Le roi comprit : « N'effacez pas cette croix, répondit-il, elle est à sa place, et je vous en enverrai une véritable pour que vous la remettiez vous-même à votre protégé. »

Un jour qu'Horace passait en voiture dans la rue Dauphine, il accroche et verse. Un peintre d'attributs, occupé à décorer la boutique d'un charcutier, voit l'accident, reconnaît dans la victime un de ses *confrères*, et descend de son échelle assez à temps pour le relever. Horace veut lui glisser dans la main une pièce d'or, en témoignage de reconnaissance, mais le pauvre diable refuse. Alors l'illustre artiste, se souvenant que son aïeul Antoine et son grand-père Joseph ont été eux-mêmes peintres d'attributs, monte à l'échelle et finit les guirlandes de cervelas commencées. Lorsqu'il fut redescendu, le brave homme dont il venait ainsi de parfaire la tâche lui dit, en la modifiant à son usage, la phrase célèbre d'Henry Monnier : « Cette palette et ces pinceaux sont le plus beau jour de ma vie; je les transmettrai comme des reliques à mes descendants. »

Après les grandes inondations de la Loire, des personnes charitables avaient organisé une loterie pour venir en aide aux nombreuses victimes de ce sinistre : on pria Horace Vernet de vouloir bien donner un bout de croquis, la moindre esquisse, en un mot n'importe quoi qui portât sa signature. — Il fit plus noblement les choses : il peignit tout exprès un vrai tableau, un *Zouave épluchant des rats*. Le sort assigna ce lot précieux à une vieille dame qui s'occupait beaucoup de bonnes œuvres, mais qui se souciait médiocrement des beaux-arts. Elle vint cependant chez Horace Vernet pour retirer son gain : « Consentiriez-vous, madame, lui dit le peintre qui savait à qui il avait affaire, consentiriez-vous à me laisser mon tableau, si je vous en offrais 500 francs? — Mon Dieu! répondit la dame, non sans un certain embarras, votre tableau est charmant, mon cher monsieur, mais que d'heureux on peut faire avec 500 francs! — Alors, madame, reprit Vernet, vous approuvez la liberté que j'ai prise de le vendre hier, et vos pauvres vont être aussi contents que vous de cette bonne aubaine. » En même temps, il tirait de son portefeuille une traite de 14,000 francs qu'il remit à sa visiteuse, en la priant de passer au bureau de l'acquéreur, M. Goupil, où cette somme lui serait comptée. Ajoutons que cet argent a fructifié : il a servi à fonder, aux environs de Tours, un orphelinat aujourd'hui en pleine prospérité.

Tout le monde a vu la fameuse hirondelle du café de Foy, au Palais-Royal, et bien des légendes courent le monde à ce propos ; voici quelle est son origine authentique : Horace Vernet avait l'habitude d'aller prendre du punch en sortant du spectacle ou du bal. Il arrive un soir au café, au moment où l'on était en train de repeindre à neuf la salle dans laquelle il se tenait d'ordinaire avec Carle et leurs amis. Il se met à causer, puis tout à coup il ramasse un pinceau qui se trouvait à terre, le trempe dans un pot de noir, et le lance au plafond. Les peintres, ne sachant point qui il est, prennent mal la plaisanterie et commencent à gronder. Alors, Horace grimpe à l'échelle, et transforme la tache en une gracieuse hirondelle, que Parisiens et provinciaux admirent encore de confiance, quoique depuis lors, elle ait été repeinte à diverses reprises par des badigeonneurs. — Dans sa jeunesse, après un déjeuner de campagne, Carle avait également peint une enseigne dans un cabaret, pour payer sa note ; et beaucoup de gens sont allés jadis chez *Leduc de Montmorency* voir le cheval blanc du « célèbre Vernet. »

Une autre histoire, que l'on a souvent racontée de diverses manières, c'est celle du fameux portrait du frère Philippe.

Un ami d'Horace, étant un jour dans son atelier, lui dit : « Mon cher, je vais de ce pas à l'école chrétienne ; vous devriez m'accompagner. Il y a là un brave homme qui fait un assez médiocre portrait, mais son modèle est superbe. »

Horace se laisse séduire. On lui montre en grande pompe l'œuvre de l'Ignorantin, qui semblait tenir à honneur de justifier ce titre, — du moins en fait de peinture.

Horace regarde, trouve effectivement... le modèle magnifique, et, après avoir donné quelques conseils à l'artiste, il finit par l'inviter à venir travailler dans son atelier.

Le lendemain matin, le frère arrive avec sa toile.

Le maître et son nouvel élève se mettent à l'ouvrage, chacun de son côté.

Pendant la journée, Horace quittait de temps en temps son chevalet pour aller donner quelques indications à son voisin. Enfin, ne pouvant plus se faire comprendre suffisamment avec des mots, il se décide à prêcher d'exemple : « Tenez, dit-il au frère, prêtez-moi un instant votre palette ; ce que vous avez fait n'est pas mal ; mais il y a, dans la physionomie de votre modèle, un certain *je ne sais quoi* que vous ne me paraissez pas bien saisir. »

Le voilà donc qui se met à l'œuvre, et qui, de retouche en retouche, finit par refaire entièrement l'ébauche commencée. Lorsqu'il rendit ses pinceaux à l'artiste, celui-ci lui répondit : « J'aurais peur de gâter votre ouvrage ; soyez assez bon pour y mettre vous-même la dernière main. » Horace eut beau s'en défendre, il ne put vaincre l'intelligente obstination de son *collègue ;* le frère Philippe vint poser deux ou trois fois dans son atelier ; et c'est ainsi que fut peint l'un des meilleurs portraits de notre époque.

Horace Vernet avait une mémoire prodigieuse. Géricault disait de lui : « Sa tête est un meuble à tiroirs ; il ouvre, regarde et trouve chaque souvenir à sa place. »

Ce don précieux contribuait beaucoup à entretenir chez lui cette merveilleuse facilité de travail dont on a si souvent parlé. Voici, du reste, un fait certain qui prouve que tout ce qu'on a pu raconter à ce sujet n'était pas entaché d'exagération.

Le capitaine X*** avait ramené d'Afrique un magnifique cheval arabe. Horace, ayant eu occasion de voir cette bête, désira l'acheter; mais son propriétaire ne voulut pas la lui céder. A diverses reprises, des offres avantageuses furent encore faites par l'artiste, mais sans plus de succès. Enfin, au mois de juin 1851, M. X*** se laissa toucher par les instances de madame Vernet, dont le mari venait de faire une chute effroyable à Satory.

M. X*** demanda 4,000 francs de son cheval; seulement, comme ce prix était loin de représenter sa valeur réelle, il joignit une condition au traité.

« Je veux bien vous céder mon arabe, dit-il au peintre; mais il faut que vous me laissiez son portrait :

— C'est convenu, je vous ferai son portrait, le vôtre, et même celui de votre cuisinière, si vous le désirez, répondit gaiement Horace.

— Quant au portrait de ma cuisinière, je vous en dispense, car je n'en ai pas; mais j'accepte pour le mien, et j'oserai même vous adresser une dernière prière. La fête de mon père est le 24 décembre; je voudrais que, ce jour-là il pût avoir la surprise de ce beau cadeau.

— Topez! c'est entendu; » fit l'artiste; et le jeune officier partit, laissant son cheval.

Plusieurs mois s'étaient déjà écoulés depuis que cette conversation avait eu lieu, et le capitaine avait rencontré, de loin en loin, Horace Vernet, sans que jamais celui-ci lui eût reparlé de leurs conventions.

Enfin, vers le milieu de novembre, M. X*** se décida à rappeler à l'artiste la promesse qu'il lui avait faite.

« Je n'ai qu'une parole, répondit Horace; mais, si je ne me trompe, la fête de monsieur votre père tombe le 24 décembre?

— Oui.

— Eh bien alors, nous avons encore du temps devant nous, et je n'ai pas besoin de penser si tôt à votre affaire. Je compose en ce moment un grand diable de tableau qui m'absorbe beaucoup et qui ne me laisse pas une minute à moi. Venez me revoir le 22 décembre; je ne pourrai pas commencer avant votre portrait; mais soyez sans crainte, le matin du jour en question vous l'accrocherez au clou que vous lui destinez. »

Le capitaine revint à l'échéance, sans toutefois compter beaucoup sur la réalisation de la promesse qu'il avait reçue. Vernet l'attendait : « Tenez, dit-il, montez notre cheval, et ayez l'obligeance de le faire travailler devant moi pendant quelques instants; j'ai besoin de vous voir l'un sur l'autre. »

Un palefrenier amena l'arabe devant la maison, et M. X*** fut bientôt en selle.

« Bon! dit Horace au bout de quelques minutes, je sais ce que j'ai à faire. Ayez l'obligeance de passer chez Souty, mon encadreur, et priez-le de m'envoyer tout de suite un joli cadre pour une toile de vingt, puis, revenez demain matin; le cheval sera terminé; il ne restera plus que le cavalier; vous me donnerez une séance, et je vous aurai bien vite expédié. »

Effectivement, le 24, M. X*** portait à son père, non point une simple ébauche, mais un petit tableau très-fini.

Voyageant en Suisse, Horace s'amusait un jour à prendre des croquis sur les bords du lac de Genève. De jeunes Anglaises dessinaient à quelques pas de l'endroit où il s'était arrêté. L'une d'elles s'approche, regarde ce qu'il fait, et se met, tout en l'encourageant, à lui donner quelques conseils. Le vieil artiste l'écoute le plus gravement du monde et la remercie avec une parfaite courtoisie. Le lendemain, il s'embarque pour Lausanne, et il retrouve son petit professeur de la veille qui accourt vers lui, en lui disant :

« Monsieur, vous qui êtes Français, vous devez connaître Horace Vernet; on prétend qu'il est sur le bateau; soyez donc assez bon pour me le montrer.

— Vous tenez beaucoup à le voir?

— Oh! oui.

— Eh bien, miss, c'est lui qui a eu l'honneur de recevoir une leçon de vous, hier matin, » répondit-t-il en riant.

On devine sans peine la confusion de la pauvre fille, en entendant ces mots.

Horace Vernet était d'une grande bienveillance pour les jeunes gens qui s'adressaient à lui, mais il détestait la présomption, et le meilleur moyen de lui plaire était de l'aborder avec simplicité. Un rapin, qui lui avait paru tant soit peu suffisant, lui apporta un jour deux dessins et le pria de lui en donner son avis très-sincère. Horace prit le premier, l'examina pendant quelque temps, puis, sans même jeter un regard sur le second, il dit avec un sourire ces simples mots :

« J'aime mieux l'autre. »

Suivant lui, un paysagiste célèbre de ce temps ne mettait pas assez d'air dans ses tableaux. Voyant un jour arriver les envois de cet artiste devant le jury, il se leva et alla ouvrir la fenêtre.

Il avait, comme on a pu s'en rendre compte par ses lettres, une façon nette et juste de dire les choses. Voici la définition pittoresque qu'il donnait à un peintre d'animaux : « Qu'est-ce qu'un chien? — Un train de derrière et un train de devant qui ne vont pas ensemble. » Regardez trotter le premier caniche que vous rencontrerez, et vous serez de cet avis.

On s'en souvient, Horace avait ses coudées franches à la cour de l'empereur Nicolas; il en profitait pour dire tout ce qui lui venait à l'esprit, et se livrait souvent à des tirades énergiques contre le despotisme.

A la suite d'une sortie de ce genre, le czar lui demanda en riant :

« Alors, mon cher Vernet, avec vos idées libérales, si je vous priais de représenter une victoire des Russes sur les Polonais, vous refuseriez?

— Pourquoi donc, sire? répondit aussitôt l'artiste; n'ai-je pas déjà dû plusieurs fois dans ma vie peindre le Christ en croix? »

Afin de laisser sur une impression favorable le lecteur qui nous a patiemment suivi d'un bout à l'autre de ce long volume, nous tenions à réserver pour la dernière page ce mot, qui a le double mérite d'être beau en lui-même et d'avoir conservé, hélas! à vingt ans de distance, un intérêt de triste actualité.

FIN.

TABLE DES MATIÈRES

                                                                          Pages.

A MM. HORACE ET PHILIPPE DELAROCHE-VERNET................ 1

AVANT-PROPOS.. 3

I. — Antoine Vernet. — Naissance de Joseph. — Un père jaloux de son fils. — Madame de Simiane. — Départ pour Rome. — Une tempête, un peintre et un mât. — Misère et découragement. — L'alphabet des tons. — Pergolèse. — Rivalité d'un cardinal et d'un perruquier. — La petite-fille d'un archevêque. — Livio et Orazio. — François Poisson, marquis de Marigny............ 11

II. — Retour en France. — Réception à l'Académie. — Commande des *Ports de mer*. — Le centenaire Annibal. — Échange de lettres. — Naissance de Carle et d'Émilie. — Un parrain baptisé. — Cacolettes et troupiole. — Tillottes et chalibardons. — Opinion d'un manœuvre.. 24

III. — La colonie des artistes au Louvre. — Brevet d'apprentissage de François Vernet. — Bénéfices d'une initiale complaisante. — Obliger nuit. — Origine des expositions. — Critiques qui ne critiquent point. — Bonheur et succès de Joseph Vernet........ 34

IV. — Folie de madame Vernet. — Enfance maladive de Carle. — Son premier dessin. — Il aura des bottes! — L'atelier de Lépicié. — M. et madame Chalgrin. — Mot de Voltaire. — Le salon de madame Geoffrin. — Grétry, Gluck et Piccini. — La

TABLE DES MATIÈRES.

Pages.

loge des Neuf-Sœurs. — Prix de Rome. — Amour et religion. — Bernardin de Saint-Pierre. — Réception de Carle à l'Académie. — Mort de Joseph et naissance d'Horace............... ... 40

V. — 10 août. — Projets d'émigration. — Jugement de madame Chalgrin. — Civisme de David. — Assassin par négligence. — L'auréole de sang. — Sous le Directoire. — Vainqueur au Champ-de-Mars. — Commencement du siècle. — Dessins à vingt-quatre sous. — Deux croix en une. — Mariage d'Horace. — 1814. — La barrière de Clichy. — Médaillé et décoré. — Voyage à pied. — Intérieur d'atelier. — Départ pour l'Italie. — Lettres de Carle et d'Horace... 56

VI. — Le duc d'Orléans et le duc de Bordeaux. — Intimité d'Horace Vernet et de Géricault. — Vogue et entraînement. — 1822. — Horace, homme politique. — Une gracieuseté du soleil. — Membre de l'Institut. — Directeur de l'École de Rome........ 71

VII. — Un provincial à Rome. — Les *Glorieuses*. — Horace Vernet, ambassadeur. — Ses rapports avec M. Guizot. — F. Mendelssohn à la villa Médicis. — La cocarde tricolore. — Lettre au comte de Forbin. — Polémique avec M. Thiers. — Premier voyage d'Afrique. — Une expédition avec Jusuf. — Le cœur d'un garde national. — Avenir de l'Algérie. — Paul Delaroche. — Mariage de mademoiselle Louise Vernet.................. 78

VIII. — Horace se brouille avec Louis-Philippe. — Premier voyage en Russie. — Singularités de Carle. — Sa mort. — Départ d'Horace pour l'Algérie. — Rabadabla. — Le bagne, maison d'éducation. — Le César du couscoussou. — Portraits et croquis. — Histoires touchantes d'un pinson et d'une petite fille. — De Bone à Constantine. — Retour en France.................. 104

IX. — Départ pour l'Orient. — Malte. — Une singulière friture. — Alexandrie. — Méhémet-Ali. — Le Caire. — Marché aux esclaves. — La mosquée des fous. — Les Pyramides. — Le désert d'El-Arisch. — Palmiers-plumeaux. — Portraits et caricatures. — Gaza. — Bethléem. — Jérusalem. — Saint-Jean-d'Acre. — Sidon. — Damas. — Beyrouth. — Smyrne. — Constantinople. — Tourtes et chandelles. — France! — Le Musée de Versailles. — Difficultés avec la liste civile. — Horace Vernet publiciste. — Le droit de gravure....................................... 124

TABLE DES MATIÈRES.

Pages.

X. — La Russie peinte par Horace Vernet. — Second voyage en Russie. — Traversée. — Arrivée à Saint-Pétersbourg. — L'empereur Nicolas. — Histoire lamentable d'une princesse qui aimait trop les cornichons. — Bal à la cour. — Tsarskoë-Selo. — Grandes manœuvres — Réflexions politiques. — La fête du czar.. 160

XI. — La Russie peinte par Horace Vernet (suite). — Mort du duc d'Orléans. — Horace Vernet, ambassadeur. — Voyage avec le czar. — Moscou. — Toula. — Poltava et Waterloo. — Le métier d'hirondelle. — Varsovie. — Installation à Pétersbourg. — M. Ingres. — Coup d'œil sur l'état de la Russie en 1842. — Les Juifs. — Enfantillages et tendresses.................... 178

XII. — La Russie peinte par Horace Vernet (suite). — Sages conseils d'un grand-papa. — Horace Vernet étudie la grammaire. — Portrait du czar. — L'hiver et le traînage. — Défense de M. Ingres. — Toute vérité n'est pas bonne à... lire. — Les salons de Saint-Pétersbourg. — Découragement. — Société mêlée. — La Saint-Nicolas. — *Les Mystères de Paris* et un roman russe. — La Bible. — Une Niobé porcine. — Intérieur de famille. — Chronique scandaleuse. — Utilité de la critique. — Tristesse dans un bal. — Théorie des nez. — Avenir de la Russie et nécessité d'une révolution............................ 205

XIII. — La Russie peinte par Horace Vernet (suite et fin). — La Saint-Martin de la palette. — Un palais de cristal. — Le carnaval. — L'empereur au bal masqué. — Lucullus et madame Gibou. — Réjouissances et déguisements. — Un mariage aristocratique. — Le public et les coteries. — Céladon fripé. — Rubini. — L'église d'Isaac et la peinture décorative. — Voyage sur mer en traîneau. — Carême et jeûnes. — Les fêtes de Pâques. — L'hospice des enfants trouvés. — Bal à la cour. — Adieux à la Russie.. 243

XIV. — *La Smâlah.* — *Phénicien* David et la Passion de Notre-Seigneur Enfantin. — Voyage au Maroc. — Gibraltar. — Cadix. — Jugement paradoxal sur Murillo. — La critique et les critiques. — Tanger. — Les Français en Algérie. — La parenté d'un homme célèbre. — Mort de madame Paul Delaroche. — *Bataille d'Isly*.. 280

XV. — Illusions de Louis-Philippe. — 24 Février. — Un garde national convaincu. — Journées de Juin. — Siége de Rome. — Lettres diverses. — Expédition de Kabylie. — Le frère Hermann. — Guerre de Crimée. — Exposition universelle. — Creux et bosse. — Philosophie chrétienne. — Une vieille maîtresse. — Quatorze lustres dans une tête. — Vieillesse d'Horace Vernet. — Sa mort. — Ses dernières volontés.............. 299

APPENDICE.

I. — Essai de critique sur l'Œuvre des trois Vernet............ 315
II. — Vernetiana... 338

FIN DE LA TABLE DES MATIÈRES.

PARIS. — J. CLAYE, IMPRIMEUR, RUE SAINT-BENOÎT, 7.

COLLECTION HETZEL

18, RUE JACOB

Beaux volumes in-18 à 3 fr.

VOYAGE AU CENTRE DE LA TERRE, par Jules Verne, 1 volume grand in-18. 2ᵉ édition. . . . . 3 fr.

CINQ SEMAINES EN BALLON, par Jules Verne. 5ᵉ édition. 1 volume. . . . . 3 »

HISTOIRE D'UNE BOUCHÉE DE PAIN, par Jean Macé. 14ᵉ édition. 1 volume. . . . . 3 »

L'ARITHMÉTIQUE DU GRAND-PAPA (*Histoire de deux Petits Marchands de pommes*), par Jean Macé. 3ᵉ édition. 1 volume. . . . . 3 »

LES CONTES DU PETIT-CHATEAU, par Jean Macé. Nouvelle édition. 1 volume. . . . . 3 »

LA PLANTE (*Botanique simplifiée*), par Ed. Grimard, avec une introduction de Jean Macé. 2 forts volumes grand in-18, avec figures. Prix : 10 fr. — Séparément, le volume. 5 »

LA COMÉDIE ENFANTINE ET LES DERNIÈRES SCÈNES DE LA COMÉDIE ENFANTINE, par Louis Ratisbonne. Les 2 séries en 1 volume. . . . . 3 »

AVENTURES D'UN PETIT PARISIEN, par Alfred de Bréhat. Nouvelle édition. 1 volume. . . . . 3 »

LES CONTES DE CH. NODIER, illustrés de 10 gravures sur acier, par Tony Johannot. 2 beaux volumes grand in-18. 7 »

LETTRES SUR LES RÉVOLUTIONS DU GLOBE, par Alex. Bertrand. 7ᵉ édition, avec vignettes. 1 volume. . . . 3 50

LE SECRET DES GRAINS DE SABLE, *Géométrie de la Nature*, par Mᵐᵉ Marie Pape-Carpantier. 1 volume avec figures et vignettes. . . . . 3 »

L'INVASION, ou LE FOU YÉGOF, par Erckmann-Chatrian. 1 volume. . . . . 3 »

LES TEMPÊTES, par E. Margollé et Zurcher. 1 volume. 3 »

PETITES IGNORANCES DE LA CONVERSATION, par Ch. Rozan. 4ᵉ édition. 1 volume . . . . 3 »

LE ROBINSON SUISSE, traduction entièrement nouvelle, par Eugène Muller, revue et mise au courant de la science moderne par P.-J. Stahl. 1 volume in-12. . . . 3 »

CONSEILS A UNE MÈRE sur l'ÉDUCATION LITTÉRAIRE DE SES ENFANTS, par Sayous. 1 volume in-18. . . . . . 3 »

VOYAGES ET AVENTURES DU BARON DE WOGAN. 1 volume in-18. . . . . 3 »

PARIS. — J. CLAYE, IMPRIMEUR, RUE SAINT-BENOIT, 7.

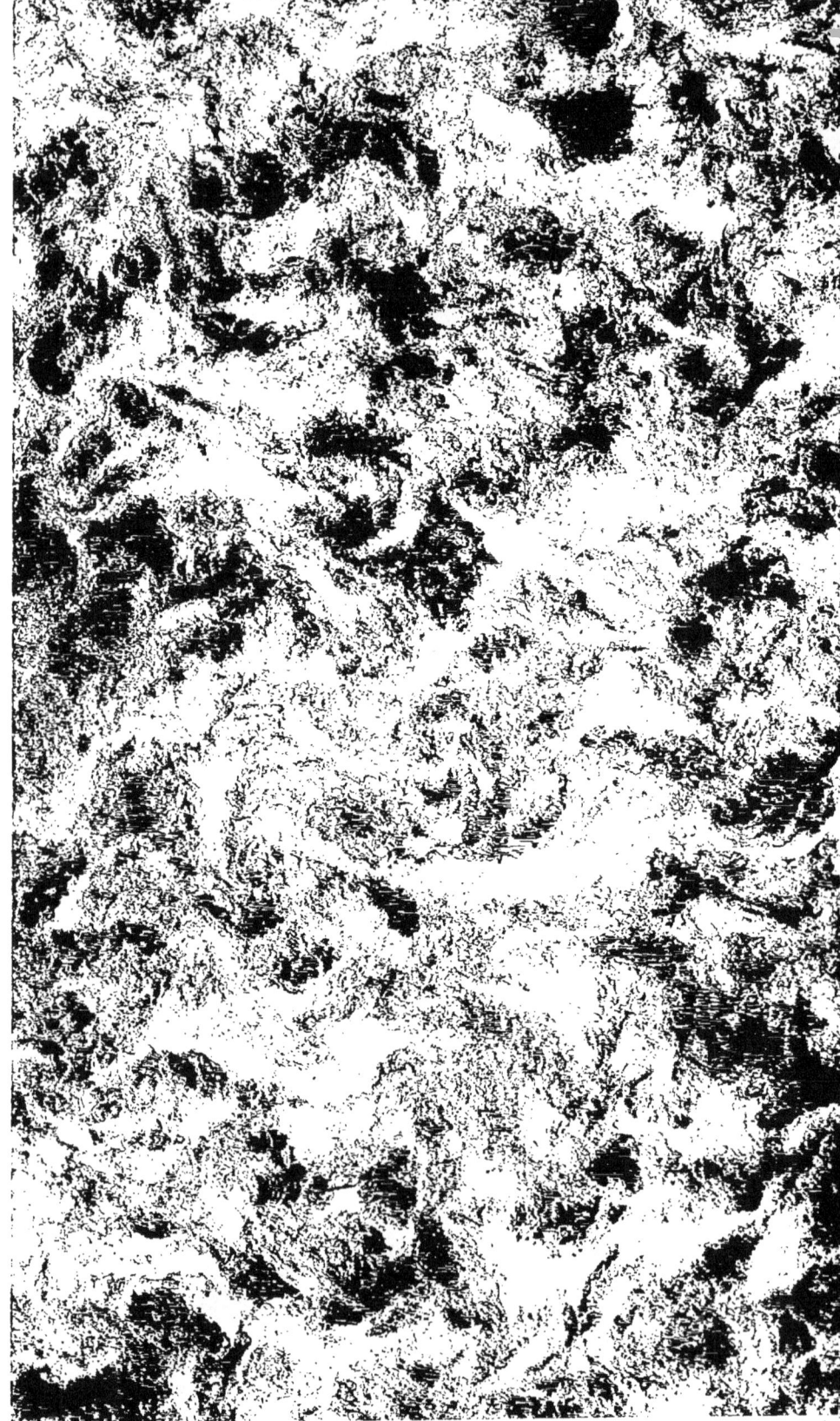

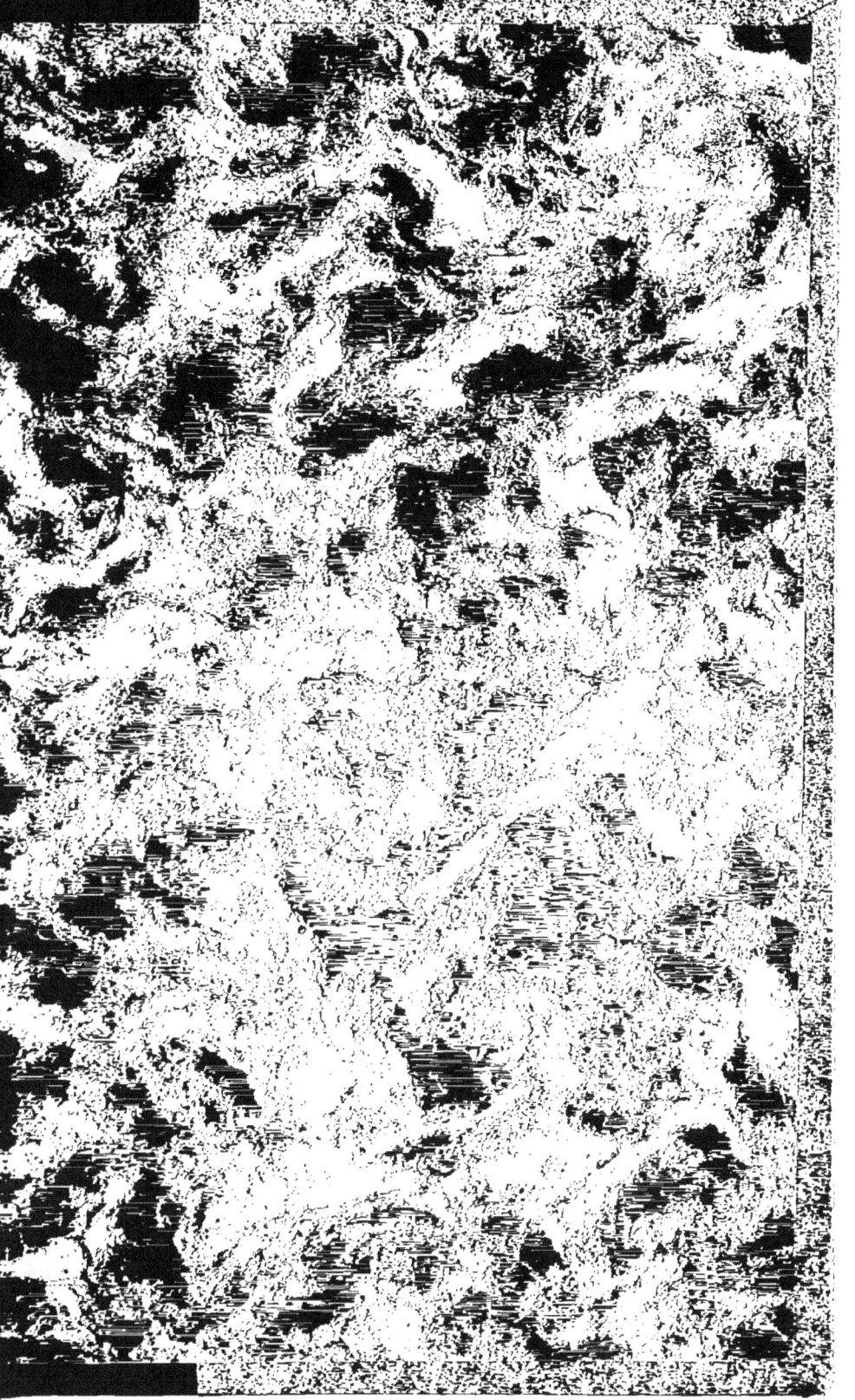

www.ingramcontent.com/pod-product-compliance
Lightning Source LLC
Chambersburg PA
CBHW060606170426
43201CB00009B/921